ACCESO GRATIS *a la Lectura en la Nube*

Para visualizar el libro electrónico en la nube de lectura envíe junto a su nombre y apellidos una fotografía del código de barras situado en la contraportada del libro y otra del ticket de compra a la dirección:

ebooktirant@tirant.com

En un máximo de 72 horas laborables le enviaremos el código de acceso con sus instrucciones.

La visualización del libro en **NUBE DE LECTURA** excluye los usos bibliotecarios y públicos que puedan poner el archivo electrónico a disposición de una comunidad de lectores. Se permite tan solo un uso individual y privado.

LA TUTELA ADMINISTRATIVA Y JUDICIAL DE LA IGUALDAD Y NO DISCRIMINACIÓN RETRIBUTIVA POR RAZÓN DE SEXO Y GÉNERO

NORMAS DE LA COLECCIÓN:

Consejo científico:
José María Goerlich (Director)
Ángel Blasco Pellicer
Jesús R. Mercader Uguina
Francisco Pérez de los Cobos Orihuel
Remedios Roqueta Buj

Admisión de originales:

Los originales serán evaluados por el Consejo científico y sometidos a informe externo por expertos anónimos. Cualquiera de los evaluadores puede hacer observaciones o sugerencias a los autores, siempre y cuando el trabajo haya sido aceptado. Se comunicarán a los autores, en su caso, concediéndoles un período de tiempo suficiente para introducir las modificaciones oportunas.

LA TUTELA ADMINISTRATIVA Y JUDICIAL DE LA IGUALDAD Y NO DISCRIMINACIÓN RETRIBUTIVA POR RAZÓN DE SEXO Y GÉNERO

Margarita Arenas Viruez
Profesora Titular de Derecho del Trabajo y Seguridad Social
Universidad Pablo de Olavide

tirant lo blanch
Valencia, 2025

Copyright ® 2025

Todos los derechos reservados. Ni la totalidad ni parte de este libro puede reproducirse o transmitirse por ningún procedimiento electrónico o mecánico, incluyendo fotocopia, grabación magnética, o cualquier almacenamiento de información y sistema de recuperación sin permiso escrito de la autora y del editor.

En caso de erratas y actualizaciones, la Editorial Tirant lo Blanch publicará la pertinente corrección en la página web www.tirant.com.

El presente trabajo se ha realizado en el marco del Proyecto Coordinado de I+D+I: "*El salario en el contexto de la globalización, las nuevas formas de organización empresarial y la economía digital*" (RTI2018-096674-B-C21). Ministerio de Ciencias, Innovación y Universidades. Investigador principal: Prof. Dr. D. Santiago González Ortega.

La presente obra ha sido sometida a la revisión de pares ciegos según el protocolo de publicación de la editorial a efectos de ofrecer el rigor y calidad correspondiente tanto en su contenido como en su forma, aplicándose los criterios específicos aprobados por la Comisión Nacional E 016 (BOE num. 286, de 26 de noviembre de 2016).

© Margarita Arenas Viruez

© TIRANT LO BLANCH

EDITA: TIRANT LO BLANCH
C/ Artes Gráficas, 14 - 46010 - Valencia
TELFS.: 96/361 00 48 - 50
FAX: 96/369 41 51
Email:tlb@tirant.com
www.tirant.com
Librería virtual: www.tirant.es
DEPÓSITO LEGAL: V-999-2025
ISBN: 978-84-1095-693-3
MAQUETA: Tink Factoría de Color

Si tiene alguna queja o sugerencia, envíenos un mail a: *atencioncliente@tirant.com*. En caso de no ser atendida su sugerencia, por favor, lea en *www.tirant.net/index.php/empresa/politicas-de-empresa* nuestro procedimiento de quejas.

Responsabilidad Social Corporativa: http://www.tirant.net/Docs/RSCTirant.pdf

A mi marido, David, y a mis hijos,
Curro y Cristina, por ser y estar

Índice

Siglas

CEDH:	Convenio para la protección de los Derechos Humanos y las libertades fundamentales.
LISOS:	Real Decreto Legislativo 5/2000, de 4 de agosto, por el que se aprueba el texto refundido de la Ley sobre Infracciones y Sanciones en el Orden Social.
LOI:	Ley Orgánica 3/2007, de 22 de marzo, para la igualdad efectiva de mujeres y hombres.
LOITSS:	Ley 23/2015, de 21 de julio, Ordenadora del Sistema de Inspección de Trabajo y Seguridad Social.
LOPJ:	Ley Orgánica 6/1985, de 1 de julio, del Poder Judicial.
LOTC:	Ley Orgánica 2/1979, de 3 de octubre, del Tribunal Constitucional.
LPAC:	Ley 39/2015, de 1 de octubre, del Procedimiento Administrativo Común de las Administraciones Públicas.
RDIR:	Decreto 902/2020, de 13 de octubre, de igualdad retributiva entre mujeres y hombres.
RPS:	Real Decreto 928/1998, de 14 de mayo, por el que se aprueba el Reglamento general sobre procedimientos para la imposición de sanciones por infracciones de orden social y para los expedientes liquidatorios de cuotas de la Seguridad Social.
TC:	Tribunal Constitucional.
TEDH:	Tribunal Europeo de Derechos Humanos.
TFUE:	Tratado de Funcionamiento de la Unión Europea.
TJUE:	Tribunal de Justicia de la Unión Europea.
TS:	Tribunal Supremo.
TSJ:	Tribunal Superior de Justicia.

I. Introducción

A día de hoy, aquella "perfecta igualdad que no admitiera poder ni privilegio para unos ni incapacidad para otros" no es una realidad; palabras —las entrecomilladas— que fueron escritas hace más de 150 años por John Stuart Mill y referenciadas en la Exposición de Motivos de la Ley Orgánica 3/2007, de 22 de marzo, para la igualdad efectiva de mujeres y hombres [en adelante, LOI (*Tol 1042650*)][1]. Como ya se señalaba en dicha Exposición de Motivos, tal perfecta igualdad era una tarea pendiente, que precisaba de nuevos instrumentos jurídicos.

Ahora, trascurridos más de quince años, sigue siéndolo, manifestándose de forma evidente en la discriminación retributiva por razón de sexo y de género, pese a los avances conseguidos y a los esfuerzos que, desde los poderes públicos, se vienen haciendo en cumplimiento del art. 9.2 de la CE *(Tol 173304)*, promoviendo las condiciones para que la igualdad del individuo y de los grupos en que se integra sea real y efectiva; realidad y efectividad que, sin embargo, aún no se han logrado. Por lo que continúa siendo imprescindible que los poderes públicos sigan removiendo los obstáculos que impidan o dificulten la plenitud de la igualdad.

En efecto, pese al completo marco normativo existente a todos los niveles territoriales, esto eso, internacional, europeo y nacional[2],

---

1 Estas palabras han sido recordadas por SEGOVIANO ASTABURUAGA, M.L., "Hacia la igualdad real", *Actualidad Jurídica Aranzadi*, núm. 974/2021, p. 2, versión on-line (BIB2021/3879).

2 Algunas de las más relevantes disposiciones normativa que conforman dicho marco normativo a nivel internacional y comunitario son, entre otras, las que se indican: la Convención de las Naciones Unidas sobre la Eliminación de Todas las Formas de Discriminación contra la Mujer, de 18 de diciembre de 1979 (*Tol 72698*), cuyo art. 11 establece que los Estados Partes han de adoptar todas las medidas apropiadas a fin de garantizar, entre otras cosas, el derecho a igual remuneración, incluidas las prestaciones, y a la igualdad de trato con respecto a un trabajo de igual valor, así como a la igualdad de trato con respecto a la evaluación de la calidad del trabajo; el art. 2 y el art. 3, apartado 3, del Tratado de la Unión Europea que consagran el derecho a la igualdad entre mujeres y hombres como uno de los valores esenciales de la Unión (*Tol 5557284*); los arts. 8 y 10 del Tratado de Funcionamiento de la Unión Europea (TFUE *(Tol*

de la garantía de igualdad retributiva, la discriminación retributiva, en cuanto manifestación de desigualdad, sigue siendo una realidad, contribuyendo de forma decisiva e inadmisible a la existencia y persistencia de la brecha retributiva entre mujeres y hombres. De ahí la oportunidad de los más recientes y específicos avances normativos adoptados a los efectos de garantizar la igualdad retributiva por trabajos de igual valor en cuanto elemento esencial del principio de igualdad real y efectiva entre mujeres y hombres.

3711558), que dispone que, en todas sus políticas y acciones, la Unión debe fijarse el objetivo de eliminar las desigualdades entre el hombre y la mujer, promover su igualdad y luchar contra toda discriminación por razón de sexo; el art. 157.1, del TFUE, que obliga a cada Estado miembro a garantizar la aplicación del principio de igualdad de retribución entre trabajadores y trabajadoras por un mismo trabajo o por un trabajo de igual valor, así como el art. 157, apartado 3, del TFUE, según el cual la Unión ha de adoptar medidas para garantizar la aplicación del principio de igualdad de oportunidades e igualdad de trato entre hombres y mujeres en asuntos de empleo y ocupación, incluido el principio de igualdad de retribución por un mismo trabajo o por un trabajo de igual valor; art. 23 de la Carta de los Derechos Fundamentales de la Unión Europea (*Tol 131225)*, que establece que la igualdad entre mujeres y hombres ha de garantizarse en todos los ámbitos, incluidos el empleo, el trabajo y la retribución; el art. 23 de la Declaración Universal de Derechos Humanos (*Tol 147461)*, que señala que toda persona tiene derecho, sin discriminación alguna, a igual salario por trabajo igual, a la libre elección de su trabajo, a condiciones equitativas y satisfactorias de trabajo y a una remuneración equitativa que le asegure una existencia conforme a la dignidad humana; el Pilar Europeo de Derechos Sociales, proclamado conjuntamente por el Parlamento Europeo, el Consejo y la Comisión, incorpora entre sus principios la igualdad de trato y de oportunidades entre mujeres y hombres, así como el derecho a la igualdad de retribución por un trabajo de igual valor; la Directiva 2006/54/CE del Parlamento Europeo y del Consejo (*Tol 981093)*, que establece que, para un mismo trabajo o para un trabajo al que se atribuye un mismo valor, se eliminará la discriminación directa e indirecta por razón de sexo en el conjunto de los elementos y condiciones de retribución. En particular, cuando se utilice un sistema de clasificación profesional para la determinación de las retribuciones, este sistema ha de basarse en criterios neutros con respecto al género, y se establecerá de forma que excluya las discriminaciones por razón de sexo; y la Directiva (UE) 2023/970, del Parlamento europeo y del Consejo, de 10 de mayo, por la que se refuerza la aplicación del principio de igualdad de retribución entre hombres y mujeres por un mismo trabajo o un trabajo de igual valor a través de medidas de transparencia retributiva y de mecanismos para su cumplimiento (*Tol 9555489)*.

En concreto, la aprobación en estos últimos años de disposiciones normativas que regulan medidas e instrumentos que abogan por la transparencia retributiva como condición necesaria para destapar y corregir las discriminaciones indirectas derivadas de incorrectas valoraciones de puestos de trabajo, en tanto en cuanto es el gran reto de la discriminación retributiva por razón de sexto y de género en la actualidad.

Entre estas normas más recientes, se destacan el Real Decreto-ley 6/2019, de 1 de marzo, de medidas urgentes para garantía de la igualdad de trato y de oportunidades entre mujeres y hombres en el empleo y la ocupación[3]; el Real Decreto 902/2020, de 13 de octubre, de igualdad retributiva entre mujeres y hombres (RDIR, en adelante)[4]; y el Real Decreto 901/2020, de 13 de octubre, por el que se regulan los planes de igualdad y su registro y se modifica el Real Decreto 713/2010, de 28 de marzo, sobre registro y depósito de convenios y acuerdos colectivos[5]. Y, a nivel de la Unión Europea, la Directiva (UE) 2023/970, del Parlamento europeo y del Consejo, de 10 de mayo, por la que se refuerza la aplicación del principio de igualdad de retribución entre hombres y mujeres por un mismo trabajo o un trabajo de igual valor a través de medidas de transparencia retributiva y de mecanismos para su cumplimiento, cuya transposición se ha de hacer antes del 7 de junio de 2026[6].

La persistencia de la discriminación retributiva pone de manifiesto que el entramado normativo de la garantía de la igualdad retributiva, desde las distintas perspectivas que lo abordan, ya sea adoptando medidas específicas de fomento de la igualdad; ya sea mediante normas preventivas; ya sea mediante el establecimiento de un sistema sancionador; ya sea, finalmente, a través de la previsión de procedimientos judiciales para exigir su cumplimiento[7], se presenta insufi-

---

3 BOE de 7 de marzo de 2019 (*Tol 7087754*).

4 BOE de 14 de octubre de 2020 (*Tol 8107118*).

5 BOE de 14 de octubre de 2020 (*Tol 8107117*).

6 Diario Oficial de la Unión Europea de 17 de mayo de 2023 (*Tol 9555489*).

7 Sobre estas perspectivas de protección del principio de igualdad y no discriminación del art. 14 de la CE, puede verse a NOGUEIRA GUASTAVINO, M., "El principio de igualdad y no discriminación en las relaciones laborales: perspectiva constitucional reciente", *Lan Harremanak*, 25, 2012, p. 44.

ciente. Por ello, es imprescindible analizar las vías para corregir y, en su caso, eliminar la discriminación retributiva por razón de género y de sexo y, con ello, al menos, reducir la brecha retributiva entre mujeres y hombres.

En este sentido, se parte de la relevancia del cumplimento de la obligación de igual retribución por trabajo de igual valor y, en estrecha vinculación, de la efectiva aplicación del principio de transparencia retributiva, así como de los instrumentos que pretenden hacer realidad dicho principio, que son tratados, si bien de forma breve, en el segundo capítulo de esta obra. En este segundo capítulo igualmente se aborda, también de forma sucinta, una cuestión previa, de carácter conceptual, que permite entender y justificar el título de este trabajo, lo que requiere delimitar conceptualmente las dos posibles causas de discriminación retributiva que se analizan: el sexo y el género.

Para, a continuación, centrar la atención en el análisis del alcance de la tutela administrativa y procesal de la igualdad y no discriminación retributiva por razón de sexo y género. Puesto que si, como se ha dicho, la discriminación retributiva por razón de sexo y género es una realidad, adquiere especial relevancia conocer y analizar cuáles son las vías de protección y los mecanismos, sean judiciales, sean de carácter administrativo, para exigir el cumplimiento de la igualdad retributiva.

Lo que se conecta de forma clara con los instrumentos de transparencia retributiva (registro retributivo, auditoría retributiva, transparencia en la negociación colectiva y acceso de las personas trabajadoras a la información contenida en el registro) puesto que dichos instrumentos, se espera, van a contribuir a la reducción de la discriminación retributiva. Bien sea como consecuencia derivada de la correcta elaboración y utilización de tales instrumentos, lo que requiere, sin duda, de la imprescindible voluntad del empresario y de demás sujetos implicados. Bien sea para ofrecer información de interés, que permita facilitar y animar la activación y, en su caso, el éxito de los procedimientos judiciales de tutela de la igualdad retributiva, así como de las actuaciones de la Inspección de Trabajo y Seguridad Social. Puesto que, sin duda, la información retributiva o, en su caso, la ausencia de la misma derivada de los instrumentos de transparencia retributiva podrá servir para llevar a cabo actuaciones administrativas y judiciales, tal y como se dispone en el art. 10 del RDIR.

Y es que, precisamente, como ha puesto de manifiesto la doctrina, uno de los rasgos más característicos de la discriminación retributiva en nuestro país es el escaso número de reclamaciones judiciales que se presentan[8]. Lo que se debe, en gran parte, a que, además de que en muchos casos las víctimas de discriminación retributiva ni siquiera son conscientes de ello, les resulta difícil lograr la aplicación efectiva del principio de igualdad retributiva puesto que tienen que demostrar los hechos que dan lugar a la presunción de discriminación para poder trasladar la carga de la prueba al empresario. La existencia de estructuras salariales poco transparentes y la falta de información disponible sobre los niveles salariales de los trabajadores que realizan un trabajo de igual valor son los principales factores que contribuyen a esta dificultad[9].

De hecho, la falta general de transparencia en los niveles retributivos dentro de las organizaciones empresariales perpetúa y reproduce una situación en la que la discriminación retributiva y los sesgos de género pueden pasar inadvertidos o, cuando se sospechan, son difíciles de demostrar. Se necesitan, en consecuencia, "medidas vinculantes que aumenten la transparencia retributiva, alienten a las organizaciones a revisar sus estructuras retributivas para garantizar la igualdad de retribución entre las mujeres y los hombres que realizan un mismo trabajo o un trabajo de igual valor, y permitan a las víctimas

---

8 Al respecto, pueden verse a SÁEZ LARA, C., "¿Es posible eliminar la brecha salarial de género?, en VV.AA., *Igualdad de género en el trabajo: estrategias y propuestas*, Ediciones Laborum, 2016, p. 113; y a BALLESTER PASTOR, I., "La discriminación retributiva", en VV. AA, *Retos y perspectivas de la discriminación laboral por razón de sexo*, Tirant lo Blanch, 2017, p. 84.

9 Al respecto, puede verse a GARCÍA LOMBARDÍA, S., "El papel de la Inspección de Trabajo y Seguridad Social ante la discriminación retributiva por razón de sexo: un análisis a la luz del principio de transparencia", *Revista de Derecho UNED*, núm. 15, 2015 p. 933.Según señala esta autora, la falta de denuncias, "lejos de preconstituir una prueba de la ausencia de discriminaciones salariales, reviste más bien la condición de «síntoma» de la existencia de deficiencias en la estructura misma del ordenamiento jurídico-laboral que impiden la consecución efectiva de la igualdad salarial entre sexos".

de discriminación ejercer su derecho a la igualdad de retribución"[10]. Tales medidas vinculantes deben complementarse con disposiciones que aclaren los conceptos jurídicos vigentes, como los de retribución y trabajo de igual valor, y, especialmente por la materia objeto de estudio en esta obra, con medidas que mejoren los mecanismos para su cumplimiento y el acceso a la justicia.

Como es sabido, la menor retribución del trabajo, cuando responde a una infravaloración de cualidades y características que se consideran, en muchas ocasiones de forma errónea, más propias de las mujeres o, en su caso, a una sobrevaloración de cualidades más propias de los hombres (igualmente en algunos casos de forma equivocada) se traduce en una discriminación retributiva por razón de sexo y/o género. Se trata, en la mayoría de las ocasiones, tal y como han ido destapando los Tribunales de Justicia, de discriminaciones indirectas por incorrecta valoración de los puestos de trabajo. Por ello, sobre la correcta valoración de los puestos de trabajo, sobre los principios básicos que han de regir dicho proceso de valoración y los instrumentos que pueden contribuir a ello, incide muy especialmente el antes referido RDIR *(Tol 8107118)*.

Asimismo, como también es sabido, las discriminaciones indirectas por incorrecta valoración de puestos de trabajo suelen contenerse en los convenios colectivos, si bien no de forma palpable, sino que se encubren u ocultan bajo criterios aparentemente neutros, y la falta de transparencia de las retribuciones percibidas en la empresa (que se

---

[10] Así se indica en el considerando 16 de la Directiva (UE) 2023/970, del Parlamento europeo y del Consejo, de 10 de mayo, por la que se refuerza la aplicación del principio de igualdad de retribución entre hombres y mujeres por un mismo trabajo o un trabajo de igual valor a través de medidas de transparencia retributiva y de mecanismos para su cumplimiento (*Tol 9555489*). En esta línea, en el considerando 20 de la misma directiva, se insiste en que, con la finalidad de eliminar los obstáculos que impiden a las víctimas de discriminación retributiva por razón de género ejercer su derecho a la igualdad de retribución, y de ofrecer orientaciones a los empleadores para garantizar que se respete dicho derecho, deben aclararse, de conformidad con la jurisprudencia del Tribunal de Justicia, los conceptos fundamentales relacionados con la igualdad de retribución por un mismo trabajo o un trabajo de igual valor, como retribución y trabajo de igual valor. Esto debería facilitar la aplicación de dichos conceptos, especialmente para las microempresas y las pequeñas y medianas empresas.

pretende corregir con los referidos instrumentos de transparencia retributiva) repercute en el escaso número de reclamaciones judiciales.

Igualmente, y por las mismas razones de falta de consciencia y/o de conocimiento de las estructuras salariales que deriva de la falta de transparencia retributiva, tampoco son frecuentes las denuncias ante la Inspección de Trabajo y Seguridad Social por parte de las mujeres trabajadoras que se consideren víctimas de discriminación retributiva.

Asimismo, la efectividad de la normativa antidiscriminatoria, en concreto, en materia retributiva, requiere, como se analiza en detalle más adelante, un reforzamiento del control público por parte de la Inspección de Trabajo y Seguridad Social, que contribuya a detectar, corregir y sancionar las discriminaciones retributivas que permanecen ocultas. Para lo que es fundamental, en nuestra opinión, el análisis de la correcta valoración de los puestos de trabajo, la utilización de los instrumentos de transparencia retributiva antes mencionados y la correcta aplicación del principio de igual retribución por trabajo de igual valor[11].

De ahí que el avance en la transparencia retributiva que se persigue con las más recientes reformas normativas —se espera— contribuya a incrementar las acciones administrativas y judiciales, así como a facilitar la labor de la Inspección de Trabajo y Seguridad Social y de los Tribunales de Justicia en la lucha contra la discriminación retributiva por razón de género y de sexo. Y, con ello, en cuanto poderes públicos que son, cumplir con el mandato constitucional de remover los obstáculos, que aún persisten, que impiden o dificultan la plenitud de la igualdad de la mujer trabajadora en materia retributiva.

Y es que la transversalidad del principio de igualdad de trato entre mujeres y hombres, en el sentido de que éste ha de informar, con carácter transversal, la actuación de todos los poderes públicos, exige, tal y como dispone el art. 15 de la LOI (*Tol 1042650*), que las

---

11 Sobre la conveniencia de reforzar el control público del cumplimiento de la normativa en materia retributiva por parte de la Inspección de Trabajo y Seguridad Social, puede verse a BALLESTER PASTOR, I., “La discriminación retributiva”, en VV.AA., *Retos y perspectivas...*, op. cit., pp. 91 y 92.

Administraciones públicas lo integren, "de forma activa, en la adopción y ejecución de sus disposiciones normativas, en la definición y presupuestación de políticas públicas en todos los ámbitos y en el desarrollo del conjunto de todas sus actividades".

De manera que el acervo normativo sobre la garantía de la igualdad retributiva, aprobado por el poder legislativo y/o, en su caso, el poder ejecutivo, requiere de la actuación de la Inspección de Trabajo y de Seguridad Social, en cuanto vigilante y garante del cumplimiento de dicha normativa y, por tanto, como elemento imprescindible en materia de igualdad retributiva para que ésta sea efectiva y real. Así como de la labor del poder judicial, que ha de integrar y observar el principio de igualdad de trato en la interpretación y aplicación de las normas.

En este sentido, en la presente obra se analizan las vías de protección y reparación que el ordenamiento jurídico ofrece ante una posible situación de discriminación retributiva por razón de sexo y/o de género, esto es, la tutela administrativa y procesal de la igualdad retributiva. Para lo que se van a analizar, por un lado, las funciones de la Inspección de Trabajo y Seguridad Social en materia de igualdad retributiva, abarcando no sólo la labor de vigilancia y exigencia de la normativa pertinente al respecto, sino también su labor de asistencia técnica e información a las empresas, trabajadores y órganos de la Administración, incluidos órganos judiciales.

De manera que, tras conocer las diversas técnicas de intervención administrativa en materia de igualdad retributiva y tras hacer un balance de la actuación de la Inspección de Trabajo y Seguridad Social en estos últimos años en la materia objeto de estudio, se analizan las vías que originan la actuación inspectora, las medidas que la Inspección de Trabajo y Seguridad Social puede adoptar en según qué casos, la forma de actuar a los efectos de detectar situaciones de discriminación retributiva por razón de sexo y/o de género, así como el procedimiento sancionador, las infracciones administrativas y las sanciones en materia de igualdad retributiva.

Y, por el otro, los mecanismos procesales que permiten la defensa jurídica de las víctimas de discriminación retributiva por razón de género y/o de sexo, de forma especial, pero no exclusiva, el proceso de tutela de los derechos fundamentales y libertades públicas.

Y se dice de forma no exclusiva puesto que, como se detalla más adelante, la tutela procesal puede demandarse activando diversos procesos judiciales, incluido el proceso ordinario, así como varias modalidades procesales especiales dependiendo de cuáles sean las circunstancias y causas por la que se procure y pretenda la tutela de la garantía de igualdad retributiva. Es conveniente, por ello, analizar cuáles son estas posibilidades y cuál es la relación existente entre las mismas; además de conocer el ámbito de aplicación de cada modalidad procesal, los sujetos legitimados, el procedimiento y el contenido de la sentencia.

Se trata, pues, de conocer el alcance de la tutela administrativa y procesal en materia de igualdad retributiva y no discriminación por razón de sexo y de género, lo que requiere un análisis de los mecanismos, procesales y de carácter administrativo, existentes para exigir su cumplimiento. Básicamente, cuáles son dichos mecanismos y las especialidades que existen, si es el caso, en materia de igualdad retributiva; cuáles son las principales carencias o deficiencias que presentan; y cómo se pueden reforzar tales mecanismos para lograr o, al menos, avanzar en el cumplimiento efectivo y real de la igualdad retributiva[12].

---

12 En la Directiva (UE) 2023/970, del Parlamento europeo y del Consejo, de 10 de mayo, por la que se refuerza la aplicación del principio de igualdad de retribución entre hombres y mujeres por un mismo trabajo o un trabajo de igual valor a través de medidas de transparencia retributiva y de mecanismos para su cumplimiento *(Tol 9555489)*, una de las medidas que se contiene es, precisamente, la consistente en reforzar los mecanismos para el cumplimento efectivo de los derechos y obligaciones contenidos en la misma.

II. Dos cuestiones previas: una conceptual, otra instrumental

Como se ha dicho en el apartado introductorio, el objeto de la presente obra es el estudio de la tutela administrativa y procesal de la igualdad retributiva, abordándose las vías de protección y reparación que el ordenamiento jurídico ofrece ante una posible situación de discriminación retributiva por razón de sexo y/o de género. Lo que requiere partir del tratamiento de dos cuestiones previas, una de carácter conceptual y la otra de carácter instrumental, las cuales son analizadas, si bien de forma breve, con una doble finalidad.

Por un lado, en cuanto a la cuestión conceptual, se pretende aclarar por qué este trabajo se titula "la tutela administrativa y procesal de la igualdad y no discriminación retributiva por razón de sexo y de género", empleándose la conjunción copulativa "y", en lugar de la conjunción disyuntiva "o" para unir ambas causas de discriminación. Lo que, como se puede comprobar a lo largo de la obra, no impide e, incluso, exige que, en según qué casos, se emplee, igualmente para unir ambas causas de discriminación, en unas ocasiones la conjunción copulativa "y", en otras, la conjunción disyuntiva "o" y, finalmente, en otras, ambas conjunciones.

Y, por el otro, en relación con la cuestión previa de carácter instrumental, se persigue dejar simplemente constancia de cuáles son los instrumentos de transparencia retributiva, los cuales contribuyen a la conformación y efectividad del principio de transparencia retributiva, que tanta relevancia adquiere a los efectos de lograr la garantía de la igualdad retributiva.

Lo que se hace con el objetivo general de reforzar la aplicación del principio de igual retribución por un mismo trabajo o trabajo de igual valor entre hombres y mujeres y la prohibición de discriminación en materia retributiva por razón de sexo y de género; y, en particular, de fortalecer la transparencia retributiva y el refuerzo de los mecanismos para su cumplimiento, en cuanto objetivo de la Directiva (UE) 2023/970, del Parlamento europeo y del Consejo, de 10 de mayo, por la que se refuerza la aplicación del principio de igualdad de retribución entre hombres y mujeres por un mismo trabajo o un trabajo de igual valor a través de medidas de transparencia retributiva y de mecanismos para su cumplimiento (*Tol 9555489*).

Y, de forma específica, a los efectos que interesan en este trabajo, con esta cuestión de carácter previo e instrumental se pretende dejar constancia de por qué los instrumentos de transparencia retributiva pueden actuar impulsando las vías para recabar la tutela administrativa y procesal de la igualdad y no discriminación retributiva por razón de sexo y de género. No sólo animando a las trabajadoras que se consideren víctimas de una discriminación retributiva por razón de sexo y/o de género (o quienes ostenten la legitimación activa en según cuál sea la modalidad procesal que se active) a la presentación de denuncias y, en su caso, demandas judiciales, sino también favoreciendo que tanto unas como otras prosperen y, de esta forma, contribuir a identificar, destapar y corregir situaciones discriminatorias en materia retributiva por razón de sexo y de género.

1. DOS CAUSAS DE DISCRIMINACIÓN RETRIBUTIVA: EL SEXO Y EL GÉNERO

El sexo y el género pueden y, con datos constatados[13], suelen ser causas de discriminación retributiva, que, en nuestra opinión, son diferentes, puesto que la primera responde a la condición biológica de la mujer y la segunda a la asunción de estereotipos o roles sociales atribuidos a la misma. Si bien es cierto que ambas causas tienen una cierta y directa conexión ya que, sin duda, la condición biológica de

---

13 Con los últimos datos disponibles de la Encuesta de Estructura Salarial (2022), el salario bruto anual medio en el año 2022 fue de 26.948,871 euros. En el caso de las mujeres, de 24.359,82 euros por trabajadora; en el de los hombres, de 29.381,84 euros por trabajador. El salario promedio anual femenino fue, por tanto, el 82,9% del masculino, aunque esta diferencia debe matizarse en función de otras variables laborales (tipo de jornada, tipo de contrato, ocupación, antigüedad, etc.) que inciden de forma importante en el salario. https://www.ine.es/dyngs/INEbase/es/operacion.htm?c=Estadistica_C&cid=1254736177025&menu=ultiDatos&idp=1254735976596 (consultado el 20 de octubre de 2024).

la mujer es el origen y la causa principal de la asignación de determinados roles sociales. Y ello es así, pese al silencio generalizado en las normas jurídicas acerca del género como causa de discriminación o, en su caso, confusa regulación, en el sentido de que se mezclan ambas causas de discriminación, a modo de palabras sinónimas.

No se pretende hacer un recorrido exhaustivo del marco normativo que ponga de manifiesto el referido silencio del género o, en su caso, la mencionada equiparación, uso indistinto e incluso confusión terminológica; sino que tan sólo se quiere dejar constancia de cómo ni siquiera en las más recientes normas jurídicas reguladoras del derecho fundamental a la no discriminación se ha optado por el reconocimiento expreso y propio del género como causa de discriminación. Lo que, desde nuestro punto de vista, sería deseable, no sólo por la aclaración terminológica o conceptual, sino incluso por las consecuencias que acarrea la vulneración de una doble causa de discriminación en materia retributiva, en los términos que se analizan cuando se estudie la tutela administrativa y procesal de la garantía de la igualdad retributiva.

Al respecto, se ha de partir de que el sexo, como factor de desigualdad, hace referencia a condiciones biológicas que puedan provocar diferencias de trato entre hombres y mujeres, como es el embarazo; pero también otras condiciones biológicas son tuteladas, como el hecho de que, en términos generales, hombres y mujeres tienen una diferente complexión y fuerza física. Es diferente el concepto de género, que, como factor de desigualdad, protege frente a estereotipos sociales que pueden incidir generalmente de manera negativa en la valoración del trabajo de la mujer. De ahí que los estereotipos sociales puedan provocar una diferente valoración del trabajo por el hecho de ser desempeñado por un hombre o por una mujer.

En este sentido, el art. 4.4 del RDIR *(Tol 8107118)*, al regular los criterios que se han de aplicar para hacer una correcta valoración de los puestos de trabajo, se refiere, además de a los criterios de adecuación y totalidad, a la objetividad. Este criterio implica que deben existir mecanismos claros que identifiquen los factores que se han tenido en cuenta en la fijación de una determinada retribución y que no dependan de factores o valoraciones sociales que reflejen estereotipos de género.

Pese a esta diferencia conceptual, como se ha dicho, el género, como causa de discriminación propia, no se menciona, con algunas excepciones (pero con limitado significado), de forma expresa en las normas jurídicas como causa de discriminación propia, diferente del sexo. Ni en la CE, que, como es sabido, precisa que el derecho fundamental a la no discriminación también incluye la protección de "cualquier otra condición o circunstancia personal o social", permitiendo, pues, la inclusión del género. Ni en los arts. 4.2 c) y 17 del ET (*Tol 5512468*), que sólo se refieren a la protección de las diferencias de trato contrarias al ordenamiento jurídico basadas en el "sexo" de la persona trabajadora; ni el art. 28 del ET *(Tol 5512468)*, que al regular el derecho a la igualdad retributiva entre mujeres y hombres hace mención a medidas que deben introducirse para evitar, controlar y erradicar las diferencias de trato que en esta materia puedan estar basadas en el "sexo", pero sin mencionar el "género". Si bien es cierto que el art. 22.3 del mismo texto legal, al concretar cómo se deben ajustar la definición de los grupos profesionales sí menciona el "sesgo de género", con el objetivo de garantizar la ausencia de discriminación entre mujeres y hombres.

Pero tampoco se incluye el género, como causa autónoma y diferenciada de discriminación, en ninguna de las leyes reguladoras del derecho fundamental a la no discriminación (ni en la LOI ni en la Ley 15/2022, de 12 de julio, integral para la igualdad de trato y la no discriminación[14]). Ni en la Ley 4/2023, de 28 de febrero, para la igualdad real y efectiva de las personas trans y para la garantía de los derechos de las personas LGTBI (*Tol 9421382*).

En efecto, la LOI (*Tol 1042650*), al concretar el objeto y ámbito de la misma, hace referencia a que se prevén medidas destinadas a eliminar y corregir en los sectores, público y privado, "toda forma de discriminación por razón de sexo" (art. 1.2 de la LOI, *(Tol 1042650)*; indicando que todas las personas gozarán de los derechos derivados "del principio de igualdad de trato y de la prohibición de discriminación por razón de sexo" (art. 2.1 de la LOI,*(Tol 1042650)*. Dicho principio de igualdad de trato entre mujeres y hombres supone la ausencia de "toda discriminación, directa o indirecta, por razón de sexo,

---

[14] BOE de 13 de julio de 2022 (*Tol 9113969*).

y, especialmente, las derivadas de la maternidad, la asunción de obligaciones familiares y el estado civil" (art. 3 de la LOI,*(Tol 1042650)*.

No se menciona, al delimitar el principio de igualdad de trato entre mujeres y hombres, la discriminación por razón de género, pese a que los estereotipos sociales que están el en origen y permiten conferir autonomía al género, como causa de discriminación, están muy conectados con la asunción de obligaciones familiares, que sí son referenciadas de forma expresa en el citado art. 3 de la LOI (*Tol 1042650)*[15].

Ahora bien, aunque no se configura como causa autónoma de discriminación, es cierto que lo largo del articulado de la LOI *(Tol 1042650)* en cuantiosas ocasiones se menciona el género, sobre todo cuando, en según qué temas, se hace referencia al impacto, perspectiva, análisis o enfoque de género (informes de impacto de género en las pruebas de acceso al empleo público, por ejemplo, tal y como se indica en el art. 55 de la LOI, *(Tol 1042650)*. Sin que se especifique o concrete el concepto de género, si bien se ha de entender que se emplea como sinónimo de sexo desde la perspectiva amplia en que, como se ha dicho, se ha de entender el principio de igualdad de trato entre mujeres y hombres.

Igualmente, la Ley 15/2022, de 12 de julio, integral para la igualdad de trato y la no discriminación (*Tol 9113969)*, incluye, como factor de discriminación, el sexo (junto a otros muchos factores más al delimitar el ámbito subjetivo de aplicación), pero tampoco menciona

---

15 En los pronunciamientos judiciales sí es frecuente encontrar la unión de la protección de la discriminación por razón de sexo con la discriminación por la protección de género. Véase, por ejemplo, la STC 3/2007, de 15 de enero *(Tol 1032867)*, que, al referirse a las medidas de acción positivas dirigidas a las mujeres, se indica que se trata de atender "a circunstancias tales como la peculiar incidencia que respecto de la situación laboral de aquéllas tiene el hecho de la maternidad, y la lactancia, en cuanto se trata de compensar las desventajas reales que para la conservación de su empleo soporta la mujer a diferencia del hombre, y que incluso se comprueba por datos revelados por la estadística (tal como el número de mujeres que se ven obligadas a dejar el trabajo por esta circunstancia a diferencia de los varones)". En este sentido, puede verse también la STC 128/1987, de 16 de julio *(Tol 79868)*, que se refiere a la tutela de la discriminación por razón de género, puesto que se mencionan los roles sociales atribuidos, por razones históricas, a mujeres o a los hombres.

el género, aunque sí “la expresión de género”. Si bien, tal y como se define en el 3 j) de la Ley 4/2023, de 28 de febrero, para la igualdad real y efectiva de las personas trans y para la garantía de los derechos de las personas LGTBI (*Tol 9421382)*, la expresión de género es la “manifestación que cada persona hace de su identidad sexual” y, por tanto, es un concepto diferente del género en cuanto referido a los estereotipos o roles sociales asociados a los hombres y a las mujeres.

Por lo que respecta a la normativa específica reguladora de la no discriminación en materia retributiva, se destaca cómo el RDIR (*Tol 8107118)* se refiere en diversas ocasiones a la “brecha retributiva de género”, mencionando también expresiones tales como “sesgos de género” o “la perspectiva de género”. Además, al perfilar su objeto, indica que el mismo es “establecer medidas específicas para hacer efectivo el derecho a la igualdad de trato y a la no discriminación entre mujeres y hombres en materia retributiva”. Con lo que puede entenderse que se incluyen ambos factores de discriminación de la mujer con respecto al hombre (el sexo, que deriva de la condición biológica, y el género, derivado de los estereotipos sociales), si bien en la exposición de motivos sólo menciona, en diversas ocasiones, la discriminación retributiva “por razón de sexo”. Y en el articulado, al regular los instrumentos de transparencia retributiva, se refiere al desglose o desagregación “por sexo”, como sinónimo de género.

Por su parte, la Directiva (UE) 2023/970, del Parlamento europeo y del Consejo, de 10 de mayo, por la que se refuerza la aplicación del principio de igualdad de retribución entre hombres y mujeres por un mismo trabajo o un trabajo de igual valor a través de medidas de transparencia retributiva y de mecanismos para su cumplimiento (*Tol 9555489)*, tampoco ha diferenciado ambos factores de discriminación. Sí define la brecha retributiva de “género”, así como la discriminación directa y la discriminación indirecta, haciendo referencia, respectivamente, a la situación en la que se percibe un trato menos favorable, “en razón de su sexo” o la situación de desventaja de una persona con respecto a personas “del otro sexo”.

Ahora bien, al definir el concepto de discriminación, su art. 3.2 b), dispone que se incluirá toda orden de discriminar a personas “por razón de su sexo”, sin mencionar tampoco el género; así como el trato menos favorable “en relación con el embarazo o el permiso por maternidad". Pero sí es cierto que dentro de dicho concepto también incluye "cualquier trato menos favorable en el sentido de la Directiva (UE) 2019/1158 del Parlamento Europeo y del Consejo, por razón de sexo, incluido en lo relativo al permiso de paternidad, el permiso parental o el permiso para cuidadores". Lo que, como se ha dicho, está en el origen y se conecta con los estereotipos y roles sociales que tradicionalmente han venido asumiendo las mujeres y que aún explican y justifican que tenga sentido considerar el género como causa autónoma de discriminación.

Se produce, en definitiva, una ampliación expresa de la definición del concepto de discriminación a los efectos de la Directiva (UE) 2023/970, del Parlamento europeo y del Consejo, de 10 de mayo (*Tol 9555489*), que permite diferenciar, a su vez, tres factores o causas de discriminación: el sexo, el género y la conciliación o responsabilidad familiar[16]. Pero, pese a este avance en cuanto a la ampliación de la protección de la discriminación retributiva que deriva del concepto de discriminación, en multitud de ocasiones la Directiva (UE) 2023/970, del Parlamento europeo y del Consejo, de 10 de mayo (*Tol 9555489*), emplea el sexo y el género como si fueran palabras sinónimas, en otras lo hace incluso de forma confusa, mezclando ambas causas de discriminación. Lo que cuestiona si realmente se ha producido el referido avance, al menos, a nivel normativo.

Así, a modo de ejemplos, se destaca lo dispuesto en su art. 4.2, al referirse a "sistemas de evaluación y clasificación profesional neutros con respecto al género que excluyan toda discriminación retributiva por razón de sexo". También lo contemplado en su art. 4.4, según el cual las estructuras retributivas deberán permitir evaluar si los trabajadores se encuentran en una situación comparable, "sobre la base de criterios objetivos y neutros con respecto al género (...) Estos criterios no se basarán, ni directa ni indirectamente, en el sexo de los trabajadores". Los cuales "se aplicarán de manera objetiva y neutra con respecto al género, de forma tal que se excluya toda discrimina-

---

16 En este sentido, se destaca cómo la STC 26/2011, de 14 de marzo (*Tol 2068800*), reconoce el derecho fundamental a la no discriminación laboral por razón familiar como causa autónoma de la discriminación por razón de sexo y de la discriminación por razón de género.

ción directa o indirecta por razón de sexo". Y, finalmente, lo dispuesto en su art. 10.4, que, al referirse a la aplicación de unas medidas, indica que la aplicación de las mismas "incluirá un análisis de los sistemas existentes de evaluación y clasificación profesional neutros con respecto al género (...), para garantizar la exclusión de toda discriminación retributiva directa o indirecta por razón de sexo".

Estos ejemplos ponen de manifiesto la conveniencia de que se configuren de forma autónoma y separada ambas causas de discriminación retributiva, eliminando las confusiones terminológicas que genera la redacción de esta disposición normativa (y de otras más). Lo que, como se ha dicho, tiene relevancia, no sólo desde una perspectiva conceptual, sino sobre todo desde el momento en que "los órganos jurisdiccionales nacionales, los organismos de fomento de la igualdad y otras autoridades competentes puedan tener debidamente en cuenta cualquier situación de desventaja derivada de la discriminación interseccional, en particular a efectos sustantivos y procesales y, más concretamente, a los efectos de reconocer la existencia de discriminación, adoptar una decisión sobre el referente de comparación adecuado, evaluar la proporcionalidad y determinar, cuando así proceda, el nivel de la indemnización concedida o de las sanciones impuestas"[17].

Sobre la incidencia de la discriminación interseccional en relación con la tutela administrativa y procesal de la garantía de igualdad retributiva se profundiza más adelante. Si bien es cierto que el concepto restringido de la discriminación interseccional definido en la Directiva (UE) 2023/970, del Parlamento europeo y del Consejo, de 10 de mayo (*Tol 9555489*), que es la discriminación por razón de sexo combinada con cualquier otro motivo o motivos de discriminación contra los que protegen la Directivas 2000/43/CE (por origen racial o étnico) o la Directiva 2000/78/CE (por religión o convicciones, discapacidad, edad u orientación sexual), puede limitar la relevancia de la autonomía del sexo y del género como causas de discriminación retributiva.

---

[17] Este es el tenor literal de parte del considerando 25 la Directiva (UE) 2023/970, del Parlamento europeo y del Consejo, de 10 de mayo (*Tol 9555489*).

2. LA RELEVANCIA DE LA INFORMACIÓN EXTRAÍDA DE LOS INSTRUMENTOS DE TRANSPARENCIA RETRIBUTIVA

Sabido es que el principio de transparencia retributiva está estrechamente vinculado al principio de igual retribución por trabajo de igual valor, puesto que el objeto del principio de transparencia retributiva requiere y exige una correcta aplicación del concepto de trabajo de igual valor, en una apuesta clara, como hace la redacción actual del art. 28.1 del ET (*Tol 5512468*), por una versión o concepción "evolucionada" o "más acabada" de dicho principio[18]. De manera que, para aplicar mejor y de forma más eficaz el principio de igual retribución, con la finalidad de luchar contra las discriminaciones retributivas, se ha de integrar y aplicar el principio de transparencia retributiva a través de diversos instrumentos, que son brevemente analizados desde la perspectiva de su contenido y de su contribución al impulso de la tutela administrativa y procesal de la igualdad de trato y no discriminación en materia retributiva por razón de sexo y de género; si bien, con carácter previo, se hace una sucinta referencia al significado y objeto de dicho principio de transparencia retributiva.

2.1. El principio de transparencia retributiva: significado y objeto

El principio de transparencia retributiva, según especifica el art. 3.1 del RDIR *(Tol 8107118)*, es un principio que, "aplicado a los diferentes aspectos que determinan la retribución de las personas trabajadoras y sobre sus diferentes elementos, permite obtener información suficiente y significativa sobre el valor que se atribuye a dicha retribución". En la propia definición del principio de transparencia

---

18 En estos términos se pronuncia SEMPERE NAVARRO, A.V., "Sobre transparencia salarial y no discriminación", *Revista Aranzadi Doctrinal*, núm. 11, 2023, versión digital, p. 4. Como de forma acertada señala el referido autor, "si a esta concepción evolucionada se añaden los frutos de los criterios jurisprudenciales resulta fácil de entender que la norma acaba exigiendo el examen de los parámetros a cuya virtud se determinan los diversos niveles retributivos (sin pararse en datos formales como la denominación de las categorías) y proscribiendo las discriminaciones encubiertas o indirectas, lo que contribuye de manera relevante al objetivo jurídico de la verdadera igualdad retributiva entre los sexos".

retributiva se contiene su principal cometido, cual es obtener información, que ha de ser, según adjetivos exigidos por la norma, "suficiente y significativa" sobre el valor que se atribuye a la retribución de las personas trabajadoras[19].

Este mismo apartado 1 del art. 3 del RDIR (*Tol 8107118*) también señala su ámbito de aplicación, cual es la retribución y sus diferentes elementos, en sentido amplio. Al respecto, el art. 28.1 del ET (*Tol 5512468*), en la redacción dada por el Real Decreto-ley 6/2019, de 1 de marzo, de medidas urgentes para la garantía de la igualdad de trato y oportunidades entre hombres y mujeres en el empleo y la ocupación (*Tol 7087754*), contiene una regulación inclusiva de los diferentes conceptos retributivos, en el sentido de que dispone que el empresario ha de pagar por la prestación de un trabajo de igual valor la misma retribución, "satisfecha directa o indirectamente, y cualquiera que sea la naturaleza de la misma, salarial o extrasalarial" (art. 28.1 del ET,*(Tol 5512468)*. Por tanto, incluso las percepciones de naturaleza extrasalarial se incluyen entre los componentes que han de tenerse en cuenta para determinar si se paga la misma retribución por la prestación de un trabajo de igual valor[20].

Asimismo, el art. 3.1 c) de la Directiva (UE) 2023/970, del Parlamento europeo y del Consejo, de 10 de mayo, por la que se refuerza la aplicación del principio de igualdad de retribución entre hombres y mujeres por un mismo trabajo o un trabajo de igual valor a través de medidas de transparencia retributiva y de mecanismos para su

---

19 La finalidad de la transparencia retributiva es "hacer posible y facilitar la aplicación de la igualdad de remuneración por un trabajo de igual valor mediante un mayor acceso a la información". Véase a CAIRÓS BARRETO, D.M., "El papel del convenio colectivo como instrumento de transparencia retributiva", *Femeris,* Vol. 9. Núm. 2, 2024, p. 32. Sobre la obligación de transparencia retributiva previa al empleo puede verse a FERNÁNDEZ GARCÍA, A.: "La transparencia retributiva previa al empleo de la Directiva 2023/970", *Lan Harremanak,* núm. 51, 2024, pp. 43 a 57.

20 Sobre esta cuestión, puede verse a SEMPERE NAVARRO, A.V., "Sobre transparencia salarial y no discriminación", op. cit., p. 4. Según este autor, en el art. 28.1 del ET se añaden "tres especificaciones que desean abarcar todas las variantes: Se desea la paridad en la remuneración "satisfecha directa o indirectamente". El principio comprende toda remuneración, "cualquiera que sea la naturaleza" que posea.
En particular, no importa que estemos ante compensación "salarial o extrasalarial".

cumplimiento (*Tol 9555489*), define qué se entiende, a los efectos de dicha directiva, por retribución: "es el salario o sueldo base o mínimo ordinario y cualesquiera otras gratificaciones abonadas directa o indirectamente, en efectivo o en especie («componentes complementarios o variables»), por el empresario al trabajador en razón de la relación de trabajo".

No se mencionan de forma expresa, a diferencia del art. 28.1 del ET (*Tol 5512468*), las percepciones de naturaleza extrasalarial, si bien, desde una interpretación extensiva y a tenor de la jurisprudencia del TJUE, tal y como se analiza más adelante, podrían incluirse entre los denominados "componentes complementarios o variables (...) en razón de la relación de trabajo". Y es que el concepto de retribución debe incluir todos los elementos de la remuneración exigibles con arreglo al Derecho, los convenios colectivos o las prácticas de cada Estado miembro. En cualquier caso, la inclusión de las percepciones de naturaleza extrasalarial, al delimitar el objeto de la obligación empresarial de pagar por la prestación de un trabajo de igual valor la misma retribución, es más favorable para la trabajadora, pues con ello se amplía el ámbito de protección, evitando que se encubran discriminaciones retributivas por razón de sexo y/o de género mediante el abono de percepciones de carácter extrasalarial.

Y es que la finalidad del principio de transparencia retributiva no es otra que evitar las discriminaciones retributivas. De ahí que, insistiendo en el cometido del principio de transparencia retributiva, el apartado 2 del art. 3 del RDIR (*Tol 8107118*), determina que su objeto es "la identificación de discriminaciones, en su caso, tanto directas como indirectas, particularmente las debidas a incorrectas valoraciones de puestos de trabajo..."[21], lo que concurre cuando desempe-

---

21 Variados ejemplos de discriminaciones directas e indirectas que han venido destapando los Tribunales de Justicias pueden verse en LOUSADA AROCHENA, J. F., "Jurisprudencia española sobre igualdad retributiva entre mujeres y hombres", *Revista Española de Derecho del Trabajo*, núm. 181/2015, parte Estudios, Aranzadi, versión online (BIB 2015/167286), pp. 3 y 4; y en MIGUEL NIÑO, M.A., GUADIÁN DELGADO, R. y ALONSO GÓMEZ, R., "La brecha salarial. Prohibición de discriminación por razón de sexo en materia salarial". *Revista de Información Laboral*, número 5, 2018, Parte Artículos Doctrinales, Aranzadi, versión digital (BIB 2018/10116), p. 6.

ñando un trabajo de igual valor, se perciba una retribución inferior sin que dicha diferencia pueda justificarse objetivamente con una finalidad legítima y sin que los medios para alcanzar dicha finalidad sean adecuados y necesarios. De ahí, la relevancia de conocer cuándo un trabajo tiene igual valor que otro en aplicación de los criterios de adecuación, totalidad y objetividad.

Y es que la transparencia salarial ha de permitir conocer las estructuras salariales de una empresa y, en su caso, una vez detectadas discriminaciones retributivas, poder adoptar las medidas necesarias para reducir la brecha retributiva entre mujeres y hombres. Este principio de transparencia retributiva adquiere relevancia en la lucha contra las diferencias salariales entre mujeres y hombres, contribuyendo a poner de manifiesto la menor valoración del trabajo desempeñado por mujeres, bien sea en puestos de trabajo concretos, bien sea en sectores de actividad. Se trata, además, de un principio que, en buena lógica, han de integrar y aplicar no sólo las empresas sino también los convenios colectivos, lo que enlaza con la relevancia de la correcta definición de los grupos profesionales, que ha de ajustarse a criterios y sistemas que garanticen la ausencia de discriminación directa e indirecta entre mujeres y hombres. A ello contribuyen, sin duda, los instrumentos de transparencia retributiva.

2.2. El contenido de los instrumentos de transparencia retributiva

En nuestro ordenamiento jurídico el principio de transparencia retributiva se aplica a través de cuatro instrumentos, regulados en el capítulo III del RDIR (*Tol 8107118*): el registro retributivo, la auditoría retributiva, el sistema de valoración de puestos de trabajo de la clasificación profesional contenida en la empresa y en el convenio colectivo que sea de aplicación y el derecho de información de las personas trabajadoras. A partir de estos instrumentos de transparencia retributiva se puede obtener información retributiva de las empresas y, en su caso, detectar y corregir incorrectas valoraciones de puestos de trabajo que oculten discriminaciones retributivas. Y, lo más relevante a los efectos que interesan, obtener información de interés que anime a la presentación de denuncias y demandas cuando se cuestione la posible lesión del derecho de igualdad y no discriminación retributiva por razón de sexo y/o de género; impulsando, con ello, la tutela administrativa y procesal de la garantía de la igualdad retributiva.

No se pretende hacer un análisis de estos instrumentos de transparencia retributiva, sino que el objeto de este apartado se limita a dejar constancia de cuál es el contenido esencial de los mismos, a los efectos de obtener información de interés que contribuya, se insiste, a promover la tutela administrativa y judicial de la garantía de la igualdad retributiva por razón de sexo y de género.

En primer lugar, respecto del registro retributivo que todas las empresas han de tener, con independencia del número de trabajadores y al margen, pues, de su tamaño, se destaca su contenido: valores medios de los salarios, complementos salariales y las percepciones extrasalariales de la plantilla, debiendo incluirse los valores medios desagregados por sexo y distribuidos por grupos profesionales, categorías o puestos de trabajo iguales o de igual valor (art. 28.2 del ET, *(Tol 5512468)* y art. 5 del RDIR, *(Tol 8107118)*. El objeto del registro es "garantizar la transparencia en la configuración de las percepciones, de manera fiel y actualizada, y un adecuado acceso a la información retributiva de las empresas" (apartado 1 del art. 5 del RDIR, *(Tol 8107118)*.

Para ello, en el registro retributivo de cada empresa ha de establecerse "convenientemente desglosadas por sexo, la media aritmética y la mediana de lo realmente percibido por cada uno de estos conceptos en cada grupo profesional, categoría profesional, nivel, puesto o cualquier otro sistema de clasificación aplicable" (art. 5.2, párrafo 2º RDIR, *(Tol 8107118)*. No es, pues, suficiente con el desglose por sexos, sino que esta información ha de estar desagregada en atención a la naturaleza de la retribución, debiendo especificarse, "de modo diferenciado", cada percepción, incluyendo, como se ha dicho, salario base, complementos salariales y percepciones extrasalariales.

Así, se pretenden evitar discriminaciones salariales que se ocultan bajo el reconocimiento de percepciones de carácter no salarial. Lo relevante, atendiendo al contenido y estructura del registro, es que ofrezca una información real y fiel de las percepciones retributivas efectivamente percibidas por la plantilla de la empresa, que permita con facilidad detectar diferencias retributivas según el sexo y, en consecuencia, poder descubrir posibles discriminaciones ocultas.

Dos especialidades presenta el registro de las empresas que llevan a cabo auditorías retributivas, tal y como dispone el art. 6 del RDIR (*Tol 8107118*). Una, el registro retributivo ha de contener, además, las medias aritméticas y las medianas de las agrupaciones de los trabajos de igual valor en la empresa, conforme a los resultados de la valoración de puestos de trabajo, aunque pertenezcan a diferentes apartados de la clasificación profesional. Esta información ha de ofrecerse igualmente desglosada por sexo y desagregada en atención a la naturaleza de la retribución. Con esta específica y relevante información se pretende detectar diferencias retributivas ocultas bajo una formal (e incorrecta) adscripción a determinadas categorías, que responden a una errónea, intencionada o no, valoración de puestos de trabajo, especialmente, de trabajos feminizados.

Y la segunda especialidad es referente a la necesaria inclusión en el registro de la justificación prevista en el art. 28.3 del ET (*Tol 5512468*) cuando la media aritmética o la mediana de las retribuciones totales de la empresa de las personas trabajadoras de un sexo sea superior a las del otro sexo en, al menos, un veinticinco por ciento. Una justificación que se exige a las empresas con al menos cincuenta trabajadores y que sirve para justificar que la diferencia responde a motivos no relacionados con el sexo de las personas trabajadoras. Esta especialidad contribuye, en buena lógica, a detectar discriminaciones retributivas, siendo necesario que dicha diferencia pueda justificarse objetivamente con una finalidad legítima y debiendo ser los medios para alcanzar tal finalidad adecuados y necesarios.

En segundo lugar, otro de los instrumentos de transparencia retributiva es el derecho de información de las personas trabajadoras, el cual, sin mayor precisión en cuanto al alcance del contenido al que se puede acceder, se reconoce a la persona trabajadora en el art. 28.2 del ET (*Tol 5512468*); pero sí especifica que se ha de ejercer a través de la representación legal de los trabajadores en la empresa, con independencia de su número de trabajadores.

El desarrollo de este derecho de acceso al registro retributivo se hace diferenciando según exista o no representación legal en la empresa de que se trate (art. 5.3 del RDIR, *(Tol 8107118)*. Así, cuando se solicite el acceso al registro por parte de la persona trabajadora por inexistencia de representación legal, la información que se facilita por parte de la empresa no son los datos promediados respecto de las cuantías efectivas de las retribuciones que consten en el registro, "sino que la información a facilitar se limitará a las diferencias porcentuales que existieran en las retribuciones promediadas de hombres y mujeres, que también deberán estar desagregadas en atención a la naturaleza de la retribución y el sistema de clasificación aplicable". Sin embargo, en el caso de empresas que cuenten con representación legal de las personas trabajadoras, el acceso al registro se facilita a tales personas a través de la representación legal, teniendo derecho a conocer el contenido íntegro del mismo.

De esta forma, el conocimiento, íntegro o no, del contenido del registro retributivo, en cuanto forma de ejercitar el derecho de información de las personas trabajadoras, depende de si la empresa tiene o no representación legal. De manera que la falta de representación legal, en cuanto cauce fijado por la ley para el ejercicio del derecho de acceso al registro, no es impedimento para conocer su contenido, aunque sea limitado. Lo relevante, en cualquier caso, es detectar la diferencia retributiva entre hombres y mujeres y, a partir de ahí, determinar si es o no discriminatoria. Para ello, puede bastar con conocer la diferencia porcentual en las retribuciones promediadas de hombres y mujeres.

Sobre este segundo instrumento de transparencia retributiva se ha de tener en cuenta la detallada regulación contenida en la Directiva (UE) 2023/970, del Parlamento europeo y del Consejo, de 10 de mayo, por la que se refuerza la aplicación del principio de igualdad de retribución entre hombres y mujeres por un mismo trabajo o un trabajo de igual valor a través de medidas de transparencia retributiva y de mecanismos para su cumplimiento (*Tol 9555489*).

Por un lado, la transparencia retributiva previa al empleo que se regula en el art. 5 de la referida directiva, según el cual los solicitantes de empleo tendrán derecho a recibir del empleador potencial información sobre la retribución inicial o la banda retributiva inicial (siguiendo criterios objetivos y neutros en cuanto al género) que corresponda al puesto al que aspiran, así como sobre las disposiciones pertinentes del convenio colectivo aplicado por el empleador con respecto al puesto de trabajo. La directiva obliga a los Estados miembros a garantizar que la retribución del puesto ofertado deba hacerse pública y que las personas candidatas no puedan ser interrogadas acerca de sus retribuciones previas; lo que requerirá de una labor de transposición a nuestro ordenamiento jurídico[22]. Se trata, como ha dicho la doctrina, de una previsión importante puesto que la selección "es en demasiadas ocasiones un espacio al margen de la ley que condiciona el futuro profesional, donde las personas candidatas son especialmente vulnerables y donde las posibilidades de reclamación son muy limitadas"[23].

Y, por el otro, y más relevante a los efectos que interesan en cuanto a la información de la que puedan disponer las trabajadoras que se consideren víctimas de discriminación retributiva por razón de sexo y/o de género, el art. 6 de la referida directiva, que dispone que los empleadores pondrán a disposición de su personal "de manera fácil los criterios que se utilizan para determinar la retribución de los trabajadores, los niveles retributivos y la progresión retributiva"[24].

---

[22] Al respecto, pueden verse las propuestas que aporta FERNÁNDEZ GARCÍA, A.: "La transparencia retributiva previa al empleo de la Directiva 2023/970", op. cit., pp. 53 y ss. También a BALLESTER PASTOR, M.A.: "La Directiva 2023/970 sobre igualdad de retribución entre hombres y mujeres; un poco más cerca de la igualdad real y efectiva". *Briefs de la Asociación Española de Derecho del Trabajo y de la Seguridad Social*, publicado el 22 de mayo de 2023, p. 2; y ROQUETA BUJ, R.: "La Directiva (UE) 2023/970 por la que se refuerza la aplicación del principio de igualdad de retribución entre hombres y mujeres y su transposición en España", *Labos, Revista de Derecho del Trabajo y Protección Social,* Vol. 4, núm. 3, 2023, p. 84.

[23] BALLESTER PASTOR, M.A.: "La Directiva 2023/970 sobre igualdad de retribución entre hombres y mujeres; un poco más cerca de la igualdad real y efectiva", op. cit., p. 2. Según indica esta autora, "aunque ciertamente estas medidas de la Directiva no terminarán con las discriminaciones en el acceso al empleo, resulta evidente que reforzarán la lucha antidiscriminatoria en un espacio clave para la igualdad real y efectiva".

[24] La progresión retributiva se refiere al proceso por el que un trabajador pasa a un nivel retributivo superior. Los criterios relacionados con la progresión salarial pueden incluir, entre otros, el rendimiento individual, el desarrollo de competencias y la antigüedad (considerando 35 de la Directiva (UE) 2023/970, del Parlamento europeo y del Consejo, de 10 de mayo, *(Tol 9555489)*.

Lo que, sin duda, es una información de sumo interés para detectar posibles situaciones de discriminación retributiva por razón de sexo y/o de género, máxime cuando se exige que dicha información se ponga a disposición de su personal "de manera fácil", lo que debe contribuir a facilitar, como se ha dicho, no sólo la detección de posibles discriminaciones retributivas, sino también la obtención de información de relevancia que motive e impulse la presentación de denuncias y demandas para la tutela de la garantía retributiva.

Asimismo, el art. 7 de la Directiva (UE) 2023/970, del Parlamento europeo y del Consejo, de 10 de mayo (*Tol 9555489*), dispone que los trabajadores tendrán derecho a solicitar y a recibir información por escrito sobre su nivel retributivo individual y sobre los niveles retributivos medios, desglosados por sexo, para las categorías de trabajadores que realicen el mismo trabajo o un trabajo de igual valor al suyo. Sin que se condicione y diferencie el contenido de la información en función de si la empresa tiene o no representantes legales, a diferencia de lo que, como se ha indicado, sucede en nuestro ordenamiento jurídico interno. Si bien es cierto que también se prevé la posibilidad de que los trabajadores soliciten y reciban dicha información a través de sus representantes. De la misma forma que también tendrán la posibilidad de solicitar y recibir tal información a través de un organismo de fomento de la igualdad. Además, los empleadores deben informar anualmente a los trabajadores de dicho derecho, así como de los pasos que han de seguirse para ejercerlo.

Finalmente, se destaca la importancia de lo previsto en el art. 9 de la Directiva (UE) 2023/970, del Parlamento europeo y del Consejo, de 10 de mayo *(Tol 9555489)*, que dispone que los Estados miembros garantizarán que los empleadores faciliten detallada y relevante información sobre la brecha retributiva entre trabajadores y trabajadoras en su organización (lo que se hará en distintos tiempos en función del número de trabajadores que conformen la plantilla de la empresa)[25]. Lo relevante, una vez más, a los efectos que interesan

---

25 La información que han de facilitar es la siguiente: a) la brecha retributiva de género; b) la brecha retributiva de género en los componentes complementarios o variables; c) la brecha retributiva de género mediana; d) la brecha retributiva de género mediana en los componentes complementarios o variables;

en cuanto al impulso de la tutela administrativa y judicial de la garantía de la igualdad retributiva, es que los empleadores deben facilitar dicha información a todos sus trabajadores y a sus respectivos representantes de los trabajadores, así como a la inspección de trabajo y al organismo de fomento de la igualdad, a petición de estos.

Es más, los trabajadores, los representantes de los trabajadores, la inspección de trabajo y los organismos de fomento de la igualdad tendrán derecho a solicitar a los empleadores aclaraciones y pormenores adicionales sobre cualquiera de los datos publicados, incluidas las oportunas explicaciones sobre cualquier diferencia retributiva de género. Cuando las diferencias retributivas de género no estén justificadas sobre la base de criterios objetivos y neutros con respecto al género, los empleadores deberán corregir la situación en un plazo razonable en estrecha cooperación con los representantes de los trabajadores, la inspección de trabajo o el organismo de fomento de la igualdad. Es una obligación que, sin duda, supondrá un avance importante en la reducción de la brecha retributiva por razón de sexo y de género.

A dicha obligación se añade la evaluación retributiva conjunta, igualmente relevante en su aportación a la reducción de la brecha retributiva por razón de sexo y de género, que se tiene que hacer cuando se cumplan los requisitos establecidos en el art. 10.1 de la Directiva (UE) 2023/970, del Parlamento europeo y del Consejo, de 10 de mayo (*Tol 9555489*)[26], y se llevará a cabo con el fin de detectar, subsanar y evitar diferencias de retribución entre las trabajadoras y los trabajadores que no estén justificadas sobre la base de criterios

---

e) la proporción de trabajadoras y de trabajadores que reciben componentes complementarios o variables; f) la proporción de trabajadoras y de trabajadores en cada cuartil de la banda retributiva; g) la brecha retributiva de género, por categorías de trabajadores, desglosada por salario o sueldo base ordinario y por componentes complementarios o variables.

26 Estas condiciones son: a) que la información presentada en relación con las retribuciones demuestre la existencia de una diferencia en el nivel retributivo medio de las trabajadoras y los trabajadores de al menos el 5 % en cualquier categoría de trabajadores; b) que el empleador no haya justificado esa diferencia en el nivel retributivo medio sobre la base de criterios objetivos y neutros con respecto al género; c) que el empleador no haya subsanado esa diferencia injustificada en el nivel retributivo medio en los seis meses siguientes a la fecha de presentación de la información sobre las retribuciones.

objetivos y neutros con respecto al género, debiendo incluir la información que se detalla en el aparto 2 del referido art. 10 de la misma directiva, al que se hace remisión para conocer en detalle.

Lo relevante, igualmente por la materia objeto de estudio, es que los empleadores han de poner la evaluación retributiva conjunta a disposición de los trabajadores y de los representantes de los trabajadores; la comunicarán al organismo de seguimiento (que es el encargado de garantizar un seguimiento y un apoyo sistemáticos y coordinados por lo que respecta a la aplicación del principio de igualdad de retribución y al cumplimiento de todas las vías de reparación); y la facilitarán también a la inspección de trabajo y al organismo de fomento de la igualdad, a petición de éstos. Información, en definitiva, de gran relevancia a los efectos de impulsar la tutela administrativa y, en su caso, procesal de la no discriminación por razón de sexo y de género en materia retributiva.

Al aplicar las medidas señaladas en la evaluación retributiva conjunta, el empleador deberá subsanar las diferencias retributivas injustificadas en un plazo razonable, en estrecha cooperación con los representantes de los trabajadores, de conformidad con el Derecho o las prácticas nacionales. Podrá pedirse a la inspección de trabajo o al organismo de fomento de la igualdad que participen en el proceso. La aplicación de las medidas incluirá un análisis de los sistemas existentes de evaluación y clasificación profesional neutros con respecto al género o el establecimiento de tales sistemas, para garantizar la exclusión de toda discriminación retributiva directa o indirecta por razón de sexo.

En definitiva, derechos de los trabajadores y, en su caso, de sus representantes, así como obligaciones de las empresas en aras de la transparencia retributiva y, en última instancia, de facilitar la detección y corrección de situaciones de discriminación por razón de sexo y de género en materia retributiva, que deberán incorporarse a nuestro ordenamiento jurídico en el proceso de transposición de la referida directiva comunitaria; bien sea complementando, bien sea especificando los derechos y obligaciones ya reconocidos y exigidos, respectivamente, a la persona trabajadora y al empresario[27].

---

[27] Una análisis detallado de la transposición en España de la Directiva (UE) 2023/970, del Parlamento europeo y del Consejo, de 10 de mayo (*Tol 9555489)* puede verse en ROQUETA BUJ, R.: "La Directiva (UE) 2023/970

En tercer lugar, otro instrumento de transparencia retributiva es la auditoría retributiva que, a tenor del art. 7 del RDIR (*Tol 8107118)*, tiene tres finalidades: una, obtener la información necesaria para comprobar si se cumple o no con el principio de igualdad retributiva entre hombres y mujeres; dos, conocer las necesidades a las que se ha de atender para garantizar la igualdad retributiva; y tres, asegurar la transparencia y seguimiento del sistema retributivo de la empresa. Para la consecución del objeto de la auditoría retributiva, ésta tiene un determinado contenido que, según se prevé en el art. 8 del RDIR (*Tol 8107118)*, requiere del cumplimiento de concretas obligaciones para la empresa. Así, las obligaciones que ha de cumplir la empresa y que dan contenido a la auditoría retributiva son dos.

Por un lado, la realización del diagnóstico de la situación retributiva en la empresa, que requiere la evaluación de los puestos de trabajo, debiendo hacerse tanto en relación con el sistema retributivo como en relación con el sistema de promoción, lo que, como es sabido, tiene una inmediata incidencia en materia retributiva[28]. La valoración de los puestos de trabajo tiene por objeto "realizar una estimación global de todos los factores que concurren o pueden concurrir en un puesto de trabajo".

Para proceder a hacer dicha estimación, el RDIR (*Tol 8107118)* aporta algunas pautas a seguir sobre los factores a tener en cuenta, así como en relación con el proceso de valoración: una, tener presente cómo inciden los factores en el puesto de trabajo, para lo cual incluso se ha de cuantificar dicha incidencia, asignando una puntuación o valor numérico; dos, objetividad de los factores que concurren en los puestos de trabajo (aplicación del criterio de objetividad); tres, vinculación "necesaria y estricta" de los factores con el desarrollo de la actividad laboral (aplicación del criterio de adecuación); y cuatro, la valoración ha de referirse a cada una de las tareas y funciones de

---

por la que se refuerza la aplicación del principio de igualdad de retribución entre hombres y mujeres...", op. cit., pp. 84 y ss.

28 Un interesante y detallado estudio sobre la garantía del derecho de las personas trabajadoras a la promoción profesional sin discriminación por razón de género puede verse en FABREGAT MONFORT, G., Criterios y sistemas de promoción profesional y ascensos y no discriminación por razón de género", *Femeris*, Vol. 6, núm. 2, 2021, pp. 12 a 33.

cada puesto de trabajo de la empresa, ha de ofrecer confianza respecto de sus resultados y ser adecuada al sector de actividad, tipo de organización de la empresa y otras características que puedan ser significativas, con independencia de la modalidad de contrato de trabajo con el que vayan a cubrirse los puestos de trabajo (aplicación conjunta del criterio de totalidad y adecuación)[29].

Además, el diagnóstico de la situación retributiva en la empresa requiere que se deje constancia de otros aspectos. Uno, de la relevancia de otros factores desencadenantes de la diferencia retributiva, los cuales, en principio, no tendrían por qué ser discriminatorios y podrían servir para explicar y justificar la diferencia retributiva; pero que, de ahí la necesidad de que se destaque en el diagnóstico retributivo de la empresa, podrían servir para ocultar posibles discriminaciones retributivas. Dos, se ha dejar constancia en el diagnóstico de las posibles deficiencias o desigualdades que pudieran apreciarse en el diseño o uso de las medidas de conciliación y corresponsabilidad en la empresa que igualmente permitan identificar y destapar posibles actuaciones discriminatorias. Y tres, las dificultades que las personas trabajadoras pueden encontrar en su promoción profesional o económica derivadas de otros factores como las actuaciones empresariales discrecionales en materia de movilidad o las exigencias de disponibilidad no justificadas; actuaciones empresariales que, al carecer de justificación y de la necesaria adecuación y razonabilidad, serían discriminatorias.

Y, por otro lado, la otra obligación de la empresa es el establecimiento de un plan de actuación para la corrección de las desigualdades retributivas, que ha de contener la determinación de objetivos, actuaciones concretas, cronograma y persona o personas responsables de su implantación y seguimiento. Asimismo, ha de contener un sistema de seguimiento y de implementación de mejoras a partir de los resultados obtenidos. Se trata, pues, de un contenido similar al de los planes de igualdad en los que se integra la auditoría retributiva.

---

29 ARENAS VIRUEZ, M., "Otro avance en la igualdad retributiva entre mujeres y hombres: análisis del Real Decreto 902/2020, de 13 de octubre", *Temas Laborales*, número 156/2021, p. 43.

Finalmente, el cuarto instrumento de transparencia retributiva es la transparencia en la negociación colectiva, con la que se hace referencia al sistema de valoración de puestos de trabajo de la clasificación profesional contenida en la empresa y en el convenio colectivo de aplicación[30]. A tenor de lo dispuesto en el art. 9 del RDIR (*Tol 8107118*), de acuerdo con lo previsto en el art. 22.3 del ET (*Tol 5512468*), en relación con los criterios y sistemas a los que se ha de ajustar la definición de los grupos profesionales, con el objetivo de comprobar que dicha definición se ajusta a criterios y sistemas que garanticen la ausencia de discriminación directa o indirecta entre mujeres y hombres y la correcta aplicación del principio de igualdad de retribución por trabajos de igual valor, "las mesas negociadoras de los convenios colectivos deberán asegurarse de que los factores y condiciones concurrentes en cada uno de los grupos y niveles profesionales respetan los criterios de adecuación, totalidad y objetividad, y el principio de igual retribución para puestos de trabajo de igual valor…"[31].

No cabe duda de que el convenio colectivo asume una relevante y complicada tarea a la hora de valorar los puestos de trabajo, convirtiéndose en una herramienta esencial al realizar una correcta y adecuada valoración de los puestos de trabajo[32], en el sentido de que se encarga

---

30 Un análisis detenido de este cuarto instrumento de transparencia retributiva puede verse en CAIRÓS BARRETO, D.M., "El papel del convenio colectivo como instrumento de transparencia retributiva", op. cit., pp. 31 a 57.

31 El V Acuerdo para el Empleo y la Negociación Colectiva para los años 2023, 2024 y 2025, en su capítulo VI, incorpora la necesidad de que los convenios colectivos promuevan la racionalización de las estructuras salariales, integrando los principios de transparencia retributiva y de igual retribución por trabajos de igual valor. Para ello, se propone la ordenación y simplificación de los complementos salariales atendiendo a la perspectiva de género y a la necesidad de que las tablas salariales sean coherentes con la clasificación profesional establecida en el convenio, incluyendo también los sistemas de retribución variable, que deben estar fijados con claridad, contar con criterios objetivos y ser neutros desde una perspectiva de género. Asimismo, en el capítulo XII sobre la igualdad entre mujeres y hombres se insiste en la necesidad de establecer criterios retributivos transparentes, que incluya la definición y condiciones de todos los pluses y complementos salariales, evitar que se definan complementos o pluses con marcado sesgo de género, determinar en el ámbito de las empresas los trabajos de igual valor y garantizar el cumplimiento efectivo de lo previsto en el RDIR con la finalidad de luchar contra la brecha salarial.

32 CRISTOBAL RONCERO, R., "La conciliación de la vida laboral y familiar en la Unión Europea: especial referencia a la propuesta de Directiva sobre igualdad retributiva", *Revista de Derecho Social y Empresa*, núm. 16, 2022, p. 62.

de establecer la conexión entre el sistema de clasificación profesional y el sistema por el cual se fijan las retribuciones. De ahí, el referido encargo a las mesas negociadoras de los convenios colectivos.

Y ello porque, como es sabido, no es extraño, si bien también complejo, detectar cómo muchas veces son los propios convenios colectivos los que contienen cláusulas que, pese a que en su formulación no son discriminatorias por razón de sexo y/o de género, están ocultando posibles discriminaciones que obedecen a estereotipos de género y a una menor valoración del trabajo femenino en la clasificación profesional[33].

La negociación colectiva es, por tanto, un ámbito muy apropiado para la efectiva puesta en práctica del principio de igualdad de trato y no discriminación en materia retributiva entre mujeres y hombres. Los negociadores de los convenios colectivos, representantes de los trabajadores y representantes de los empresarios, asumen la relevante labor de asegurar que los sistemas de clasificación profesional sean acordes y respeten los referidos criterios de adecuación, totalidad y objetividad, así como, en general, el principio de igual retribución para puestos de trabajo de igual valor[34].

Para ello es esencial, partiendo de la dificultad técnica que presenta el proceso de valoración correcta de los puestos de trabajo, la adecuada y ajustada formación en materia de género de quienes formen parte de las mesas negociadoras de los convenios colectivos o, en su caso, de quienes asesoren sobre el asunto. Pero, igualmente, es relevante el papel de la Administración Pública al ejercer el control de legalidad de los convenios colectivos, que, a los efectos que interesan, ha de ser riguroso en materia de igualdad retributiva, tutelando la garantía de la igualad retributiva, en los términos que se analizan en el siguiente apartado.

---

33 Al respecto, puede verse a NIETO ROJAS, P., "La reducción de la brecha salarial de género a través de la transparencia en la política retributiva y la valoración neutra de puestos de trabajo", *Revista del Ministerio de Trabajo y Economía Social*, núm. 155. 2023, p. 58.

34 LÓPEZ BALAGUER, M.: "Nuevas obligaciones para la igualdad retributiva en las empresas", *Revista de Trabajo y Seguridad Social*, CEF, núm. 466, 2022, p. 103.

III. La tutela administrativa de la igualdad y no discriminación retributiva por razón de sexo y género

Son varios los objetivos que se pretenden en este capítulo. Por un lado, analizar las técnicas de intervención administrativa con incidencia a los efectos de garantizar el cumplimiento efectivo del principio de igualdad y no discriminación en materia retributiva, que van desde el control de legalidad de los convenios colectivos hasta las diferentes manifestaciones de intervención administrativa en colaboración con la Administración de Justicia, pasando por la esencial labor de vigilancia y, en su caso, exigencia del cumplimiento de la garantía de igualdad retributiva. Y, por el otro, tras hacer una aproximación a la actuación de la Inspección de Trabajo y Seguridad Social, a modo de balance y de proyecciones a corto plazo, se aborda el análisis del marco normativo que regula la intervención y el funcionamiento de la Inspección de Trabajo y Seguridad Social (sus funciones y sus actuaciones, en especial, la potestad sancionadora) como garantía del derecho a la no discriminación retributiva por razón de sexo y de género.

1. LAS TÉCNICAS DE INTERVENCIÓN ADMINISTRATIVA EN MATERIA DE IGUALDAD RETRIBUTIVA

Sabido es que la intervención de la Administración Pública en su cometido de controlar y vigilar el cumplimiento de la legislación laboral es muy intensa en países, como el nuestro, que han tomado al sistema napoleónico francés como modelo de estructuración de los poderes públicos, tratándose de sistemas en los que "está muy presente un fuerte armazón de cuerpo normativo estatal, que asume un papel muy incisivo en la regulación de las condiciones de trabajo"[35].

---

[35] CRUZ VILLALÓN, J., *Compendio de Derecho del Trabajo*, Tecnos, Décima Séptima Edición, 2024, p. 729.

Sin duda, la finalidad tuitiva o protectora, en cuanto uno de los fines esenciales del Derecho del Trabajo, demanda instrumentos para exigir su efectivo cumplimiento, lo que permite explicar y justificar la intervención administrativa de vigilancia y control del cumplimiento de la normativa laboral.

De manera que, a los efectos que interesan, el completo marco normativo de la garantía de igualdad retributiva ha de complementarse con la labor del poder ejecutivo, quien ha de velar, controlar y, en su caso, exigir su efectivo cumplimiento; máxime cuando, como se ha dicho, la discriminación retributiva por razón de sexo y de género sigue siendo, pese a los avances normativos, una realidad a día de hoy.

En este sentido, entre las diversas técnicas de intervención administrativa en el desarrollo de las relaciones laborales, se destacan algunas que tienen mayor o menor incidencia a los efectos de garantizar el cumplimiento efectivo del principio de igualdad de trato y no discriminación en materia retributiva[36].

Así, a modo de ejemplo, entre las conocidas como funciones registrales sustanciales de la Administración laboral, esto es, aquéllas en las que la obligación de depósito ante la Administración pública de una concreta documentación es requisito legal necesario para la adquisición de validez jurídica de algunos actos, se destacan las previsiones contempladas en los apartados 2, 3 y 6 del art. 90 del ET (*Tol 5512468*). En concreto, según se indica en los apartados 2 y 3 del art. 90 del ET (*Tol 5512468*), los convenios deben ser presentados ante la autoridad laboral competente a efectos de registro y publicación, debiendo producirse un control de la legalidad del convenio colectivo.

De manera que, como precisa el art. 90.6 del ET (*Tol 5512468*), la autoridad laboral tiene el deber de velar por el respeto al principio de igualdad en los convenios colectivos que pudieran contener discriminaciones, directas o indirectas, por razón de sexo (no se incluye el género), incluidas, obviamente, las discriminaciones en materia

---

[36] Una relación y análisis de las diversas técnicas administrativas, con carácter general, en la ejecución de la normativa social, puede verse EN BLASCO PELLICER, A. y GARCÍA RUBIO, M.A., *Curso de Derecho Administrativo Laboral*, Tirant lo Blanch, 2004, pp. 23 y 24.

retributiva. A tales efectos, puede recabar el asesoramiento del Instituto de las Mujeres o de los organismos de igualdad de las comunidades autónomas, según proceda por su ámbito territorial.

Puesto que, como se ha analizado, una parte importante de las discriminaciones retributivas por razón de sexo y de género deriva de la definición de los grupos profesionales y de la valoración de los puestos de trabajo contenida en los convenios colectivos, no cabe duda de la relevancia que adquiere el deber de la autoridad laboral de velar por el respeto al principio de igualdad en los convenios colectivos que pudieran contener discriminaciones en materia retributiva. Aunque también es cierto que no es fácil detectar dichas discriminaciones de la simple lectura del convenio colectivo pues suelen estar encubiertas, bajo una aparente neutralidad de los factores y condiciones concurrentes en los grupos y niveles profesionales.

De ahí que, como se ha comentado en el capítulo anterior, la transparencia en la negociación colectiva, que se concreta en el mandato a las mesas de negociación de los convenios colectivos, contenido en el art. 9 del RDIR (*Tol 8107118)*, en virtud del cual éstas deberán asegurarse de que los factores y condiciones concurrentes en cada uno de los grupos y niveles profesionales respeten los criterios de adecuación, totalidad y objetividad, así como el principio de igual retribución para puestos de igual valor, sea uno de los instrumentos de transparencia retributiva que contribuyen a reducir dichas discriminaciones de carácter retributivo. Este instrumento de transparencia retributiva adquiere gran relevancia, si se parte de que el convenio colectivo se puede considerar como el instrumento práctico por excelencia para la determinación del valor de cada puesto de trabajo[37].

El mandato a los negociadores de los convenios colectivos es claro, aunque no nuevo[38]: comprobar y asegurar que la evaluación de

---

37 Así se califica la labor del convenio colectivo en este ámbito en MONTOYA MELGAR, A., "Convenio Colectivo y tablas salariales de trabajos de hombres y mujeres; con una digresión económica sobre la determinación del valor del trabajo", *Revista Española de Derecho del Trabajo*, número 108/2001, parte Jurisprudencia. Editorial Civitas, versión online (2001/1744), p. 3.

38 A modo de ejemplo lejano en el tiempo, ya el Acuerdo Interconfederal para la Negociación Colectiva (ANCE-2005) proponía, entre otros asuntos, la implantación de sistemas de valoración de puestos de trabajo a través de los que se

los puestos de trabajo se hace aplicando criterios neutros en cuanto al sexo y al género, atendiendo a factores y condiciones de trabajo para cuya correcta valoración se han de aplicar los referidos criterios de adecuación, totalidad y objetividad. La negociación colectiva es, por tanto, un ámbito muy apropiado para la efectiva puesta en práctica del principio de igualdad de trato y no discriminación en materia retributiva entre mujeres y hombres.

De esta forma, para hacer efectivo el derecho a la igualdad de trato y a la no discriminación entre mujeres y hombres en materia retributiva, juega un papel central la negociación colectiva y, en concreto, la adecuada definición de los grupos profesionales, que ha de ajustarse a los criterios y sistemas que garanticen la ausencia de discriminación entre mujeres y hombres. La aplicación de criterios neutros en cuanto al sexo y al género, así como la eliminación de evaluaciones de puestos de trabajo basadas en la infravaloración de trabajos feminizados son cuestiones fundamentales.

Para ello, como se ha dicho, es esencial, teniendo en cuenta la dificultad técnica que presenta el proceso de valoración correcta de los puestos de trabajo, la adecuada y ajustada formación en materia de género de quienes conformen las mesas negociadoras de los convenios colectivos y, en su caso, de quienes asesoren al respecto. Asimismo, es relevante el papel de la Administración Pública al ejercer el control de legalidad de los convenios colectivos, que, a los efectos que interesan, ha de ser riguroso en materia de igualdad retributiva.

Si, en cumplimiento del deber de la autoridad laboral de velar por el respeto al principio de igualdad y no discriminación retributiva, estimase que algún convenio colectivo conculca la legalidad vigente en relación con la garantía de igualdad retributiva, se dirigirá de oficio a

---

evalúe periódicamente el encuadramiento profesional. Más recientemente, y a nivel comunitario, en la Resolución del Parlamento Europeo, de 30 de enero de 2020, sobre la brecha salarial de género, se pide a la Comisión que considere la posibilidad de adoptar medidas concretas basadas en su Recomendación de 2014, como, por ejemplo: la definición clara de criterios para evaluar el valor del trabajo; y los sistemas no sexistas de evaluación y clasificación de empleos. Asimismo, se pide a la Comisión que en la futura legislación sobre transparencia salarial promueva el papel de los interlocutores sociales y de la negociación colectiva a todos los niveles (nacional, sectorial, local y empresarial).

la jurisdicción social (art. 90.5 del ET, *(Tol 5512468)*[39]. Se trata, pues, de una manifestación de otra técnica de intervención administrativa, en este caso en el ámbito de la colaboración con la Administración de Justicia, entre las que se encuentran otras tantas manifestaciones.

En efecto, además de la impugnación de un convenio colectivo por considerarse que conculca la garantía de igualdad retributiva, que puede promoverse de oficio mediante comunicación remitida por la autoridad competente (art. 163.1 de la LRJS, *(Tol 2245714)*, otra manifestación de la intervención administrativa en el ámbito de las relaciones labores, en colaboración con la Administración de Justicia, es el inicio de un proceso de conflicto colectivo que verse sobre la aplicación e interpretación de una norma estatal, convenio colectivo, pactos o acuerdos de empresa, o de una decisión empresarial o de una práctica de empresa en la que se plantee una posible discriminación retributiva, igualmente mediante comunicación de la autoridad laboral (art. 158 de la LRJS,*(Tol 2245714)*.

Como también lo es el procedimiento de oficio que puede iniciarse, a los efectos que interesan, como consecuencia de las certificaciones de las resoluciones firmes que dicte la autoridad laboral derivadas de las actas de infracción de la Inspección de Trabajo y Seguridad Social en las que se aprecien perjuicios económicos para los trabajadores afectados (como sería el caso en que se produjesen discriminaciones retributivas por razón de sexo y de género), así como de las actas de infracción o comunicaciones de la Inspección de Trabajo y Seguridad Social acerca de la constatación de una discriminación por razón de sexo, incluida, pues, la discriminación retributiva (art. 148 a) y c) de la LRJS,*(Tol 2245714)*.

Y, finalmente, otras dos manifestaciones de la intervención administrativa en el ámbito de las relaciones labores, en colaboración

---

[39] Es cierto que el apartado 5 del art. 90 del ET (*Tol 5512468)* incluye, además del supuesto en que la autoridad laboral estimase que algún convenio colectivo conculca la legislación vigente, el caso de que el convenio colectivo lesiona gravemente el interés de terceros, si bien es cierto que en materia de igualdad retributiva este segundo supuesto carece de relevancia. Sobre ello se volverá más adelante, cuando se aborde el alcance de la tutela procesal de la igualdad retributiva.

con la Administración de Justicia, son: por un lado, en el proceso de reclamación de categoría o grupo profesional, en el que es necesario, por exigencia de lo dispuesto en el art. 137.2 de la LRJS (*Tol 2245714)*, que, en la resolución por la que se admita la demanda, se recabe informe de la Inspección de Trabajo y Seguridad Social, el cual versará sobre los hechos invocados, en relación con el sistema de clasificación profesional, que, como se ha dicho, puede actuar como vía para encubrir, bajo la formal adscripción a una determinada categoría o grupo profesional, una discriminación retributiva por razón de sexo y/o de género. Y, por el otro, con carácter general, cuando en un proceso se haya suscitado una cuestión de discriminación por razón de sexo (tampoco se incluye de forma expresa el género), incluida, pues, la retributiva, el juez o tribunal podrá recabar el dictamen de los organismos públicos competentes (art. 95.3 de la LRJS, *(Tol 2245714)*.

Sobre todas estas intervenciones administrativas en colaboración con la Administración de Justicia se volverá, para profundizar y analizarlas en detalle, cuando se aborde el alcance de la tutela procesal de la igualdad retributiva. Basta, pues, en estos momentos, tan sólo con dejar constancia de cómo la autoridad laboral, vía iniciación de procedimientos de oficio, vía emisión de informes o dictámenes, asume una labor de relevancia en el control de legalidad de la igualdad retributiva por razón de sexo y de género.

Asimismo, calificado como "el vértice de la tutela institucional"[40], el art. 40 de la Ley 15/2022, de 12 de julio, integral para la igualdad de trato y la no discriminación (*Tol 9113969)*, crea, en el ámbito de la Administración del Estado, la Autoridad Independiente para la Igualdad de Trato y la No Discriminación, en cuanto organismo unipersonal independiente, encargado de promover la igualdad de trato y no discriminación.

Esta Autoridad es una entidad de derecho público, dotada de personalidad jurídica propia y plena capacidad pública y privada, que actúa para el cumplimiento de sus fines con plena independencia y

---

40 Así lo califican CABEZA PEREIRO, J. y VIQUEIRA PÉREZ, C., *Igualdad y no discriminación laborales tras la Ley 15/2022*, Aranzadi, 2023, p. 197.

autonomía funcional respecto de las administraciones públicas. La estructura orgánica dependiente de la Autoridad Independiente, su régimen de funcionamiento interno, su régimen de personal, su régimen económico y presupuestario y cuantas otras cuestiones relativas a su funcionamiento y régimen de actuación resulten necesarias, se regularán en el Estatuto de la Autoridad Independiente para la Igualdad de Trato y la No Discriminación; sin embargo, pese al plazo establecido en la disposición adicional primera, apartado segundo, de la Ley 15/2022, de 12 de julio (*Tol 9113969*), esto es, 6 meses desde su entrada en vigor, aún no se ha regulado dicho estatuto.

Como es sabido, hasta el momento, España ha designado, a los efectos que interesan, el Instituto de las Mujeres, que está adscrito al Ministerio de Igualdad y, por ello, no cumple con las notas mínimas de independencia exigibles a este tipo de organismos en las directivas de la Unión, al tratarse de un órgano que se inserta en un departamento ministerial, sin que existan mecanismos que garanticen su independencia, ni en el ejercicio de sus funciones ni en el nombramiento y cese de sus máximos responsables. Situación que se pretende superar con la creación de la referida Autoridad Independiente para la Igualdad de Trato y la No Discriminación que, como una autoridad administrativa independiente que es, aunque esté vinculada a la Administración General del Estado, goza de gran autonomía funcional, personalidad jurídica propia y capacidad para gestionar de manera autónoma su personal y presupuestos y extiende su actuación a los sectores público y privado[41].

Entre las funciones encargadas a dicha autoridad, según se detalla en el antes referido art. 40 de la Ley 15/2022, de 12 de julio (*Tol 9113969*), se destacan algunas que se pueden calificar, en nuestra opinión, como técnicas de intervención administrativa en materia de igualdad retributiva y que contribuirán, sin duda, a proteger y promover la igualdad de trato y no discriminación en dicha materia.

---

41 Al respecto, puede verse a SOLA BARLEYCORN, I., "La autoridad independiente para la igualdad de trato: su encaje en la legislación de la Unión Europea. Riesgos y oportunidades de su puesta en marcha", *IgualdadES*, 9, 2023, pp. 297 y 298.

En este sentido, entre estas funciones se resaltan las que se exponen a continuación, algunas de las cuales, como ya ha destacado la doctrina, pueden plantear dificultades de engarce con las tareas encomendadas a la Inspección de Trabajo y Seguridad Social, siendo, pues, necesario deslindar (y, añadimos, coordinar) sus respectivos cometidos[42]:

a) Garantizar la prestación independiente de servicios especializados de asistencia y orientación a las personas que hayan podido sufrir discriminación, entre otras causas, por razón de sexo (sin que se incluya el género, como causa específica de discriminación, aunque sí la expresión de género que, como se ha dicho, se aleja de nuestro objeto de estudio). Estos servicios incluirán la recepción y tramitación de las quejas o reclamaciones de las víctimas y actividades de mediación y conciliación, con la relevante matización que se añade a continuación.

b) Constituirse, con el consentimiento expreso de las partes, en órgano de mediación o conciliación entre ellas en relación con violaciones del derecho a la igualdad de trato y no discriminación, si bien con la excepción de las que tengan contenido penal o, a los efectos que interesan, laboral. Por lo que se entiende que la posible lesión del derecho a la igualdad y no discriminación en materia retributiva no entraría entre estas funciones de la Autoridad Independiente para la Igualdad de Trato y la No Discriminación, por su evidente contenido laboral.

c) Iniciar, de oficio o instancia de terceros, investigaciones sobre la existencia de posibles situaciones de discriminación que revistan una especial gravedad o relevancia por razón sexo, entre otras causas, a salvo de aquellas que revistan carácter de infracción penal.

d) Ejercitar acciones judiciales en defensa de los derechos derivados de la igualdad de trato y la no discriminación conforme a lo dispuesto en esta ley y en las distintas leyes procesales.

e) Interesar la actuación de la Administración del Estado para sancionar las acciones u omisiones que puedan ser constitutivas de

42 CABEZA PEREIRO, J. y VIQUEIRA PÉREZ, C., *Igualdad y no discriminación laborales…*, op. cit. p. 198.

infracción administrativa en materia de igualdad de trato y no discriminación y, en concreto, por la materia objeto de estudio, en relación con la garantía de igualdad retributiva.

f) Elaborar informes y estadísticas de carácter periódico, promover estudios sobre igualdad de trato y no discriminación, así como sobre las formas históricas de discriminación estructural, a los efectos que interesan, en materia de igualdad retributiva por razón de sexo o de género.

g) Velar por el cumplimiento de la normativa reguladora de la igualdad de trato y no discriminación, debiendo entenderse incluida, pues, la materia de igualdad retributiva.

Pese a que el art. 40 de la Ley 15/2022, de 12 de julio (*Tol 9113969*), como se ha dicho, regula las diversas funciones de la Autoridad Independiente para la Igualdad de Trato y la No Discriminación en relación con la discriminación que pudieran sufrir las víctimas por razón de las causas diversas que se relacionan en el apartado 1 del art. 2 de dicha disposición normativa, lo cierto es que en su disposición adicional tercera se indica que "será el organismo competente en el Reino de España a efectos de lo dispuesto en el artículo 13 de la Directiva 2000/43/CE del Consejo, de 29 de junio de 2000, relativa a la aplicación del principio de igualdad de trato de las personas independientemente de su origen racial o étnico". La no referencia a otras directivas genera dudas sobre el impacto que tendría en las competencias del Instituto de las Mujeres.

Al respecto, se podría entender que la Autoridad Independiente para la Igualdad de Trato y la No Discriminación tendría la competencia exclusiva en las competencias propias de las directivas de igualdad de trato, en concreto, en lo que se refiere a la asistencia a las víctimas de discriminación, pues dispone de funciones más amplias que el Instituto de la Mujeres, dejando para dicho Instituto las funciones sobre la realización y publicación de estudios. Lo que se hará sin perjuicio de las posibles relaciones de colaboración que pudieran establecerse entre las dos instituciones[43].

---

43 Esta es la solución que propone a SOLA BARLEYCORN, I., "La autoridad independiente para la igualdad de trato: su encaje en la legislación de la Unión Europea...," op. cit., p. 309.

Por otro lado, asimismo otra técnica de intervención administrativa, que igualmente tiene incidencia en el control de la legalidad en materia de igualdad retributiva, es la referente a las competencias de advertencia y recomendación ante posibles incumplimientos de la normativa laboral. Se trata de intervenciones en virtud de las cuales la Administración Pública realiza un control del cumplimiento de las exigencias que la normativa laboral impone a las empresas, de manera que si la Administración detecta algún incumplimiento o irregularidad lo comunica a las empresas para que proceda a su corrección.

Es lo que ocurre con una de las medidas derivadas de la actividad inspectora, en virtud de la cual, finalizada dicha actividad, los inspectores podrán advertir y requerir al sujeto responsable, en lugar de iniciar un procedimiento sancionador, cuando las circunstancias del caso así lo aconsejen y siempre que no se deriven perjuicios directos a los trabajadores o sus representantes (art. 22.1 de la Ley 23/2015, de 21 de julio, Ordenadora del Sistema de Inspección de Trabajo y Seguridad Social, LOITSS, en adelante)[44]. Esta última condición hace que esta competencia de advertencia y recomendación no tenga apenas aplicación en los supuestos de discriminación retributiva por razón de sexo y de género pues, en todo caso, constatada la misma, se derivan perjuicios para las trabajadoras que hayan sufrido dicha discriminación retributiva.

Sin embargo, puede tener aplicación en los supuestos de incumplimiento de las exigencias que la normativa laboral impone a las empresas en aras de hacer efectiva la transparencia retributiva, tales como la obligación de tener un registro retributivo (art. 5 del RDIR,*(Tol 8107118)* o la obligación de incluir una auditoría retributiva en el plan de igualdad (art. 7 del RDIR, *(Tol 8107118)*; siempre que, se insiste, no se haya producido una discriminación retributiva por razón de sexo y/o de género, en cuyo caso, como se ha dicho, se derivan perjuicios para las trabajadoras afectadas y, en consecuencia, no cabe la mera advertencia y recomendación, sino el inicio de un procedimiento sancionador.

---

44 *(Tol 5207708)*.

Y, precisamente, las facultades sancionadoras, que pueden consistir en sanciones económicas, constituyen otra técnica de intervención administrativa, de manera que en un modelo de fuerte intervencionismo administrativo, como es el modelo español, ocupa un lugar central el ejercicio de la potestad sancionadora, "sobre la premisa de que ésta es la herramienta que garantiza en última instancia la *auctoritas* del propio poder ejecutivo en sus llamamientos al cumplimiento de la legislación; la función Inspectora de la Administración adquiere plena fuerza coercitiva en la práctica en la medida en que tiene capacidad sancionadora"[45].

Es, pues, necesario conocer las funciones y actuaciones de la Inspección de Trabajo y Seguridad Social, en especial, la potestad sancionadora en materia de igualdad retributiva, así como sus programas en materia de igualdad efectiva entre mujeres y hombres y, de forma específica, en la búsqueda de la igualdad retributiva. Sólo así se puede conocer el verdadero alcance de la tutela administrativa de la igualdad retributiva.

2. ACTUACIÓN INTEGRAL DE LA INSPECCIÓN DE TRABAJO Y SEGURIDAD SOCIAL CON PERSPECTIVA DE SEXO Y DE GÉNERO

La Inspección de Trabajo y Seguridad Social constituye un servicio público al que corresponde ejercer la vigilancia del cumplimiento de las normas del orden social y exigir las responsabilidades pertinentes, así como el asesoramiento en dichas materias, lo que efectuará de conformidad con los principios del Estado social y democrático de Derecho que consagra la Constitución Española (art. 1 de la LOITSS,*(Tol 5207708)*. Entre las normas del orden social cuyo cumplimiento vigila la Inspección de Trabajo y Seguridad Social se encuentra la igualdad de trato y oportunidades y no discriminación en el empleo[46].

---

45 CRUZ VILLALÓN, J., *Compendio de Derecho del Trabajo*, op. cit., p. 733.

46 En el ámbito organizativo, los estatutos del Organismo Autónomo Organismo Estatal Inspección de Trabajo y Seguridad Social, aprobados por el Real Decreto

Fue la disposición adicional decimosexta de la Ley 35/2010, de 17 de septiembre, de medidas urgentes para la reforma del mercado de trabajo[47], la que estableció en su momento el mandato a la Inspección de Trabajo y Seguridad Social de que incluyera en su Plan Integrado de Actuación con carácter de objetivos generales la discriminación retributiva entre hombres y mujeres como plan específico de actuación. En atención a dicha previsión, los planes anuales integrados de acción de la Inspección de Trabajo y Seguridad Social han establecido formalmente dicho compromiso[48].

En este sentido, el marco de la actuación inspectora en esta materia viene determinado inicialmente por la Instrucción 3/2011, sobre actuaciones de la Inspección de Trabajo y Seguridad Social para la vigilancia en las empresas de la igualdad efectiva entre mujeres y hombres. En dicha instrucción se indica que la actividad inspectora en materia de igualdad y no discriminación por razón de sexo constituye un área de actuación permanente de la Inspección de Trabajo y Seguridad Social en materia de relaciones laborales, formando parte de la programación anual de las Inspecciones de Trabajo en todas las Comunidades Autónomas. Lo que se hace sin perjuicio de que eventualmente, y dentro de la referida actividad permanente, puedan planificarse campañas temporales sobre áreas o materias concretas o aspectos específicos de la legislación en materia de igualdad[49].

Asimismo, la referida instrucción establece que, junto a la actividad rogada (esto es, denuncias, petición de informes de otras Administraciones o de los Juzgados) se mantiene una actividad programada, estableciendo criterios de selección de las empresas; y que se

---

192/2018, de 6 de abril (*Tol 6558713*), atribuyeron a la Subdirección General para la coordinación de la inspección del Sistema de Relaciones Laborales las competencias en materias relacionadas con la tutela y promoción de la igualdad de trato y oportunidades y no discriminación en el trabajo.

47 BOE de 18 de septiembre de 2010 (*Tol 1936417*).

48 BALLESTER PASTOR, I., "La discriminación retributiva", en VV.AA., *Retos y perspectivas...*, op. cit., pp. 91 y 92.

49 Así se especifica en el Informe Anual de la Inspección de Trabajo y Seguridad Social del año 2022, p. 89. También puede verse a FERNÁNDEZ LUPIÁÑEZ, J.D., "La Inspección de Trabajo y Seguridad Social y las políticas de igualdad", *Revista del Ministerio de Empleo y Seguridad Social. Derecho del Trabajo*, núm. 128, 2017, pp. 129 y 130.

incrementaría el número de actuaciones selectivas realizadas en base a informaciones previas que permitan actuar sobre empresas con indicios de irregularidad, o con obligaciones conocidas de adoptar medidas o planes de igualdad.

En esta línea, según consta en el Informe Anual de la Inspección de Trabajo y Seguridad Social del año 2022 (último disponible a octubre de 2024)[50], durante dicho año sus líneas de actuación se desarrollaron en el marco tanto de la planificación derivada de los programas de actuación establecidos en las correspondientes Comisiones Operativas Autonómicas, como en el Programa Integrado de Objetivos de la Inspección de Trabajo y Seguridad Social; todo ello en cumplimiento de las directrices dispuestas en el Plan Estratégico de la Inspección de Trabajo y Seguridad Social 2021-2023, aprobado por Resolución de 29 de noviembre de 2021, de la Secretaría de Estado de Empelo y Economía Social, por la que se publica el Acuerdo del Consejo de Ministros de 16 de noviembre de 2021[51], entre cuyos retos de carácter estructural se encuentra la búsqueda de una igualdad efectiva entre hombres y mujeres en el mercado de trabajo.

Para la consecución de éste y otros retos, se reclama una alta capacidad de respuesta y adaptación por parte de la Inspección de Trabajo y Seguridad Social, por lo que el referido Plan Estratégico plantea un reforzamiento de la eficacia, de las capacidades y de la organización de la Inspección. Dicho plan integra 55 medidas operativas que se enmarcan en diversos ámbitos de actuación y se dirigen, a los efectos que interesan, a proteger los derechos fundamentales y promoción de la igualdad. En concreto, respecto de las materias de empleo y relaciones laborales, en la programación integrada las líneas de actuación comunes en todo el Estado están previstas que se centren, entre otras materias, en la igualdad efectiva entre mujeres y hombres y, en particular, en relación con la existencia de discriminaciones por razón de sexo (sin la inclusión expresa del género).

Así, la actividad inspectora se centra, entre otros, en los siguientes programas de interés por la materia objeto de estudio: planes de

---

50 https://www.mites.gob.es/itss/web/Que_hacemos/Estadisticas/index.html (consultado el día 20 de octubre de 2024)

51 BOE de 3 de diciembre de 2021.

igualdad y otras obligaciones de la LOI (*Tol 1042650*); discriminación en la relación laboral; discriminación salarial; discriminación en la negociación colectiva; y derechos sobre conciliación de la vida familiar y laboral. Es cierto que, de forma específica y directa, sin duda, el programa sobre discriminación salarial es el que ha de tener mayor incidencia y repercusión en la garantía de igualdad retributiva; pero también lo es que todos los demás programas citados pueden contribuir, en mayor o menor medida, a detectar y corregir situaciones de discriminación retributiva por razón de sexo y de género y, con ello, a hacer efectiva la igualdad retributiva.

De manera que, a tenor de lo expuesto, se puede concluir que para la Inspección de Trabajo y Seguridad Social adquiere gran relevancia esta área de actuación sobre la igualdad efectiva de mujeres y hombres, lo que se pone de manifiesto en que todos los años se incluyen, en su planificación anual de actuaciones, campañas específicas en materia de igualdad y no discriminación por razón de sexo.

Y es que, sin duda, la protección de la igualdad y otros derechos fundamentales adquirió gran relevancia en el Plan Director por un Trabajo Digno 2018-2019-2020, diseñando, por primera vez, tal y como se reconoce en el Informe Anual de la Inspección de Trabajo y Seguridad Social del año 2020, una actuación integral de la Inspección de Trabajo y Seguridad Social con perspectiva de género.

De la misma forma que también ha determinado que la protección de la igualdad y otros derechos fundamentales tenga, como se ha dicho, un peso específico en el Plan Estratégico de la Inspección de Trabajo y Seguridad Social 2021-2023. En este sentido, la actuación 5.3 de dicho plan, sobre planificación de actuaciones con perspectiva de género, tiene como objetivo que no sólo las actuaciones de los programas de igualdad tengan este carácter, sino que se pretende avanzar para que lo tenga la actuación inspectora en su conjunto. Y es que se ha de atender a la obligación marcada a los poderes públicos por el art. 15 de la LOI (*Tol 1042650*), según el cual el principio de igualdad de trato y oportunidades entre mujeres y hombres informará, con carácter transversal, la actuación de todos los poderes públicos. Por ello, se pretende avanzar en la desagregación por sexo de los datos de la Inspección de Trabajo y Seguridad Social, incorporando dicha información a las memorias anuales.

Sin embargo, pese a ello, atendiendo a los datos sobre la actividad de la Inspección de Trabajo y Seguridad Social en el área de igualdad y no discriminación por razón de género en el año 2022, en conexión con los datos sobre la brecha retributiva existente a día de hoy que, como es sabido, tiene un importante componente que responde a la discriminación retributiva, igualmente se puede concluir que aún queda mucho por hacer en este terreno. De la misma forma que igualmente podemos afirmar que los datos sobre la actividad de la Inspección de Trabajo y Seguridad Social en esta área han mejorado de forma notable en el año 2022, respeto a los años 2020 y 2021. Así, los datos de interés al respecto, diferenciando el año 2020, el año 2021 y el año 2022, son los que se indican a continuación.

CONCEPTO	ACTUACIONES	INFRACCIONES	TRABAJADORES AFECTADOS	REQUERIMIENTOS FORMULADOS
Discriminación por razón de sexo en la relación laboral	1.268 en 2020 1.783 en 2021 2.206 en 2022	38 en 2020 56 en 2021 67 en 2022	455 en 2020 1.596 en 2021 4.640 en 2022	165 en 2020 217 en 2021 214 en 2022
Planes de igualdad y otras obligaciones de la LOI	1.540 en 2020 2.138 en 2021 4.778 en 2022	38 en 2020 163 en 2021 1.058 en 2022	22.972 en 2020 36.633 en 2021 248.451 en 2022	705 en 2020 991 en 2021 3.072 en 2022
Derechos sobre conciliación de la vida familiar y laboral	724 en 2020 835 en 2021 959 en 2022	10 en 2020 8 en 2021 16 en 2022	24 en 2020 8 en 2021 154 den 2022	50 en 2020 68 en 2021 60 en 2022
Discriminación en la negociación colectiva	378 en 2020 479 en 2021 547 en 2022	0 en 2020 0 en 2021 0 en 2022	0 en 2020 0 en 2021 0 en 2022	0 en 2020 9 en 2021 3 en 2022
Protección a la maternidad en materia de seguridad y salud laboral	1.034 en 2020 1.170 en 2021 1.150 en 2022	40 en 2020 27 en 2021 20 en 2022	28 en 2020 47 en 2021 11 en 2022	465 en 2020 600 en 2021 386 en 2022
TOTAL	4.944 en 2020 6.405 en 2021 9.640 en 2022	126 en 2020 254 en 2021 2.322 en 2022	23.479 en 2020 38.284 en 2021 506.512 en 2022	1.385 en 2020 1.885 en 2021 3.735 en 2022

Fuente: Elaboración propia a partir de datos del Organismo Estatal Inspección de Trabajo y Seguridad Social

A tenor de los datos comprendidos en este cuadro, se concluye que, en términos totales, incluyendo los diversos tipos de actuaciones que se han destacado por su posible incidencia en la detección de la discriminación retributiva, se aprecia un gran incremento, entre los años 2020 y 2022, en cuanto al número de estas actuaciones, llegando casi a duplicarse las actuaciones llevadas a cabo en el año 2022 en comparación con las realizadas en el año 2020.

De forma específica destacan, sobre todo, las actuaciones adoptadas en relación con la discriminación por razón de sexo en la relación laboral y, muy especialmente, las actuaciones en planes de igualdad y otras obligaciones de la LOI (*Tol 1042650*), no sólo en cuanto al notable incremento en el número de actuaciones llevadas a cabo entre los años 2020 y 2022, sino, sobre todo, por lo que respecta al número de trabajadores afectados.

Y es que las actuaciones en discriminación por razón de sexo en la relación laboral llevadas a cabo en el año 2022 son casi el doble que las realizadas en el año 2020, afectando a un número de trabajadores en el año 2022 que supera en diez veces más al número de trabajadores afectados en el año 2020. Por su parte, aún mayor es el incremento en el número de actuaciones llevadas a cabo en relación con los planes de igualdad y otras obligaciones derivadas de la LOI (*Tol 1042650*), pues supera el triple de actuaciones realizadas en el año 2022 con respecto a las llevadas a cabo en el año 2020. Siendo igualmente muchos más los trabajadores afectados en el año 2022, en comparación con el año 2020, pues también supera en casi once veces más dicho número.

Es cierto que en el cuadro expuesto no se contiene en los tres años tomados como referencia información específica sobre las actuaciones de la Inspección de Trabajo y Seguridad Social en materia de igualdad retributiva puesto que sólo se incluyen las actuaciones en materia de discriminación por razón de sexo en la relación laboral y de discriminación en la negociación colectiva, sin mayor concreción; además de las actuaciones más concretas en aspectos tales como planes de igualdad, derechos sobre conciliación y protección de la maternidad que, sin duda, pueden tener incidencia en materia retributiva.

Por lo que, aunque es cierto que no se conocen los datos concretos sobre las actuaciones de la Inspección de Trabajo y Seguridad Social en relación con la garantía de igualdad retributiva desde la perspectiva de la evolución seguida desde el año 2020 hasta el año 2022, también lo es que, a partir de dichos datos, se puede concluir que el alcance de dichas actuaciones es aún más reducido puesto que sólo una parte, aunque no se pueda concretar cuál exactamente, de las infracciones cometidas en cada una de las materias en el cuadro referidas podría derivar de incumplimientos en materia de igualdad retributiva.

Sin embargo, aunque no en el año 2020, pero sí a partir del año 2021, en los informes anuales de la Inspección de Trabajo y Seguridad Social, en concreto, en los correspondientes a los años 2021 y 2022, sí se especifica, entre los tipos de actuación en materia de relaciones laborales, la discriminación salarial por razón de sexo. Al respecto, se aprecia igualmente un notable incremento tanto de las actuaciones en materia de discriminación salarial por razón de sexo como de las infracciones y requerimientos. Los datos son los que se indican en el siguiente cuadro.

TIPO DE ACTUACIÓN	NÚMERO DE ACTUACIONES	INFRACCIONES EN ACTA	REQUERIMIENTOS FORMULADOS	MEDIACIONES Y CONSULTAS
Discriminación salarial por razón de sexo	181 en 2021 371 en 2022	14 en 2021 23 en 2022	58 en 2021 70 en 2022	0 en 2021 1 en 2022

Fuente: Elaboración propia a partir de datos del Organismo Estatal Inspección de Trabajo y Seguridad Social

Se concluye, pues, que, pese a los avances recientes producidos en este terreno que, sin duda, deben tener repercusión en la reducción del componente discriminatorio de la brecha retributiva por razón de sexo y de género, la tutela administrativa de la igualdad retributiva, vía actuaciones de la Inspección de Trabajo y Seguridad Social, requiere de una más intensa y específica labor de refuerzo de la misma, que contribuya a avanzar hacia la igualdad efectiva entre mujeres y hombres.

En esta línea, el Plan Estratégico de la Inspección de Trabajo y Seguridad Social 2021-2023 fija, entre otros retos estructurales, la búsqueda de una igualdad efectiva entre mujeres y hombres en el mercado laboral. Como se indica en el referido Plan, es evidente la conexión de la misión de la Inspección de Trabajo y Seguridad Social, cual es la vigilancia y garantía del cumplimiento de las normas jurídicas en materia laboral, con la efectividad real de los derechos laborales y sociales; de ahí que el papel de la Inspección como instrumento de garantía sea esencial si no se quiere ver estos derechos menoscabados.

Asimismo, la misión de la Inspección de Trabajo y Seguridad Social encuentra también una estrecha relación con los Objetivos de Desarrollo Sostenible de la Agenda 2030, contribuyendo a la consecución de los mismos; en especial, al objetivo 5 (Igualdad de Género).

El referido Plan Estratégico fija cuarenta objetivos, que se agrupan en cuatro ejes básicos que, a su vez, se componen de numerosas medidas de actuación. Entre dichos ejes, interesa destacar el eje 1.2, relativo a la igualdad y no discriminación en el empleo y en las condiciones de trabajo, que se conforma de tres objetivos: garantizar la igualdad y no discriminación por razón de sexo (objetivo 5), garantizar la igualdad y no discriminación por otros motivos (objetivo 6) y la creación de la Oficina Estatal de Lucha contra la Discriminación (objetivo 7). Así como también el eje 2 (reforzar las capacidades de actuación de la Inspección de Trabajo y Seguridad Social), con el objetivo 16 (reforzar el papel de la Inspección de Trabajo y Seguridad Social en materia de salarios, pudiendo entenderse, aunque no se dice de forma expresa, que se incluye también la igualdad retributiva) y el objetivo 19 (reforzar las competencias de la Inspección de Trabajo y Seguridad Social en materia de convenios colectivos, de especial interés en tanto en cuanto éstos son el origen de muchas de las discriminaciones retributivas)[52].

Y es que, como se señala en el citado Plan Estratégico, la necesidad de eliminar las brechas de género y de avanzar hacia la igualdad

---

52 Sobre el reforzamiento del control público por medio de la Inspección de Trabajo y Seguridad Social a los efectos de hacer efectiva la normativa antidiscriminatoria, entre otras posibles soluciones ante los retos que presenta la discriminación retributiva por razón de sexo, puede verse a BALLESTER PASTOR, I., "La discriminación retributiva", en VV.AA., *Retos y perspectivas...*, op. cit., pp. 91 y ss.

efectiva de mujeres y hombres es un proceso dinámico, de gran movilidad, que está en la base de los muchos y frecuentes cambios que se producen en el panorama laboral actual, los cuales demandan una alta capacidad de respuesta y adaptación por parte de la Inspección de Trabajo y Seguridad Social.

De ahí que se apueste por un nuevo modelo de la Inspección, que refuerce el Estado social y garantice los derechos laborales, en especial por la materia objeto de estudio, la efectiva igualdad retributiva entre mujeres y hombres. Un Plan Estratégico que diseña igualmente una actuación de la Inspección de Trabajo y Seguridad Social con perspectiva de género.

En el plano normativo, más recientemente, se vuelve a insistir en la relevancia del asunto en cuestión, en el sentido de que el art. 9.4 de la Ley 15/2022, de 12 de julio, integral para la igualdad de trato y la no discriminación *(Tol 9113969)*, dispone que la Inspección incluirá en su plan anual integrado de actuación con carácter de objetivo de alcance general, el desarrollo de planes específicos sobre igualdad de trato y no discriminación en el acceso al empleo y en las condiciones de trabajo, incluida, pues, la condición retributiva.

El encaje constitucional se encuentra, como ya se anticipó en el apartado introductorio de este capítulo, en el art. 9.2 de la CE (*Tol 173304)*, "que parte de la comprobación de una inevitable discordancia entre los derechos constitucionales y la realidad social, que más que permitir la intervención pública, la impone en aras de una libertad y de una igualdad materiales y no solo formales, y los poderes del Estado quedan obligados a «promover las condiciones» para ello y a «remover los obstáculos» que lo impidan —a intervenir, en definitiva—, en mayor medida cuanto mayor sea la distancia que se constate entre lo constitucionalmente reconocido y lo socialmente realizado"[53].

Siendo conscientes de que lo realizado socialmente es insuficiente puesto que la discriminación retributiva por razón de sexo y de género es una realidad. Siendo conocedores de que la intervención

---

53 Plan Estratégico de la Inspección de Trabajo y Seguridad Social 2021-2023 (apartado 3 del bloque I).

de los poderes públicos, en concreto, de la Inspección de Trabajo y Seguridad Social, tampoco ha sido suficiente para superar la referida discordancia entre los derechos constitucionales, en concreto, el derecho a la igualdad y no discriminación retributiva, y la realidad social. E igualmente, siendo conocedores de que garantizar la igualdad y no discriminación por razón de sexo y de género (incluida la no discriminación retributiva) y reforzar las capacidades de actuación de la Inspección de Trabajo y Seguridad Social constituyen dos de los objetivos a cumplir a corto plazo (en los ya pasados años 2021-2023); procede, a partir de ahora, conocer en detalle el marco normativo que regula la intervención y el funcionamiento de la Inspección de Trabajo y Seguridad Social (sus funciones y sus actuaciones, en especial, la potestad sancionadora) como garantía del derecho a la no discriminación retributiva por razón de sexo y de género.

3. LAS FUNCIONES DE LA INSPECCIÓN DE TRABAJO Y SEGURIDAD SOCIAL EN MATERIA DE IGUALDAD RETRIBUTIVA

La función de la Inspección de Trabajo y Seguridad Social en materia de igualdad retributiva es la misma que en cualquier otra materia[54]. Así, según dispone el art. 12 de la LOITSS (*Tol 5207708*), son tres los cometidos que comprende la función inspectora, los cuales son desempeñados por los funcionarios del Cuerpo Superior de Inspectores de Trabajo y Seguridad Social, en su integridad, y por los

---

54 Es tradicional la agrupación o reconducción de los cometidos de la Inspección de Trabajo y Seguridad Social en cuatro funciones principales: su inicial labor de fiscalización y las posteriormente asumidas de asistencia técnica, elaboración de informes y composición de conflictos. Al respecto y en detalle, puede verse a BLASCO PELLICER, A. y GARCÍA RUBIO, M.A., *Curso de Derecho Administrativo Laboral*, op. cit., pp. 57 y ss. Igualmente, puede verse a GARCÍA RUBIO, M.A., *La inspección de trabajo y Seguridad Social (Doctrina y Jurisprudencia)*, Tirant lo Blanch, 1999, pp. 157 y ss. Según señala esta autora, la progresiva confianza depositada por el ordenamiento jurídico en la Inspección de Trabajo ha llevado a que los órganos inspectores disfruten de un amplio elenco de competencias, entre las que quedan englobadas, como se ha dicho, las funciones de fiscalización, asesoramiento, informes y composición.

funcionarios del Cuerpo de Subinspectores Laborales, en los términos que establece la LOITSS (*Tol 5207708*).

El primer cometido de la función inspectora es "la vigilancia y exigencia del cumplimiento de las normas legales, reglamentarias y del contenido de los acuerdos y convenios colectivos" en diversos ámbitos, siendo de interés, por la materia objeto de estudio, el sistema de relaciones laborales; y, en concreto, tal y como de forma expresa se contempla en el art. 12.1 3° de la LOITSS (*Tol 5207708*), las "normas en materia de tutela y promoción de la igualdad de trato y oportunidades y no discriminación en el trabajo".

Es cierto que tal previsión confiere visibilidad a esta materia específica, pero también lo que es que, aunque no se incluyese de forma explícita entre las normas del sistema de relaciones laborales, la vigilancia y exigencia del cumplimiento de la normativa antidiscriminatoria y, en concreto, pese a su no mención expresa, del marco normativo de la garantía de igualdad retributiva, es un cometido, como se ha visto, tan relevante como difícil de conseguir, que se integra en la función de la Inspección de Trabajo y Seguridad Social.

De manera que la Inspección ha de vigilar y, en su caso, exigir el cumplimiento de las disposiciones normativas, sean legales, sean reglamentarias, y convencionales que regulan el principio de igualdad y no discriminación retributiva por razón de sexo y de género. En cumplimiento de este cometido, la función inspectora no sólo abarca la obligación de toda empresa, sea cual sea el número de personas trabajadoras, y de todo convenio o acuerdo colectivo de abonar y reconocer, respectivamente, igual retribución por trabajo de igual valor (conforme a lo dispuesto en el art. 28 del ET, *(Tol 5512468)*, en cuanto objetivo final y expresión plena de la garantía de igualdad retributiva.

Sino que también la función inspectora ha de vigilar y exigir que las empresas y convenios colectivos integren y apliquen el principio de transparencia retributiva, cumpliendo con las obligaciones derivadas del mismo, esto es, disponiendo de los instrumentos de transparencia: registro retributivo, auditoría retributiva, información de las personas trabajadoras y sistema de valoración de puestos de trabajo de la clasificación profesional contenida en la empresa.

Es más, todos estos instrumentos de transparencia retributiva han de contribuir de forma esencial al efectivo cumplimento de la obligación de igual retribución por trabajo de igual valor; y, a los efectos que interesan, la información retributiva (o la ausencia de la misma) derivada de la aplicación de estos instrumentos de transparencia va a facilitar la labor de la Inspección de Trabajo y Seguridad Social en su función de vigilancia y, en su caso, exigencia del cumplimiento de dicha obligación.

En efecto, como es sabido, en el ejercicio de sus funciones los Inspectores de Trabajo y Seguridad Social tienen el carácter de autoridad pública y ostentan diversas facultades para el desempeño de sus competencias (art. 13 de la LOITSS, *(Tol 5207708)*. Entre dichas facultades, especial interés adquiere la consistente en practicar cualquier diligencia de investigación, examen, reconstrucción o prueba que consideren necesario para realizar la función de vigilancia y exigencia del cumplimiento, a los efectos que interesan, de la obligación de igual retribución por trabajo de igual valor.

Y, en particular, entre otras, los inspectores pueden requerir información al empresario o al personal de la empresa sobre cualquier asunto relativo a la aplicación de las disposiciones legales que regulan la garantía de igualdad retributiva[55]; así como examinar en el centro o lugar de trabajo todo tipo de documentación con trascendencia en la verificación del cumplimiento de la normativa laboral en materia de igualdad retributiva.

Entre la información requerida y la documentación examinada serán de gran utilidad y eficacia los registros retributivos; las auditorías retributivas y demás contenido de los planes de igualdad; los

55 El deber de colaboración con los funcionarios de la Inspección de Trabajo y Seguridad Social se regula en el art. 18 de la LOITSS (*Tol 5207708)*, según el cual los empresarios, los trabajadores y los representantes de ambos, así como los demás sujetos responsables del cumplimiento de las normas del orden social, están obligados cuando sean requeridos: a) A atender debidamente a los Inspectores de Trabajo y Seguridad Social y a los Subinspectores Laborales; b) A acreditar su identidad y la de quienes se encuentren en los centros de trabajo; c) A colaborar con ellos con ocasión de visitas u otras actuaciones inspectoras; d) A declarar ante el funcionario actuante sobre cuestiones que afecten a las comprobaciones inspectoras, así como a facilitarles la información y documentación necesarias para el desarrollo de sus funciones.

sistemas de valoración de puestos de trabajo de la clasificación profesional de la empresa; los documentos justificativos de las retribuciones, en los que se detallen los complementos salariales; los sistemas y criterios de ascenso y promoción profesional, etc. Y, en general, cualquier documentación e información a partir de la cual los Inspectores de Trabajo y Seguridad Social puedan realizar las investigaciones oportunas y las actividades comprobatorias que les permitan concluir si se ha producido o no una discriminación retributiva por razón de sexo y/o de género; en cuyo caso, se iniciará el procedimiento sancionador, en los términos que se exponen en el siguiente apartado.

De ahí que también adquiera relevancia otra de las facultades de los Inspectores de Trabajo y Seguridad Social para el desempeño de sus competencias, cual es la facultad de adoptar, en cualquier momento del desarrollo de las actuaciones, las medidas cautelares que estimen oportunas y sean proporcionadas a su fin, para impedir la destrucción, desaparición o alteración de la documentación antes mencionada a los efectos de investigar si se ha lesionado la garantía de igualdad retributiva.

Junto a la vigilancia y exigencia de la normativa socio-laboral, el segundo cometido de la función inspectora es de asistencia técnica que consiste, según se detalla en el art. 12.2 de la LOITS (*Tol 5207708*), en las siguientes labores de interés por la materia objeto de estudio[56]:

- Una, proporcionar información y asistencia técnica a las empresas (sobre todo, pequeñas y medianas) con ocasión del ejercicio de la función inspectora, con la finalidad de facilitarles el cumplimiento de las normas del orden social, tal y como sería la obligación de negociar planes de igualdad (con la inclusión en los mismos de las auditorías retributiva) o la obligación de elaborar registros retributivos, etc.[57].

---

[56] Los cometidos de asesoramiento se caracterizan por no estar sujetos a un procedimiento estricto, de manera que en su ejercicio no ha de respetarse ninguna formalidad específica. Además, otra nota característica de esta función es el amplio número de sujetos que pueden beneficiarse de dicha actividad de asistencia (empresarios, trabajadores y órganos administrativos y judiciales). Sobre estos rasgos de la labor inspectora de asesoramiento técnico puede verse a GARCÍA RUBIO, M.A., *La inspección de trabajo y Seguridad Social...*", op. cit. p. 195.

[57] Al respecto, puede verse la STSJ de Islas Canarias, Santa Cruz de Tenerife (Sala de lo Social), de 20 de enero de 2020 *(Tol 7884345)*. En la sentencia no se es-

- Dos, proporcionar información y asistencia técnica a las trabajadoras e indicarles las vías administrativas o judiciales para la satisfacción de su derecho a la no discriminación retributiva por razón de sexo y de género, cuando éste haya sido afectado por incumplimientos empresariales comprobados en las actuaciones inspectoras.
- Tres, informar, asistir y colaborar con otros órganos de las Administraciones Públicas respecto de la aplicación de las normas del orden social, como sería la función de emitir informes sobre el control de la legalidad de los convenios colectivos, tal y como se hace en algunas Comunidades Autónomas. Lo que constituye un importante apoyo a la autoridad laboral para garantizar, a los efectos que interesan, el derecho a la igualdad y no discriminación retributiva por razón de sexo y de género, depurándose los preceptos de los convenios colectivos que vulneren tal derecho fundamental.

  En esta línea, precisamente, uno de los objetivos del Plan Estratégico de la Inspección de Trabajo y Seguridad Social 2021-2023, dentro del Eje 1.2 sobre la igualdad y no discriminación en el empleo y en las condiciones de trabajo, es la modificación de la Ley Ordenadora del Sistema de Inspección de Trabajo y Seguridad Social para incluir la función de emitir informes sobre el control de la legalidad de los convenios colectivos.
- Cuatro, emitir los informes que le recaben los órganos judiciales competentes, en el ámbito de las funciones y competencias inspectoras, cuando así lo establezca una norma legal. Dos manifestaciones de esta labor de la Inspección de Trabajo y Seguri-

---

pecifica quién solicita el informe, si bien, como ejemplo de esta función de la Inspección de Trabajo y Seguridad Social, sirve el informe de ésta al que se remite la empresa, el cual concluyó que "no había tal discriminación por parte de la empresa porque la misma se había limitado a respetar las retribuciones del personal investigador que venían establecidas en las empresas para las que trabajaban antes y a las cuales sucedió (también se mencionaba en ese informe que las retribuciones de los investigadores, en la empresa de origen, estaban vinculadas a distintos programas de investigación y financiación, pero sin llegar a afirmar que esa forma de financiación era la que explicaba las diferencias retributivas entre el personal investigador fijo)".

dad Social de relevancia por la materia objeto de estudio, a las que se hizo referencia con anterioridad, son: por un lado, en el proceso de reclamación de categoría o grupo profesional, en el que se requiere, según se dispone en el art. 137.2 de la LRJS *(Tol 2245714)*, que, en la resolución por la que se admita la demanda, se recabe informe de la Inspección de Trabajo y Seguridad Social, el cual versará sobre los hechos invocados, en relación con el sistema de clasificación profesional, que, como es sabido, puede actuar como vía para encubrir, bajo la formal adscripción a una determinada categoría o grupo profesional, una discriminación retributiva por razón de sexo y/o de género. Y, por el otro, con carácter general, cuando en un proceso se haya suscitado una cuestión de discriminación por razón de sexo (no se incluye tampoco el género), incluida, pues, la retributiva, el juez o tribunal podrá recabar el dictamen de los organismos públicos competentes, entre ellos, la Inspección de Trabajo y Seguridad Social (art. 95.3 de la LRJS, *(Tol 2245714)*.

Y, por último, el tercer cometido de la función inspectora es de conciliación, mediación y arbitraje en huelgas y otros conflictos laborales, que tiene menor incidencia en la materia objeto de estudio, salvo la que pudiera derivar del origen del conflicto laboral, en el supuesto de que éste esté causado por motivo de discriminación retributiva por razón de sexo y/o de género; pero que, en cualquier caso, no presenta especialidad alguna.

4. LA ACTUACIÓN DE LA INSPECCIÓN DE TRABAJO Y SEGURIDAD SOCIAL PARA GARANTIZAR LA IGUALDAD RETRIBUTIVA

4.1. Origen de la actuación inspectora

Al igual que sucede con las funciones de la Inspección de Trabajo y Seguridad Social, las actuaciones inspectoras, que tienen por objeto el desarrollo de las mismas, pueden originarse por diferentes vías, siendo éstas iguales en materia de igualdad retributiva que en cualquier otra materia. Así, según se dispone en el art. 20.3 de la LOITSS

(*Tol 5207708*), la Inspección de Trabajo y Seguridad actuará de oficio siempre, pudiendo iniciarse las actuaciones por denuncia; por propia iniciativa de la Inspección de Trabajo; por orden superior; por orden de servicio derivada de planes y programas de inspección; o por petición razonada de otros órganos. A continuación, se profundiza en algunas formas de inicio de la actuación inspectora, prestando especial atención a la denuncia.

4.1.1. La denuncia como vía de origen de la actuación inspectora

Como se ha anticipado, la denuncia es una de las vías de origen de la actuación inspectora, pudiendo presentarse de tres formas diferentes, de acuerdo con lo dispuesto en la Ley 39/2015, de 1 de octubre, del Procedimiento Administrativo Común de las Administraciones Públicas (en adelante, LPAC)[58]. En primer lugar, presentación de forma presencial, esto es, personándose el denunciante en las oficinas de las Inspecciones Provinciales de Trabajo y Seguridad Social, así como en los registros de los demás órganos de la Administración del Estado y de las Comunidades Autónomas y de las administraciones locales (si existe el correspondiente convenio). En segundo lugar, presentación de forma telemática, a través de la Sede electrónica del Ministerio de Trabajo y Economía Social, en cuyo caso es necesario que el denunciante disponga de documento nacional de identidad electrónico o de firma electrónica basada en un certificado electrónica. Y, en tercer lugar, presentación por vía postal, en cuyo caso ha de ir dirigida a la oficina correspondiente de la Inspección Provincial de Trabajo y Seguridad Social.

En el caso de que la denuncia se presente por vía postal o en los registros sin que se persone el denunciante, es necesario adjuntar copia compulsada del documento nacional de identidad del denunciante y, en su caso, autorización expresa del mismo para que la Inspección pueda verificar sus datos de identidad en el registro que corresponda. Lo que se debe a que, como se indica a continuación,

---

[58] BOE de 2 de octubre de 2015 (*Tol 5494102*).

la denuncia no puede ser anónima, sino que tiene que contener los datos de identificación personal del denunciante[59].

La acción de denuncia, que es pública, puede ser presentada por cualquier persona que tenga conocimiento de hechos presuntamente constitutivos de infracción en materia de igualdad retributiva. La denuncia tiene un determinado contenido, que se concreta en el art. 9.2 del Real Decreto 928/1998, de 14 de mayo, por el que se aprueba el Reglamento general sobre procedimientos para la imposición de sanciones por infracciones de orden social y para los expedientes liquidatorios de cuotas de la Seguridad Social (RPS, en adelante)[60].

Según se indica en el referido precepto, el escrito de denuncia ha de indicar la Inspección Provincial de Trabajo y Seguridad Social a la qua va dirigido, debiendo coincidir con la provincia donde radique el centro de trabajo objeto de denuncia. Asimismo, el escrito de denuncia ha de contener los datos de identificación personal del denunciante y su firma, sin que se pueda tramitar la denuncia anónima o que tenga defectos o insuficiencias de identificación. Es más, en los casos de denuncias que tengan defectos o insuficiencias de identificación, se requerirá al denunciante para que las complete subsanando los defectos en el plazo de quince días, tal y como especifica el art. 9.2 del RPS (*Tol 22554*).

Es cierto que también se ha creado, a través del Organismo Estatal de la Inspección de Trabajo y Seguridad Social, el Buzón de la misma, que se ha puesto a disposición de todos los ciudadanos y por medio del cual se podrán comunicar (pero no denunciar formalmente) determinadas irregularidades laborales que se conozcan, sin tener que constar la identificación personal, pues basta con indicar los siguientes datos: nombre o razón social de la empresa (también, si se quiere, el nombre comercial de la empresa); información sobre el centro o lugar de trabajo (provincia, municipio, dirección, correo postal, actividad económica y horario); información sobre las irregularidades observadas, entre las que se encuentra, la discriminación en el salario por razón de género (en esta ocasión, no se menciona

---

59 El modelo de escrito de denuncia puede descargarse en https://www.mites.gob.es/itss/web/Atencion_al_Ciudadano/FORMULARIOS/index.html

60 BOE de 4 de junio de 1998 (*Tol 22554*).

el sexo); y la información sobre el posible fraude laboral, en el que se debe dejar constancia de una breve descripción de los hechos que se comunican y que, a los efectos que interesan, versarán sobre la posible existencia de una discriminación retributiva por razón de sexo y/o de género[61].

Asimismo, el escrito de denuncia ha de contener los hechos presuntamente constitutivos de infracción en materias para las que resulte competente la Inspección de Trabajo y Seguridad Social, esto es, qué se denuncia y la materia concreta afectada, tal y como es, a los efectos que interesan en este trabajo, la igualdad de trato y no discriminación retributiva por razón de sexo y/o de género; fecha y lugar de su acaecimiento; identificación de los presuntamente responsables, indicando el empresario al que se denuncia por presunta lesión de la garantía de igualdad retributiva; y demás circunstancias relevantes, debiendo acompañarse la documentación justificativa.

Como ya se anticipó, son escasas las denuncias por discriminación retributiva por razón de sexo y de género, lo que se debe, en gran parte, al escaso conocimiento que tienen las personas trabajadoras sobre los niveles retributivos existentes en las empresas, sobre las funciones a desempeñar y, en estrecha vinculación con ello, sobre la compleja aplicación práctica del concepto de trabajo de igual valor, a partir del cual se pueda, al menos presumir, la existencia de una práctica discriminatoria en materia retributiva[62].

En este sentido, como consta en los considerandos de la Directiva (UE) 2023/970, del Parlamento europeo y del Consejo, de 10 de mayo, por la que se refuerza la aplicación del principio de igualdad de retribución entre hombres y mujeres por un mismo trabajo o un trabajo de igual valor a través de medidas de transparencia retributiva y de mecanismos para su cumplimiento (*Tol 9555489*), "la

---

61 La dirección del buzón de la Inspección de Trabajo y Seguridad Social es: https://oeitss.mites.gob.es/buzonitss/

62 Sobre el escaso número de denuncias en esta materia y sus motivos puede verse la presentación de LIÑÁN RUIZ, P., "Actuaciones de la ITSS en materia de igualdad de oportunidades y no discriminación: planes de igualdad", Inspección de Trabajo y Seguridad Social, Palma, 28 de noviembre de 2019. https://www.csedano.com/documentos/itss-en-materia-de-igualdad-sedano.pdf

evaluación de 2020 de las disposiciones pertinentes de la Directiva 2006/54/CE constató que la aplicación del principio de igualdad de retribución se ve entorpecida por la falta de transparencia de los sistemas retributivos, la falta de seguridad jurídica en torno al concepto de «trabajo de igual valor» y los obstáculos procedimentales a los que se enfrentan las víctimas de discriminación. Los trabajadores carecen de la información necesaria para interponer reclamaciones de igualdad retributiva que prosperen y, en particular, de los datos sobre los niveles retributivos de las categorías profesionales que realizan el mismo trabajo o un trabajo de igual valor"[63].

Asimismo, el informe constató que una mayor transparencia permitiría revelar sesgos y discriminaciones de género en las estructuras retributivas de las empresas u organizaciones, permitiendo a los trabajadores, los empleadores y los interlocutores sociales adoptar las medidas adecuadas para garantizar la aplicación del derecho a la igualdad de retribución por un mismo trabajo o un trabajo de igual valor.

Tal falta de transparencia, sin duda, dificulta la adquisición de un adecuado conocimiento sobre los hechos presuntamente constitutivos de infracción en materia de igualdad retributiva (y de otras circunstancias relevantes) y, por ende, de hacer constar dichos hechos entre el contenido necesario del escrito de denuncia. De ahí que, como se ha dicho, la transparencia retributiva y los instrumentos que la persiguen supondrán, sin duda, un impulso a esta vía de origen de la actuación inspectora.

Asimismo, en este tema contar con un referente de comparación es un parámetro importante para determinar si un trabajo se consi-

---

63 Esta situación, tras la minuciosa evaluación del marco vigente en materia de igualdad de retribución por un mismo trabajo o un trabajo de igual valor, y de un proceso de consulta amplio e inclusivo, dio lugar a la Comunicación de la Comisión, de 5 de marzo de 2020, titulada «Una Unión de la igualdad: Estrategia para la Igualdad de Género 2020-2025», en la que se anunció que la Comisión propondría medidas vinculantes en materia de transparencia salarial. Lo que se puede considerar que es el origen de la Directiva (UE) 2023/970, del Parlamento europeo y del Consejo, de 10 de mayo, por la que se refuerza la aplicación del principio de igualdad de retribución entre hombres y mujeres por un mismo trabajo o un trabajo de igual valor a través de medidas de transparencia retributiva y de mecanismos para su cumplimiento (*Tol 9555489*).

dera de igual valor a otro, lo que permite a las trabajadoras poder demostrar que han recibido un trato menos favorable que un referente de distinto sexo que realiza un trabajo de igual valor. Por ello atendiendo a las definiciones de discriminación directa e indirecta de la Directiva 2006/54/CE *(Tol 981093)*, en las situaciones en las que no exista ningún referente real, se permite la utilización de un referente de comparación hipotético para que las trabajadoras puedan demostrar que no han recibido el mismo trato que tal referente hipotético de sexo masculino. Así, se supera un obstáculo para las víctimas potenciales de discriminación retributiva por razón de género, sobre todo en los sectores de trabajo con segregación de género y en los que el requisito de encontrar un referente del otro sexo hace prácticamente imposible presentar una reclamación de igualdad retributiva.

Ello no obsta a que, además, las trabajadoras esgriman otros hechos que permitan presumir una discriminación, como estadísticas u otra información disponible. Esto permitiría subsanar más eficazmente las desigualdades retributivas entre hombres y mujeres en los sectores y profesiones donde impere la segregación por géneros, especialmente en aquellos en los que predominan las mujeres, como el sector asistencial[64].

Y es que tampoco se dará curso a las denuncias que manifiestamente carezcan de fundamento, lo que podría suceder ante la falta de contenido necesario de la denuncia, en concreto, sobre los hechos presuntamente constitutivos de infracción en materia de igualdad retributiva y demás circunstancias de relevancia.

Asimismo, tampoco se dará curso cuando se trate de denuncias en las que su objeto coincida con asuntos de los que esté conociendo un órgano jurisdiccional cuyo pronunciamiento pueda condicionar el resultado de la actuación inspectora. Si bien es cierto que en el supuesto de asuntos coincidentes con cuestiones que con carácter

---

64 Así lo indica el considerando 28 de la Directiva (UE) 2023/970, del Parlamento europeo y del Consejo, de 10 de mayo, por la que se refuerza la aplicación del principio de igualdad de retribución entre hombres y mujeres por un mismo trabajo o un trabajo de igual valor a través de medidas de transparencia retributiva y de mecanismos para su cumplimiento (*Tol 9555489*).

previo o incidental esté conociendo un órgano jurisdiccional (por haberse iniciado un proceso judicial, ordinario o especial, cuyo objeto sea enjuiciar la existencia o no de discriminación retributiva) y que pudieran dar lugar a la exigencia de pago de cuotas de la Seguridad Social, tal y como sucedería en el caso de que el empresario pagase menor cantidad de la debida en supuestos de discriminación retributiva por razón de sexo y/o de género, se iniciará la actuación inspectora[65]. De manera que, una vez que sea firme la sentencia y sea ésta comunicada a la Inspección de Trabajo y Seguridad Social, se iniciará la tramitación del expediente liquidatorio y, en su caso, sancionador, o bien se archivarán las actuaciones (art. 20.6 de la LOITSS, *(Tol 5207708)*.

El denunciante no tiene la consideración de interesado a ningún efecto en la fase de investigación, aunque sí es cierto que tiene derecho a ser informado del estado de la tramitación de su denuncia, así como de los hechos que se hayan constatado y de las medidas adoptadas al respecto en el caso de que el resultado de la investigación afecte a sus derechos individuales reconocidos por la normativa correspondiente al ámbito de la función inspectora (art. 20.4 del LOITSS,*(Tol 5207708)*[66]. Así sucede en el supuesto de que, como resultado de la investigación, se constate la existencia de una discriminación retributiva por razón de sexo y/o de género que afecte a la persona denunciante. En tal caso, como se analiza más adelante, la denuncia dará lugar al inicio de un procedimiento sancionador, en el que el denunciante, ahora sí, podrá tener la condición de parte interesada[67].

---

65 El inicio de actuaciones con conocimiento formal del sujeto responsable interrumpirá el plazo de prescripción previsto en el artículo 24 de la LGSS (art. 20.6 de la LOITSS,*(Tol 5207708)* y art. 9.4 del RPS, *(Tol 22554)*.

66 Asimismo, "los representantes unitarios o sindicales de los trabajadores tendrán derecho a ser informados del estado de tramitación de las denuncias presentadas por los mismos en el ámbito de su representación, así como de los hechos que se hayan constatado y de las medidas adoptadas al respecto" (art. 20.4 de la LOITSS, *(Tol 5207708)*.

67 El concepto de interesado en un procedimiento administrativo se determina en el artículo 4 de la LPAC (*Tol 5494102)*.

Igualmente, como es sabido, la Ley 2/2023, de 20 de febrero, reguladora de la protección de las personas que informen sobre infracciones normativas y de lucha contra la corrupción[68], regula y articula unos canales internos y externos de información, en cuanto cauces para informar, a los efectos que interesan por la materia objeto de estudio en esta obra, sobre acciones u omisiones que puedan ser constitutivas de infracción administrativa grave o muy grave (en materia de discriminación retributiva, a las que se hace referencia detallada más adelante).

El objetivo de la referenciada ley es otorgar protección adecuada frente a las represalias que puedan sufrir las personas físicas que informen sobre algunas de las omisiones o acciones que conforman su ámbito material. Y, aunque es cierto que, como se ha dicho, no son denuncias en los términos exigidos por el art. 9.2 del RPS (*Tol 22554)*, no cabe duda de que será otra vía, adicional y situada en otro nivel, para facilitar el destape de posibles infracciones en materia igualdad retributiva y, con ello, avanzar en la corrección y reducción de las situaciones discriminatorias que lesionen la garantía de igualdad retributiva por razón sexo y de género; que, de otra forma, podrían quedar ocultas, pasar desapercibidas o, en el peor de los casos, ser permitidas de forma consciente, pues, como se ha dicho, son escasas las denuncias que, por motivos varios, se presentan ante la Inspección de Trabajo y de Seguridad Social.

4.1.2. Otras vías de origen de la actuación inspectora

Además de por denuncia, las actuaciones de la Inspección de Trabajo y Seguridad Social pueden originarse, como se ha anticipado, por propia iniciativa de la Inspección de Trabajo, sin necesidad de orden de servicio, pudiendo actuar los Inspectores en cualquier momento, si bien es cierto que la norma exige que se proceda "conforme a criterios de eficacia y oportunidad"; por orden superior de la autoridad competente, sea de la Administración del Estado, sea de la Autonómica; y por orden de servicio derivada de planes y programas

---

[68] BOE de 21 de febrero de 2023 (*Tol 9398783)*.

de inspección[69]. En este sentido, la Inspección de Trabajo y Seguridad Social podrá hacer uso de toda la información disponible para la programación de sus actuaciones.

Como se indicó anteriormente, la disposición adicional decimosexta de la Ley 35/2010, de 17 de septiembre, de medidas urgentes para la reforma del mercado de trabajo (*Tol 1936417*), estableció el mandato a la Inspección de Trabajo y Seguridad Social de que incluyera en su Plan Integrado de Actuación la discriminación retributiva por razón de sexo como plan específico de actuación[70]. De manera que la actividad inspectora en materia de igualdad y no discriminación por razón de sexo y de género constituye un área de actuación permanente de la Inspección de Trabajo y Seguridad Social en materia de relaciones laborales, formando parte de la programación anual de las Inspecciones de Trabajo en todas las Comunidades Autónomas. Lo que se hace sin perjuicio de que eventualmente, y dentro de la referida actividad permanente, puedan planificarse campañas

---

69 La actividad planificada es, precisamente, la que ha venido adquiriendo un notable protagonismo desde 2005, fecha en la que comenzaron a aprobarse los sucesivos Planes de actuaciones de la ITSS para la vigilancia en las empresas de la igualdad efectiva entre mujeres y hombres (2005-2007, 2008-2010). A partir de estos planes la Autoridad central (Dirección General de la ITSS) establecía una programación anual de la actuación de las Inspecciones provinciales fijando un conjunto de objetivos, tanto en el plano cualitativo (áreas de actuación dentro de la materia) y cuantitativo (número de actuaciones a realizar), a partir de los cuales las Inspecciones provinciales dispondrían la programación interna de sus servicios. Al respecto, puede verse a GARCÍA LOMBARDÍA, S., "El papel de la Inspección de Trabajo y Seguridad Social ante la discriminación retributiva por razón de sexo...", op. cit. p. 931. También a FERNÁNDEZ LUPIÁÑEZ, J.D., "La Inspección de Trabajo y Seguridad Social y las políticas de igualdad", op. cit., p. 128. Este autor afirma que "se interviene más de oficio, y no a instancia de parte, sean trabajadores y trabajadoras, organismos oficiales (como los Institutos de la Mujer o de Igualdad del Estado y de las CCAA, Ayuntamientos), sindicatos...".

70 En atención a dicha previsión, los planes anuales integrados de acción de la Inspección de Trabajo y Seguridad Social han establecido formalmente dicho compromiso. BALLESTER PASTOR, I., "La discriminación retributiva", en VV.AA., *Retos y perspectivas...*, op. cit. pp. 91 y 92. Con anterioridad, la lucha contra la discriminación salarial no constituía un área o campaña específica, sino que se integraba dentro del área genérica de vigilancia de la igualdad en las condiciones de trabajo. Así, puede verse a GARCÍA LOMBARDÍA, S., "El papel de la Inspección de Trabajo y Seguridad Social ante la discriminación retributiva por razón de sexo...", op, cit. p. 932.

temporales sobre áreas o materias concretas o aspectos específicos de la legislación en materia de igualdad[71].

A estos efectos, la Inspección de Trabajo y Seguridad Social cuenta con la Herramienta de Lucha contra el Fraude, que permite detectar la brecha salarial a partir de un cruce de datos masivos, para lo que se acude a la base de datos de la Tesorería General de la Seguridad Social, que dispone de todas las cotizaciones. A partir del cruce de datos se seleccionan las empresas con brecha retributiva y se inician las labores de investigación para detectar qué parte de dicha brecha responde a una causa de discriminación por razón de sexo y/o de género[72].

La actuación por orden de servicio derivada de planes y programas de inspección, en este caso, en materia de no discriminación retributiva por razón de sexo y/o de género, así como en otras materias, como planes de igualdad o promoción profesional, que tienen incidencia en materia retributiva, es la que mayor relevancia adquiere a los efectos de detectar y, en su caso, sancionar tales conductas discriminatorias por razón de sexo y/o de género.

No cabe duda de la importancia de estas campañas y programas específicos, máxime si, como se ha dicho, son pocas las denuncias que se presentan ante posibles discriminaciones retributivas por razón de sexo y de género. Ahora bien, también es cierto que, según los datos antes referidos sobre la actividad de la Inspección de Trabajo y Seguridad Social en el área de igualdad y no discriminación por razón de género en los años 2020, 2021 y 2022, la tutela administra-

---

71 Así se especifica en el Informe Anual de la Inspección de Trabajo y Seguridad Social del año 2022, p. 89.

72 Sobre esta forma de actuación de la Inspección de Trabajo y Seguridad Social puede verse a FERNÁNDEZ LUPIÁÑEZ, J.D., "La Inspección de Trabajo y Seguridad Social y las políticas de igualdad", op. cit., pp. 131 y 132. Según señala este autor, "…surge la complicación de seleccionar las empresas en las que se opera la desigualdad, a cuyo efecto la ITSS dispone de mecanismos que permiten filtrar los datos de los salarios declarados de los trabajadores en función de su sexo y relacionarlo con el grupo profesional para poder planificar las actuaciones en la materia, que permite listados de empresas con distinción de los importes de las bases de cotización entre hombres y mujeres. Como las cotizaciones lo son en función del salario, ello se puede utilizar para filtrar posibles empresas incumplidoras".

tiva de la igualdad retributiva, vía actuaciones de la Inspección de Trabajo y Seguridad Social, pese al avance producido en el último de los años referidos, requiere de una más intensa y específica labor de refuerzo de la misma, que contribuya a avanzar hacia la igualdad efectiva entre mujeres y hombres.

Al respecto, el Plan Estratégico de la Inspección de Trabajo y Seguridad Social 2021-2023 fija, entre otros retos estructurales, la búsqueda de una igualdad efectiva entre mujeres y hombres en el mercado laboral, incluyendo la igualdad retributiva, en los términos que se detallan más adelante, cuando se aborden las propuestas de la Inspección de Trabajo y Seguridad Social para luchar contra la discriminación retributiva por razón de sexo y género.

Finalmente, las actuaciones de la Inspección de Trabajo y Seguridad Social pueden originarse a petición razonada de otros órganos (judiciales o también de otras Administraciones Públicas), lo que enlaza con la función inspectora de asistencia técnica, que se analizó en el apartado anterior, al que se hace remisión para conocer algunas de labores de interés por la materia objeto de estudio. Entre ellas, la emisión de informes sobre el control de la legalidad de los convenios colectivos, tal y como se hace en algunas Comunidades Autónomas y que tanta relevancia adquiere a los efectos de detectar incorrectas valoraciones de puestos de trabajo que encubran discriminaciones retributivas por razón de sexo y de género; o la emisión de informes que recaben los órganos judiciales (en el proceso de reclamación de categoría o grupo profesional y, con carácter general, cuando en un proceso se haya suscitado una cuestión de discriminación por razón de sexo, incluida, pues, la retributiva).

4.2. Modalidades de la actuación inspectora

La actuación de la Inspección de Trabajo y Seguridad Social se puede desarrollar de formas diferentes, sin que existan especialidades en materia de igualdad retributiva, más allá de la obvia comprobación e investigación de la documentación de interés al respecto, para detectar la existencia de discriminación retributiva por razón de sexo y/o de género.

Así, según se dispone en el art. 21, apartados 1 y 2, de la LOITSS *(Tol 5207708)*, la actuación inspectora se puede desarrollar de varias formas: en primer lugar, mediante visita a los centros o lugares de trabajo; en segundo lugar, mediante requerimiento de comparecencia ante el funcionario actuante de quien resulte obligado (en materia de igualdad retributiva, es el empresario en tanto en cuanto es quien está obligado a pagar igual retribución por trabajo de igual valor), aportando la documentación que en cada caso se solicite y que sea de interés a los efectos de comprobar el cumplimiento de la referenciada obligación, o, en su caso, para efectuar las aclaraciones pertinentes a tal fin; en tercer lugar, mediante expediente administrativo cuando el contenido de su actuación permita iniciar y finalizar la actuación, es decir, cuando no sea preciso comprobar hechos u obtener declaraciones o documentación, ya que todo lo necesario para la actuación inspectora se encuentra en el propio expediente; y, finalmente, mediante comprobación de datos o antecedentes que obren en las Administraciones Públicas.

Las dos primeras modalidades son las que adquieren mayor interés al analizar la labor de la Inspección de Trabajo y Seguridad Social en materia de igualdad retributiva, las cuales se originan, en la mayoría de las ocasiones, como consecuencia de orden de servicio derivada de planes y programas de inspección en materia de no discriminación retributiva por razón de sexo y de género. De todas formas, al margen de cuál sea el origen de las actuaciones inspectoras, éstas se desarrollan, a los efectos de detectar si se ha vulnerado la garantía de igualdad retributiva, mediante la comprobación y el examen de documentación de interés al respecto, que podrá realizarse durante la visita al centro de trabajo o en la comparecencia del sujeto obligado, previo requerimiento. Es más, según dispone el art. 21.3 de la LOITSS (*Tol 5207708)*, si, una vez iniciada la visita de la inspección, no fuese posible su prosecución y finalización porque el sujeto inspeccionado no aportase los antecedentes o documentos solicitados, la actuación proseguirá en virtud de requerimiento de comparecencia.

Así, en función de las circunstancias de cada caso (por ejemplo, si se trata de analizar si un determinado complemento salarial es discriminatorio por razón de sexo y/o de género; si existe una incorrecta valoración de puestos de trabajo que encubra una posible discriminación retributiva por razón de sexo y/o de género; si algún componente de la retribución se vincula a derechos derivados de la maternidad o derechos de conciliación que igualmente pueda suponer un tratamiento discriminatorio por razón de sexo y/o de género, etc.), el funcionario actuante procede a la comprobación y examen de la documentación que resulte de interés[73]. Tal y como serían nóminas, convenio colectivo o acuerdo que sea aplicable y, en concreto y según el caso, sistema de clasificación profesional o de promoción profesional, complementos salariales, contrato de trabajo, etc. que puedan contribuir a determinar si se ha producido o no una conducta discriminatoria. A dicho fin, se insiste una vez más, contribuirán, sin duda, los instrumentos de transparencia retributiva, básicamente el registro y la auditoría retributiva, de los que se puede extraer información actualizada, organizada y de relevancia al respecto.

Y es que, como es sabido, el principio de igualdad de retribución debe respetarse en lo que se refiere al salario o a cualesquiera otras gratificaciones, en efectivo o en especie, que los trabajadores reciban directa o indirectamente de su empleador en razón de su empleo. El art. 3.1 c) de la Directiva (UE) 2023/970, del Parlamento europeo y del Consejo, de 10 de mayo, por la que se refuerza la aplicación del principio de igualdad de retribución entre hombres y mujeres por un mismo trabajo o un trabajo de igual valor a través de medidas de transparencia retributiva y de mecanismos para su cumplimiento (*Tol 9555489*), define qué se entiende, a los efectos de dicha directiva, por retribución: "es el salario o sueldo base o mínimo ordinario y cualesquiera otras gratificaciones abonadas directa o indirectamente, en efectivo o en especie («componentes complementarios o variables»), por el empresario al trabajador en razón de la relación de trabajo".

De hecho, en el caso de los componentes complementarios o variables, deben tenerse en cuenta, según indica el considerando 21

---

73 Un análisis de las prerrogativas inspectoras de comprobación, con carácter general y no específico en materia de igualdad retributiva, en especial, el interrogatorio al personal de la empresa, el examen de documentación y la obtención de pruebas, así como su conexión con el necesario respecto de los derechos fundamentales a los que podrían afectar, puede verse en GARCÍA RUBIO, M.A., *La inspección de trabajo y Seguridad Social...*", op. cit. pp. 339 y ss.

de la referida directiva en atención a la jurisprudencia del TJUE, "todas las prestaciones adicionales al salario o sueldo base o mínimo ordinario que se abonen directa o indirectamente, en efectivo o en especie, al trabajador. Dichos componentes complementarios o variables pueden incluir, entre otros, las primas, la compensación por horas extraordinarias, el complemento de transporte, las dietas por alojamiento y manutención, el plus de formación, las indemnizaciones por despido, la prestación legal por enfermedad, las prestaciones reglamentarias y las pensiones de empleo"[74]. El concepto de retribución debe incluir, pues, todos los elementos de la remuneración exigibles con arreglo al Derecho, los convenios colectivos o las prácticas de cada Estado miembro.

Al respecto, el art. 28.1 del ET (*Tol 5512468)* contiene una regulación inclusiva de los diferentes conceptos retributivos, en el sentido de que dispone, como ya se indicó, que el empresario ha de pagar por la prestación de un trabajo de igual valor la misma retribución, "satisfecha directa o indirectamente, y cualquiera que sea la naturaleza de la misma, salarial o extrasalarial" (art. 28.1 del ET, *(Tol 5512468)*. Por tanto, incluso las percepciones de naturaleza extrasalarial se incluyen entre los componentes que han de tenerse en cuenta

---

74 Un reciente ejemplo de la interpretación del concepto de retribución, entendido en un sentido amplio, puede verse en la STJUE de 4 de octubre de 2024 (*Tol 10206849)*. Como recuerda esta sentencia, "el concepto de «retribución» definido en el artículo 2, apartado 1, letra e), de la Directiva 2006/54 es un concepto autónomo del Derecho de la Unión, que debe interpretarse ampliamente (véanse, por analogía, las sentencias de 7 de marzo de 1996, Freers y Speckmann, C-278/93, EU:C:1996:83, apartado 16, y de 19 de septiembre de 2018, Bedi, C-312/17, EU:C:2018:734, apartado 33)". Lo que le lleva a concluir que "las dietas que indemnizan a tanto alzado determinados gastos que los trabajadores afrontan en razón de sus desplazamientos profesionales constituyen un elemento de su retribución". A ello añade la TJUE de 4 de octubre de 2024 (*Tol 10206849)* que una diferencia en la cuantía de tales dietas, en función de si se abonan a un grupo de trabajadores mayoritariamente compuesto por hombres (en el caso, pilotos) o a un grupo de trabajadores mayoritariamente integrado por mujeres (en el caso, tripulantes de cabina de pasajeros), no está prohibida por dicha Directiva cuando estos dos grupos de trabajadores no realizan el mismo trabajo o un trabajo al que se atribuye un mismo valor. De manera que, a los efectos de resolver la cuestión, se limita a afirmar que las dietas entran dentro del concepto de retribución.

para determinar si se paga la misma retribución por la prestación de un trabajo de igual valor.

En atención a dicho concepto de retribución, el funcionario actuante ha de proceder a la comprobación y examen de la documentación que resulte de interés, la cual variará en según qué casos, pudiendo ser más o menos compleja y más o menos intensa y/o extensa. En todo caso, las actuaciones comprobatorias, según dispone el art. 20.4 de la LOITSS (*Tol 5207708*), no se pueden dilatar por más de nueve meses, salvo en determinados supuestos y cuando concurran concretas circunstancias que se detallan en el referido precepto legal, que, con carácter general, se refiere a supuestos de especial complejidad o cuando el sujeto inspeccionado sea quien dilate u obstruya la actividad inspectora[75].

Finalizadas las actuaciones comprobatorias, a partir del examen de la documentación y demás actuaciones investigadoras llevadas a cabo (diligencias practicadas, declaraciones de los comparecientes,…), el funcionario actuante obtendrá información para determinar si la diferencia retributiva (que está en la base de una posible situación discriminatoria en materia retributiva según los hechos denunciados o, en su caso, según la brecha retributiva detectada a iniciativa de la propia Inspección de Trabajo y Seguridad Social) está o no justificada. De manera que, ante la existencia de indicios discriminatorios, considerándose la estadística u otra información disponible como prueba indiciaria, la empresa ha de explicar qué retribuye y ha de aportar una causa objetiva, razonable y justificada de la diferencia retributiva.

Es más, tal y como se dispone en el art. 18.2 de la Directiva (UE) 2023/970, del Parlamento europeo y del Consejo, de 10 de mayo,

---

[75] El cómputo del plazo se iniciará a partir de la fecha de la primera visita efectuada o, en caso de requerimiento de comparecencia del sujeto inspeccionado, desde la fecha efectiva de la comparecencia, siempre que haya aportado la totalidad de la documentación requerida con trascendencia en la actuación inspectora. No se considerará incluido en ningún caso en el cómputo de los plazos, el tiempo transcurrido durante el aplazamiento concedido al sujeto obligado en los supuestos de formularse requerimientos de subsanación de incumplimientos previos por parte del órgano inspector (art. 20.4 de la LOITSS, *(Tol 5207708)*.

por la que se refuerza la aplicación del principio de igualdad de retribución entre hombres y mujeres por un mismo trabajo o un trabajo de igual valor a través de medidas de transparencia retributiva y de mecanismos para su cumplimiento (*Tol 9555489*), los Estamos miembros se asegurarán de que, cuando el empleador no haya cumplido las obligaciones de transparencia retributiva, corresponde al empleador, en todo procedimiento administrativo (o judicial) en relación con una presunta discriminación directa o indirecta en relación con la retribución, demostrar que no se ha producido tal discriminación.

De manera que, en virtud de lo dispuesto en la referida directiva, el mero incumplimiento de las obligaciones de transparencia retributiva actúa, pues, como un indicio de discriminación, facilitándose así la inversión de la carga de la prueba, salvo que, tal y como se matiza en el referido precepto, el empleador demuestre que el incumplimiento de dichas obligaciones fue "manifiestamente involuntario y de carácter menor", lo que, en la práctica, generará dificultades de concreción[76]. Puesto que, al margen de cuál o cuáles sean los motivos, no dejan de ser incumplimientos de obligaciones impuestas por la normativa laboral.

Ahora bien, en cualquier caso, el hecho de que en tales supuestos en los que el empleador haya incumplido las obligaciones de transparencia, en los términos de "manifiestamente involuntario y de carácter menor", no se active la regla de la inversión de la carga de la prueba, no exime de la exigencia de la oportuna responsabilidad al empresario, en cuanto sujeto obligado al cumplimiento de dichas obligaciones de transparencia retributiva, se haya o no producido una discriminación retributiva por razón de sexo y/o de género (añadida, en su caso, al incumplimiento de las obligaciones de transparencia retributiva). Tales infracciones administrativas derivadas del incumplimiento de las obligaciones empresariales de transparencia retributiva y, en su caso, de la concurrencia de una discriminación retributiva por razón de sexo y/o de género se analizan más adelante, por lo que se hace remisión a lo que se exponga entonces.

---

76 Así también lo señala FUENTES RODRÍGUEZ, F., "La Directiva 2023/970, por la que se refuerza el principio de igualdad de retribución a través de medidas de transparencia en materia retributiva y de mecanismos para su cumplimiento", *Temas Laborales*, núm. 168/2023, p. 244.

Además, como es sabido, la justificación de que la diferencia retributiva responde a motivos no relacionados con el sexo y/o el género de las personas trabajadores se ha de incluir, por exigencia del art. 28.3 del ET (*Tol 5512468)*, en el propio registro retributivo, si bien es cierto que sólo cuando se trate de empresas de más de 50 trabajadores y si la diferencia es superior al 25 por ciento. Pese a ello, en nuestra opinión, sería conveniente que las empresas con menos de cincuenta trabajadores estén atentas a esta descompensación, aunque, como no están obligadas, no es necesario que incluyan la justificación. De ahí que se pueda diferenciar la vigilancia (para todas las empresas) y la justificación (para las empresas con cincuenta o más trabajadores). Tal justificación, sea cual sea el supuesto, ofrece información de interés para el desempeño de la labor investigadora de la Inspección.

En cualquier caso, si no se aporta esa causa que justifique la diferencia retributiva, sea o no como justificación incluida en el registro, es más que posible que la Inspección determine la existencia de un comportamiento discriminatorio[77]. A tal determinación contribuye,

---

77 Al respecto, pueden verse, entre otras, la STS (Sala de lo Social), de 14 de mayo de 2014 *(Tol 4330640)*, en la que, como hecho probado, consta que la Inspección de Trabajo giró visita al centro de trabajo de una empresa levantándose acta de infracción por considerar que había cometido una infracción laboral, tipificada como muy grave, pues entendía que la empresa había incurrido en discriminación en materia de remuneración por razón de sexo, considerando que abonaba el denominado "plus voluntario absorbible" cuyo importe era inferior en el departamento de pisos, integrado mayoritariamente por mujeres, que en los departamentos de bares y cocina, de composición mayoritariamente masculina. También la STSJ de Islas Canarias, Santa Cruz de Tenerife (Sala de lo Social), de 2 de noviembre de 2017 (*Tol 6548359)*, en la que se cuestiona si un plus de productividad regulado en un pacto salarial es discriminatorio para para las camareras de piso. En esta sentencia se deja constancia de que la actuación inspectora recoge la existencia de "una clara discriminación entre puestos de trabajo compuestos mayoritariamente por hombres y por mujeres" referida a los trabajadores englobados en las categorías de camarero de comedor, cocinero y camarera de pisos "dado que no se establece ningún criterio objetivo que justifique una diferencia salarial en dicho plus". Y, finalmente, la STSJ de Aragón (Sala de lo Social), de 17 de noviembre de 2011 *(Tol 2038007)*, en la que la Inspección de Trabajo y Seguridad Social considera que el empresario ha adoptado una decisión discriminatoria por razón de sexo, al abonar a la trabajadora una retribución inferior, tanto en el salario como en el complemento salarial, a la percibida por un trabajador varón que venía ocupando el mismo puesto directivo.

sin duda, la mayor o menor transparencia retributiva en la empresa, incluyendo, por su estrecha vinculación, la falta de transparencia sobre cómo y en base a qué criterios se promociona en la aquélla.

5. MEDIDAS DERIVADAS DE LA ACTUACIÓN INSPECTORA, EN ESPECIAL, LA POTESTAD SANCIONADORA EN MATERIA DE IGUALDAD RETRIBUTIVA

5.1. Medidas derivadas de la actividad inspectora

Tras la finalización de la actividad comprobatoria, el Inspector de Trabajo y Seguridad Social actuante puede adoptar algunas de las medidas que se relacionan en el art. 22 de la LOITSS (*Tol 5207708*), entre las cuales, por tener interés en la materia objeto de estudio, se destacan las siguientes.

En primer lugar, advertir y requerir al sujeto responsable (el empresario, como sujeto obligado a pagar igual retribución por trabajo de igual valor), en vez de iniciar un procedimiento sancionador, cuando las circunstancias del caso así lo aconsejen, y siempre que no se deriven perjuicios directos a los trabajadores. Esta medida no podrá adoptarse en el caso de que se haya constatado, por medio de la actuación comprobatoria inspectora previa, la existencia de una discriminación retributiva por razón de sexo y/o de género, pues, en todo caso, tal comportamiento produce perjuicios directos a las personas trabajadoras que hayan sido discriminadas, al haber percibido menor retribución de la debida. Pero sí cuando no se hayan producido perjuicios directos a los trabajadores[78].

---

[78] A modo de ejemplo, puede verse el requerimiento que la Inspección de Trabajo, tras visitar a una empresa, formula a la misma para que "deje de aplicar el criterio actualmente utilizado en virtud del cual, y a efectos de acreditar el porcentaje exigido sobre la media de horas voladas como requisito para el cambio de nivel retributivo, se equiparen las situaciones de gestación y baja por maternidad a las de accidente o enfermedad, en la medida en que esto implique un evidente trato desfavorable y discriminatorio para las mujeres, directamente relacionado con los embarazos o la maternidad, y con una clara repercusión a

De la misma forma que también tiene cabida la adopción de esta medida en supuestos en los que el Inspector haya constatado deficiencias o, incluso, incumplimientos de las obligaciones empresariales de elaborar el registro retributivo o la auditoría retributiva, siempre que, se insiste, no se haya constatado la existencia de un comportamiento discriminatorio en materia retributiva. La advertencia o requerimiento se comunica al sujeto responsable por escrito o mediante la diligencia de actuación, debiendo señalarse cuáles son las irregularidades o deficiencias apreciadas con indicación del plazo para su subsanación bajo el correspondiente apercibimiento (art. 11.5 del RPS, *(Tol 22554)*.

En segundo lugar, informar o proponer la sustitución de sanciones principales o accesorias, de acuerdo con lo establecido en el Real Decreto Legislativo 5/2000, de 4 de agosto, por el que se aprueba el texto refundido de la Ley sobre Infracciones y Sanciones en el Orden Social (LISOS, en adelante)[79]. En efecto, en el art. 46 bis de la LISOS se dispone que, en el caso de las infracciones muy graves tipificadas en el art. 8.12 de la LISOS (*Tol 176110)*, referidas, como se analiza en el apartado siguiente, a los supuestos de discriminación directa o indirecta por razón de sexo (incluida, pues, la discriminación retributiva), las sanciones accesorias, que igualmente se tratan más adelante, podrán ser sustituidas por la elaboración y aplicación de un plan de igualdad en la empresa.

En tal caso, si así se determina por la autoridad laboral competente previa solicitud de la empresa, la Inspección de Trabajo y Seguridad Social puede informar en este sentido. Ahora bien, la sustitución de sanciones queda sin efecto en el caso de que la empresa no elabore o

---

efectos económicos. Consecuentemente, en lo sucesivo los "cambios de nivel", no podrán verse "diferidos" como consecuencia de no alcanzar la afectada el porcentaje de horas de vuelos requeridos al computarse los períodos de gestación y o maternidad como bajas por accidente o enfermedad. La empresa adoptará las medidas oportunas con el fin de hacer efectivo el derecho de igualdad en los términos citados anteriormente, incorporándolas en su plan de igualdad. Al margen de lo anterior se recomienda que tales medias sean tenidas en cuenta en la negociación". Tal requerimiento se incluye, como hecho probado, en la STSJ de Madrid (Sala de lo Social), de 28 de junio de 2010 *(Tol 1942160).*

79 *(Tol 176110).*

no aplique el plan de igualdad o, en su caso, se haga incumpliendo lo establecido en la resolución de la autoridad laboral; ello sin perjuicio de la imposición de la sanción que corresponda por la comisión de la infracción tipificada en el art. 8.17 de la LISOS (*Tol 176110*).

En tercer lugar, proponer a su superior jerárquico la formulación de comunicaciones y demandas de oficio ante la Jurisdicción de lo Social, en la forma prevista en la LRJS (*Tol 2245714*). Al respecto se mencionaron algunos supuestos al analizar las técnicas de intervención administrativa, en colaboración con la Administración de Justicia, en materia de igualdad retributiva, si bien es cierto que esta medida, que puede adoptar la Inspección tras la actividad comprobatoria llevada a cabo, se analiza en profundidad más adelante, cuando se aborde la tutela procesal de la garantía de igualdad retributiva.

Y, en cuarto lugar, iniciar el procedimiento sancionador mediante la extensión de actas de infracción o de infracción por obstrucción. Es la facultad sancionadora de la Inspección de Trabajo y Seguridad Social, complemento indispensable para el efectivo desempeño de su función de vigilancia y, en su caso, exigencia de la normativa laboral que garantiza la igualdad retributiva. La extensión de las actas de infracción, en el supuesto de que se constaten hechos constitutivos de infracción en el orden social y, en concreto, en materia de igualdad retributiva, se realiza en los términos y condiciones previstos en el art. 12 y en el Capítulo III del RPS (*Tol 22554*), regulando dicho capítulo el procedimiento sancionador, el cual no presenta especialidad alguna en el supuesto en que los hechos comprobados sean constitutivos de una presunta infracción por discriminación retributiva por razón de sexo y/o de género; más allá, por razones obvias, del contenido específico que se ha de incluir en el acta de infracción.

Así, según se detalla en el art. 14 del RPS (*Tol 22554*), las actas de infracción tienen que tener un determinado contenido, debiendo reflejarse, entre otros, los siguientes datos de interés: los hechos comprobados por el funcionario actuante, con indicación de los que sean relevantes a efectos de la tipificación de la infracción; los medios utilizados para la comprobación de tales hechos (como, por ejemplo, a los efectos que interesan, recibos de salario, registro retributivo, auditoría retributiva, sistema de clasificación profesional, criterios de promoción profesional, etc.); los criterios en que se fundamenta la graduación de la propuesta de sanción y cuál ha sido la modalidad de la actuación inspectora (visita al centro, comparecencia o expediente administrativo); las infracciones presuntamente cometidas y los preceptos vulnerados en materia de igualdad retributiva; y la propuesta de sanción, incluyendo, si es el caso, propuesta de sanciones accesorias.

Procede, pues, conocer cuáles son los hechos constitutivos de infracción administrativa en materia de igualdad retributiva, así como las sanciones que corresponden en cada caso. A ello se destina el siguiente apartado.

5.2. La potestad sancionadora: infracciones y sanciones en materia de igualdad retributiva

Como es sabido, la regulación de la potestad sancionadora de la Administración, reconocida de forma expresa en el art. 25 de la CE (*Tol 173304*), y, en concreto, de las infracciones y sanciones en el orden social se contiene en la LISOS (*Tol 176110*), a la que se remite el art. 46.2 de la Ley 15/2022, de 12 de julio, integral para la igualdad de trato y la no discriminación (*Tol 9113969*), cuyo Título IV regula las infracciones y sanciones en materia de igualdad de trato y no discriminación; que, pese a su carácter integral, no tiene, pues, vocación de generalidad, lo que supone un cierto desajuste que se acompasa mal con el carácter integral y transversal de la Ley 15/2022, de 12 de julio (*Tol 9113969*)[80]. En cualquier caso, debido al concreto y delimitado tema objeto de estudio en esta obra, esto es, la tutela administrativa de la igualdad retributiva, siempre desde perspectiva del género y del sexo, tal desajuste tiene menor incidencia.

La LISOS (*Tol 176110*) tipifica las infracciones en diferentes materias, sin que exista una sección propia para las infracciones en materia de igualdad retributiva, las cuales quedan incluidas entre las infracciones en materia de relaciones laborales. A diferencia de lo que sucede con las sanciones, pues sí existe, como se analiza más

---

[80] En estos términos se pronuncian CABEZA PEREIRO, J. y VIQUEIRA PÉREZ, C., *Igualdad y no discriminación laborales...*, op. cit. p. 199.

adelante, una regulación específica, pero en materia de igualdad, con carácter general, sin mayor concreción.

De esta forma, el cuadro de las infracciones administrativas por vulneración del derecho a la igualdad y no discriminación retributiva por razón de género y/o sexo se extrae de las infracciones en materia de relaciones laborales, siendo el que se expone a continuación.

En primer lugar, es una infracción grave "establecer condiciones de trabajo inferiores a las establecidas legalmente o por convenio colectivo, así como los actos u omisiones que fueren contrarios a los derechos de los trabajadores reconocidos en el artículo 4 de la Ley del Estatuto de los Trabajadores, salvo que proceda su calificación como muy graves, de acuerdo con el artículo siguiente" (art. 7.10 de la LISOS, *(Tol 176110)*.

La tipificación de esta infracción grave permite diferenciar, por un lado, el supuesto en que el empresario establece condiciones de trabajo, a los efectos que interesan, la condición retributiva, en cuantía inferior a la que la trabajadora tenga derecho en virtud de lo dispuesto en la ley o en el convenio colectivo de aplicación. Tal sucede, por ejemplo, en el supuesto en que se aplique de forma incorrecta un convenio colectivo en virtud del cual se reconozca una menor retribución en comparación con la que debería reconocerse en aplicación del adecuado convenio colectivo.

Y, por otro lado, atendiendo a los derechos reconocidos en el art. 4 del ET (*Tol 5512468)*, también constituyen infracción administrativa los actos u omisiones del empresario de carácter discriminatorio, directa o indirectamente, en el acceso al empleo o una vez empleada la persona trabajadora, incluyéndose el sexo entre las causas discriminatorias, pero no el género, sin más (aunque sí la "expresión de género", que es, como se ha dicho con anterioridad, "la manifestación que cada persona hace de su identidad sexual"[81]).

---

[81] Causa de discriminación incorporada por la Ley 4/2023, de 28 de febrero, para la igualdad real y efectiva de las personas trans y para la garantía de los derechos de las personas LGTBI (BOE de 1 de marzo de 2023, *(Tol 9421382)*, cuyo en al art. 3 j) la define en los términos indicados.

Además, el Real Decreto-ley 5/2023, de 28 de junio (*Tol 9619853*), ha especificado que el trato desfavorable dispensado a mujeres u hombres por el ejercicio de sus derechos de conciliación o corresponsabilidad de la vida familiar y laboral será constitutivo de discriminación por razón de sexo[82]. Pudiendo el ejercicio de dichos derechos traer causa o ser el origen de una posible discriminación en materia retributiva, de mayor afectación en las mujeres trabajadoras por ser las que de forma mayoritaria ejercen los derechos de conciliación[83]. Son muchos los ejemplos que existen al respecto, muy especialmente en relación con diferencias retributivas que pueden producirse por vicisitudes del contrato de trabajo derivadas del embarazo y la maternidad[84].

---

82 Con ello, tal y como se especifica en el preámbulo de la referida norma, "se da cumplimiento a lo establecido en el artículo 11 de la Directiva (UE) 2019/1158, del Parlamento Europeo y del Consejo, de 20 de junio de 2019, que establece la obligación de que los Estados miembros configuren mecanismos para que no sufran perjuicio alguno ni trato discriminatorio las personas que ejerzan sus derechos de conciliación. Lo que es consecuente con la doctrina del Tribunal de Justicia de la Unión Europea (STJUE de 8 de mayo de 2019, C-486/18, asunto Praxair) y del Tribunal Constitucional (STC 79/2020, de 2 de julio de 2020) en las que se ha establecido que, sobre la base de una mayor afectación femenina, la discriminación por ejercicio de derechos de conciliación puede ser constitutiva de discriminación indirecta por razón de sexo".

83 Así, poner sólo un ejemplo, respecto de la reducción de jornada, en cuanto medida de conciliación de la vida familiar y laboral, pese a su configuración con carácter neutro, siguen siendo las mujeres las que se acogen mayoritariamente a dicha medida de conciliación. Según datos del INE, en 2018 se acogieron a la reducción de jornada por guarda legal el 1,10 por ciento de las mujeres trabajadoras (146.300 trabajadoras, en términos absolutos), frente al 0,5 por 100 de los hombres trabajadores (68.900 trabajadores); se trata de más del doble de mujeres que de hombres. Datos del INE, "Encuesta de población activa. Módulo sobre conciliación entre la vida laboral y la familiar. Año 2018".

84 Dos ejemplos de discriminaciones retributivas derivadas del embarazo y/o maternidad son, por un lado, la STS (Sala Social), de 24 de enero de 2017 *(Tol 5978363)*, relativa a la percepción de complementos salariales vinculados al puesto de trabajo durante la adaptación de dicho puesto por riesgo durante el embarazo; y, por el otro, la STS (Sala Social), de 10 de enero de 2017 *(Tol 5943978)*, sobre la consideración del período de suspensión del contrato de maternidad o riesgo durante el embarazo como tiempo de trabajo a efectos de devengar la retribución variable. Un análisis detenido de estas dos sentencias del TS puede verse en ARAGÓN GÓMEZ, C., "El imparto de la maternidad en la retribución no consolidable, a propósito de los recientes pronunciamientos del

Entre los actos u omisiones del empresario que pueden constituir infracción administrativa grave se encuentran, por ejemplo, una incorrecta clasificación profesional con incidencia en materia retributiva, un incorrecto sistema de promoción y formación profesional en el trabajo, lo que, igualmente, repercute en la retribución, o el abono de una menor retribución, sea porque no se retribuya algún concepto, sea porque se haga en aplicación de unas reglas que den como resultado una menor retribución. Lo que ha de derivar, por exigencia de lo dispuesto en el art. 8.12 de la LISOS (que se analiza en el siguiente párrafo), de la aplicación de un convenio colectivo o de algún tipo de acuerdo o pacto, pero no de una decisión unilateral del empresario. En todo caso, lo cierto es que en la mayoría de las ocasiones resulta difícil detectar estas conductas discriminatorias, de ahí que, como se ha dicho de forma insistente, los instrumentos de transparencia retributiva puedan contribuir en gran medida a destapar tales conductas.

Estas conductas subsumibles en el supuesto tipificado en el art. 7.10 de la LISOS (*Tol 176110)* constituyen infracciones graves, "salvo que proceda su calificación como muy graves, de acuerdo con el artículo siguiente". Y es que el art. 8.12 de la LISOS (*Tol 176110)* establece que son infracciones muy graves "las decisiones unilaterales de la empresa que impliquen discriminaciones directas o indirectas (...) favorables o adversas en materia de retribuciones, jornadas, forma-

---

Tribunal Supremo", *Revista de Información Laboral*, número 6/2017, parte Artículos Doctrinales, Aranzadi, versión digital (BIB 2017/12418). Asimismo, sobre este mismo asunto, puede verse a GONZÁLEZ GONZÁLEZ, C., "Jurisprudencia reciente sobre discriminación por razón de sexo, maternidad, riesgo durante el embarazo y lactancia", *Revista Aranzadi Doctrinal*, número 2/2018 parte Jurisprudencia, Aranzadi, versión digital (BIB 2018/5849). Otra sentencia de interés al resp*ecto es la STS* (Sala de lo Contencioso-Administrativo), de 9 de febrero de 2023 *(Tol 9416506)*, según la cual "durante los periodos de adecuación del puesto de trabajo de personal estatutario de los servicios de salud por situación de riesgo derivado del estado de embarazo de la trabajadora que, conlleven la medida de no realización de jornada complementaria por atención continuada, se mantiene, no obstante, el derecho de la trabajadora a la percepción de complemento de atención continuada, que deberá ser proporcional al que venía percibiendo antes de la adaptación del puesto de trabajo y mantenerse durante todo el periodo que se prolongue esta medida de adaptación por riesgo derivado de la situación de embarazo".

ción, promoción y demás condiciones de trabajo, por circunstancias de sexo (...), así como las decisiones del empresario que supongan un trato desfavorable de los trabajadores como reacción ante una reclamación efectuada en la empresa o ante una acción administrativa o judicial destinada a exigir el cumplimiento del principio de igualdad de trato y no discriminación"[85].

La delimitación del supuesto tipificado en este precepto exige que se trate de una decisión unilateral del empresario de carácter discriminatorio, no derivada, pues, como se ha dicho, de lo dispuesto en convenio colectivo o en algún otro tipo de acuerdo. De todas maneras, en nuestra opinión, pueden surgir dudas al diferenciar esta infracción muy grave de la infracción grave tipificada en el art. 7.10 de la LISOS (*Tol 176110)* puesto que la redacción de éste, como se ha expuesto, se refiere a los actos u omisiones del empresario igualmente discriminatorios, pudiendo plantearse si cabe la inclusión de los actos u omisiones unilaterales en materia retributiva que resulten discriminatorios, en cuanto el derecho a la no discriminación es un derecho reconocido en el art. 4 del ET *(Tol 5512468).* Las formas en que se pueden manifestar estos actos u omisiones empresariales de carácter discriminatorio en materia retributiva pueden ser múltiples, incluidas, pues, las decisiones unilaterales, de hacer o de no hacer.

En cualquier caso, la aplicación del art. 7.10 de la LISOS (*Tol 176110)* está condicionada a su propio inciso final, en el que se establece expresamente un reenvío a las infracciones laborales muy graves recogidas en el art. 8.12 de la LISOS (*Tol 176110)*; pero también está condicionada por la aplicación del principio de tipicidad. Ello lleva a que cuando el ilícito tenga un encaje preciso en esta otra infracción más grave se deba aplicar ésta. La aplicación de la infracción grave o la muy grave dependerá por tanto de cuándo se otorgue una condición de trabajo, en concreto, en materia retributiva, inferior que implique una discriminación directa o indirecta.

---

[85] El art. 8.12 de la LISOS ha sido calificado como "un precepto general antidiscriminatorio" y considerado como "precepto clave, cuyo mandato sirve de pautas para otros". En estos términos se pronuncia FERNÁNDEZ LÓPEZ, M.F., *La tutela laboral frente a la discriminación por razón de género*, La Ley, 2008, p. 73.

Además, se insiste, lo relevante es que esos actos unilaterales no deriven de la aplicación de un convenio colectivo o de otro pacto o acuerdo. Ahora bien, como ha puesto de manifiesto la doctrina, si el comportamiento del empresario de carácter discriminatorio es un *facere*, no se presenta inconveniente; sin embargo, no ocurre lo mismo si el comportamiento del empresario no se materializa en una decisión concreta, sino en un comportamiento persistente de aceptación (no situación provocada, sino que le venga dada, pero que tampoco corrige), a los efectos que interesan, de discriminación salarial, aunque dicha aceptación venga impuesta por las características del mercado de trabajo o por la aplicación de un convenio colectivos[86]. Emerge, pues, la complejidad de que determinar, como se ha dicho, si entre las decisiones del empresario cabe incluir también las omisiones pues el art. 8.12 de la LISOS sólo menciona el término "decisiones".

Asimismo, el art. 8.12 de la LISOS (*Tol 176110)* menciona de forma expresa la discriminación directa o indirecta, favorable o adversa en materia de retribuciones, así como otras condiciones de trabajo, tales como formación y promoción, con incidencia en la retribución por razón de sexo, sin que tampoco aquí se mencione el género. Y, sobre todo, se aprecia el carácter muy grave en la intencionalidad, consciencia y determinación, reforzándose, pues, la culpabilidad en las infracciones muy graves.

Por lo que, entre los actos u omisiones del empresario que pueden constituir infracción administrativa muy grave (y no grave, a tenor del art. 7.10 de LISOS, *(Tol 176110)* se encuentran, por ejemplo, una incorrecta (y discriminatoria) clasificación profesional con incidencia en materia retributiva; un sistema de promoción y formación profesional en el trabajo de carácter discriminatorio, lo que, igualmente, repercute en la retribución; o el abono de una menor retribución por razón de sexo y/o de género, sea porque no se retribuya algún concepto, sea porque se haga en aplicación de unas reglas que den como resultado una menor retribución, siendo el sexo y/o el género el motivo de ello.

---

86 FERNÁNDEZ LÓPEZ, M.F., *La tutela laboral frente a la discriminación por razón de género*, op. cit. p. 75.

A lo que se añade la inclusión, también como infracción muy grave, de las decisiones del empresario que supongan un trato desfavorable de las trabajadoras como reacción ante una reclamación efectuada en la empresa o ante una acción administrativa o judicial destinada a exigir el cumplimiento del principio de igualdad de trato y no discriminación en materia retributiva. Se trata, pues, de la garantía de indemnidad, que protege a la trabajadora de decisiones del empresario que constituyan represalia por el ejercicio de tutela administrativa o procesal en materia retributiva.

Además de estas dos infracciones, otras dos se tipifican en la LISOS en materia de igualdad y no discriminación, cuales son las previstas en los arts. 7.13 y 8.17 de la LISOS (*Tol 176110*), referentes, ambas, a los planes de igualdad y otras medidas de igualdad y, por ello, con posible repercusión en materia retributiva. No sólo por las medidas en materia de retribuciones, sino también en otras, como clasificación, promoción profesional, ejercicio corresponsable de los derechos de la vida personal, familiar y laboral y demás condiciones de trabajo, incluida la auditoría retributiva entre hombres y mujeres. Todas ellas, con evidente conexión e incidencia en materia retributiva.

En este sentido, se tipifican dos infracciones, una grave y otra muy grave. Así, por un lado, la infracción grave, cual es no cumplir las obligaciones que en materia de planes y medidas de igualdad establecen la LOI (*Tol 1042650*), el ET *(Tol 5512468)* o el convenio colectivo que sea de aplicación (art. 7.13 de la LISOS, *(Tol 176110*)[87]. Se inclu-

---

[87] Véase la STS (Sala de lo Social), de 11 de abril de 2024 *(Tol 9985201)*, en la que se discute la validez de un plan de Igualdad de ámbito empresarial, elaborado de forma unilateral por la empresa ante la dificultad de contar con interlocutor válido para su negociación. Concluye que cabe el registro del plan de igualdad adoptado en situación excepcional por el bloqueo negocial de la parte laboral, tras quedar probada la inexistencia de órganos representativos en los distintos centros de trabajo, la frustrada convocatoria a los sindicatos para constituir la comisión negociadora, los requerimientos de la Autoridad laboral para que se llevara a cabo o los intentos fallidos posteriores. Es una sentencia de interés pues hace una recapitulación del estado de la cuestión en relación con este asunto y que, a los efectos que interesan, tienen o pueden tener relevancia en materia sancionadora por cuanto se pueda entender incumplida la obligación de elaborar un plan de igualdad. Esta sentencia es comentada por PRECIADO

ye, pues, cualquier obligación del proceso de los planes de igualdad con incidencia, a los efectos que interesan, en materia de igualdad retributiva, incluida la obligación de incorporar una auditoría retributiva como parte del plan de igualdad; la no inclusión de la justificación de la diferencia salarial, en el caso de que exista, en el registro retributivo; así como también la obligación de registro retributivo en cuanto medida de igualdad establecida en el ET *(Tol 5512468)*.

No se tipifica, pues, de forma expresa el incumplimiento de la obligación del empresario de tener un registro retributivo, pero, al considerarse una medida de igualdad, en cuanto instrumento de transparencia retributiva que contribuye a detectar y corregir discriminaciones ocultas, no cabe duda de que su incumplimiento constituye una infracción grave.

En cualquier caso, según consta en el Plan Estratégico de la Inspección de Trabajo y Seguridad Social 2021-2023, para acompañar a las actuaciones y hacerlas más eficaces, se proponen modificaciones que afectan a la LISOS (*Tol 176110)*, que tendrán como objetivo la cobertura de lagunas en relación con los incumplimientos normativos en materia, por ejemplo, del registro salarial con el fin de combatir la discriminación retributiva por razón de género.

Y, por el otro, constituye infracción muy grave, según lo dispuesto en el art. 8.17 de la LISOS (*Tol 176110)*, "no elaborar o no aplicar el plan de igualdad, o hacerlo incumpliendo manifiestamente los términos previstos, cuando la obligación de realizar dicho plan responda a lo establecido en el apartado 2 del artículo 46 bis de esta Ley". Se trata del incumplimiento de la obligación de realizar el plan de igualdad en el supuesto en el que éste venga a sustituir a las sanciones accesorias si así lo ha determinado la autoridad laboral, con el informe, como ya se indicó, de la Inspección de Trabajo y Seguridad Social.

Se tipifica, pues, el incumplimiento de la obligación de elaborar y aplicar un plan de igualdad cuando ya previamente se ha come-

---

DOMÈNECH, C.H., Planes de igualdad. Elaboración unilateral por la empresa ante la ausencia de representación legal y la prolongada incomparecencia sindical, *Revista de Jurisprudencia Laboral*, núm. 5/2024.

tido una infracción muy grave en supuestos de discriminación por razón de sexo, en cuyo caso se sustituyen las sanciones accesorias por la obligación de realizar un plan de igualdad, que igualmente se incumple; de ahí la mayor gravedad de esta segunda infracción administrativa.

Estas dos infracciones en materia de planes de igualdad pueden concurrir, o no, según las circunstancias de cada caso, con las infracciones, grave y/o muy grave, de los arts. 7.10 y 8.12 de la LISOS (*Tol 176110)*, antes analizadas. Dependerá de si, además del incumplimiento de la obligación de elaborar un plan de igualdad (al margen de si dicha obligación deriva de la ley, convenio colectivo o, en su caso, si lo ha determinado la autoridad laboral) u otra medida de igualdad retributiva, se produce también una conducta discriminatoria (establecimiento de retribuciones inferiores por razón de sexo y/o de género, así como cualquier otra decisión del empresario que produzca una discriminación por tales causas en materia retributiva). Si así sucede, se produce un concurso ideal de ilícitos, siendo compatibles las sanciones por infracción instrumental y por resultado discriminatorio.

Por último, el cuadro de infracciones se completa con otra infracción que se tipifica en el art. 7.7 de la LISOS (*Tol 176110)*, según el cual es infracción grave "la transgresión de los derechos de información, audiencia y consulta de los representantes de los trabajadores y de los delegados sindicales, en los términos en que legal o convencionalmente estuvieren establecidos". No es, pues, una infracción específica en materia de igualdad y no discriminación, pero lo cierto es que puede manifestarse en tal materia puesto que, como es sabido, el comité de empresa tiene derecho a recibir información, al menos anualmente, relativa a la aplicación en la empresa del derecho de igualdad de trato y de oportunidades entre mujeres y hombres, en la que se incluye el registro retributivo y los datos sobre la proporción de mujeres y hombres en los diferentes niveles profesionales, así como, en su caso, sobre las medidas que se hubieran adoptado para fomentar la igualdad entre mujeres y hombres en la empresa y, de haberse establecido un plan de igualdad, sobre la aplicación del mismo.

De manera que la transgresión de este derecho de información, con evidente repercusión (en mayor o menor medida y de forma más o menos directa, según los casos) en materia de igualdad retributiva, constituye una infracción administrativa.

Como ocurre con carácter general, la cuantía de las sanciones por la comisión de infracciones administrativas en materia de igualdad y no discriminación retributiva depende del tipo de infracción, según sea leve, grave o muy grave (art. 40 de la LISOS, *(Tol 176110*)[88]. Así como del grado, mínimo, medio o máximo, en que se impongan, siendo de aplicación los criterios de graduación de las sanciones que se contemplan en el art. 39 de la LISOS (*Tol 176110)*[89], que serán, en su caso, explicitados en el acta de la Inspección de Trabajo y Seguridad Social que inicie el expediente sancionador y en la resolución administrativa que recaiga. De manera que si no se considera relevante ninguno de tales criterios la sanción se impondrá en el grado mínimo en su tramo inferior (art. 39.6 de la LISOS, *(Tol 176110*). Y, por el contrario, se sancionará en el máximo de la calificación que corresponda toda infracción que consista en la persistencia continuada de su comisión (art. 39.7 de la LISOS, *(Tol 176110*)[90].

---

88 Según lo dispuesto en el art. 40 de la LISOS (*Tol 176110)*, las sanciones son las que se indican: a) Las leves, en su grado mínimo, con multas de 70 a 150 euros; en su grado medio, de 151 a 370 euros; y en su grado máximo, de 371 a 750 euros; b) Las graves con multa, en su grado mínimo, de 751 a 1.500 euros, en su grado medio de 1.501 a 3.750 euros; y en su grado máximo de 3.751 a 7.500 euros; c) Las muy graves con multa, en su grado mínimo, de 7.501 a 30.000 euros; en su grado medio de 30.001 a 120.005 euros; y en su grado máximo de 120.006 euros a 225.018 euros.

89 El art. 39 de la LISOS (*Tol 176110)* señala que "las sanciones se graduarán en atención a la negligencia e intencionalidad del sujeto infractor, fraude o connivencia, incumplimiento de las advertencias previas y requerimientos de la Inspección, cifra de negocios de la empresa, número de trabajadores o de beneficiarios afectados en su caso, perjuicio causado y cantidad defraudada, como circunstancias que puedan agravar o atenuar la graduación a aplicar a la infracción cometida".

90 Existe reincidencia cuando se comete una infracción del mismo tipo y calificación que la que motivó una sanción anterior en el plazo de los 365 días siguientes a la notificación de ésta. Si se apreciase reincidencia, la cuantía de las sanciones podrá incrementarse hasta el duplo del grado de la sanción correspondiente a la infracción cometida, sin exceder, en ningún caso, de las cuantías máximas previstas para cada clase de infracción (art. 41, apartados 1 y 2, de la LISOS, *(Tol 176110*).

Al respecto, ha de tenerse presente que el art. 23.1 de la Directiva (UE) 2023/970, del Parlamento europeo y del Consejo, de 10 de mayo, por la que se refuerza la aplicación del principio de igualdad de retribución entre hombres y mujeres por un mismo trabajo o un trabajo de igual valor a través de medidas de transparencia retributiva y de mecanismos para su cumplimiento *(Tol 9555489)*, dispone que los Estados miembros establecerán un régimen de sanciones “efectivas, proporcionadas y disuasorias”, aplicables a la infracción de los derechos y obligaciones relativos al principio de igualdad de retribución.

De manera que, atendiendo a las exigencias de efectividad, proporcionalidad y disuasión que requiere la referida directiva, se han de cuantificar las infracciones cometidas objeto de análisis. En este sentido, los arts. 39 y 40 de la LISOS (*Tol 176110)*, tal y como se ha señalado, ofrecen unos márgenes más que suficientes para dar cabida a las exigencias requeridas por la normativa comunitaria.

Además, sobre el plazo de prescripción de las sanciones impuestas por la comisión de infracciones en el orden social, se ha de tener en cuenta que prevalece el plazo específico previsto en el art. 7 del RPS (*Tol 22554)*, es decir, cinco años, a contar desde el día siguiente a aquel en que adquiera firmeza la resolución por la que se impone la sanción, sobre los plazos generales (tres años) del art. 30 de la LPAC (*Tol 5494102)*. Ello, básicamente, puesto que la regla general sobre la prescripción de infracciones y sanciones, regulada en el art. 30.1 de la LPAC *(Tol 5494102)*, es subsidiaria a las disposiciones sobre prescripción establecidas en otras normas, tal y como literalmente se indica en dicho precepto[91].

---

[91] Al respecto, pueden verse la STS (Sala de lo Social), de 25 de junio de 2024 *(Tol 10084062)* y la STS (Sala de lo Social), de 25 de junio de 2024 (*Tol 10095214)*. En este sentido, la STS (Sala de lo Social), de 9 de marzo de 2023 (*Tol 9460407)*, efectúa una precisión en sus fundamentos de derecho para recordar que esta Sala ya ha afirmado “que la regla general sobre la prescripción de infracciones y sanciones, regulada en el art. 30.1 de la Ley 40/2015, es subsidiaria a las disposiciones sobre prescripción establecidas en otras normas, tal y como literalmente se indica en dicho precepto. De este modo, no cuestionándose que la sanción impuesta lo fue por la comisión de falta muy grave, se ha dicho que es patente que la norma aplicable deba ser el art. 7.3 del RD 928/1998 (STS 1012/2021, de 13 de octubre (rcud. 3982/2018)”.

Como se anticipó, existen además unas sanciones accesorias para cuando el empresario cometa infracciones muy graves en materia de igualdad y, en concreto, a los efectos que interesan, cuando se cometa la infracción tipificada en el art. 8.12 de la LISOS (*Tol 176110)*. Estas sanciones accesorias consisten en la pérdida, automática y en proporción al número de trabajadores afectados por la infracción, de ayudas, bonificaciones y, en general, los beneficios derivados de la aplicación de los programas de empleo. Así como en la posible exclusión del acceso a tales beneficios por un período de seis meses a dos años, con efectos desde la fecha de la resolución que imponga la sanción (art. 46 bis.1 de la LISOS, *(Tol 176110*).

Ahora bien, como se analizó antes, estas sanciones accesorias podrán ser sustituidas por la elaboración y aplicación de un plan de igualdad en la empresa, y siempre que la empresa no estuviere obligada a la elaboración de dicho plan en virtud de norma legal, reglamentaria o convencional, o decisión administrativa. Así se hará cuando lo determine la autoridad laboral competente, previa solicitud de la empresa e informe preceptivo de la Inspección de Trabajo y Seguridad Social[92]. En tal caso, se suspende el plazo de prescripción de las sanciones accesorias[93].

Si dicho plan de igualdad no se elabora, no se aplica o se hace incumpliendo los términos establecidos en la resolución de la autoridad laboral, además de cometerse una infracción muy grave, tal y como antes se expuso, con la correspondiente sanción, la autoridad laboral dejará sin efecto la sustitución de las sanciones accesorias, que, en consecuencia, se aplicarán en los términos antes mencionados, si bien la exclusión del acceso a los beneficios derivados de la

---

[92] El art. 46 bis 2 de la LISOS (*Tol 176110)* prevé que tal sustitución se ha de hacer en los términos que se establezcan reglamentariamente. En este sentido, en el Plan Estratégico de la Inspección de Trabajo y Seguridad Social 2021-2023 se aboga, precisamente, por abordar el desarrollo reglamentario de dicho precepto, para que pueda imponerse la sustitución de la sanción accesoria prevista en las infracciones muy graves por discriminación por razón de sexo, por la elaboración y aplicación de un plan de igualdad en la empresa, y siempre que la empresa no estuviere obligada a la elaboración de dicho plan.

[93]

aplicación de programas de empleo no es una posibilidad, sino una imposición de la ley (art. 46 bis. 2 de la LISOS, *(Tol 176110)*.

Finalmente, otra sanción accesoria, pero sólo para cuando las empresas no cumplen con la obligación de contar con un plan de igualdad conforme a lo dispuesto en la LOI *(Tol 1042650)*, es la prevista en el art. 71.1 d) de la Ley 9/2017, de 8 de noviembre, de Contratos del Sector Público *(Tol 6414318)*, que establece la prohibición de licitar en los concursos del sector público a las empresas que incumplen dicha obligación. Puesto que la auditoría retributiva forma parte del plan de igualdad, conforme a lo previsto en el art. 46.2 e) de la LOI (*Tol 1042650)*, la no inclusión de la misma puede acarrear esta otra sanción accesoria, en tanto en cuanto en tal caso la empresa no cuenta con un plan de igualdad conforme a lo dispuesto en la LOI (*Tol 1042650)*.

En esta línea y de forma específica en materia de igualdad retributiva, el art. 24.2 de la Directiva (UE) 2023/970, del Parlamento europeo y del Consejo, de 10 de mayo, por la que se refuerza la aplicación del principio de igualdad de retribución entre hombres y mujeres por un mismo trabajo o un trabajo de igual valor a través de medidas de transparencia retributiva y de mecanismos para su cumplimiento (*Tol 9555489)*, dispone que las autoridades de los Estados miembros podrán excluir a cualquier operador de la participación en un procedimiento de licitación pública, si pueden demostrar que ha incumplido las obligaciones relativas a la igualdad de retribución entre hombres y mujeres.

Lo que puede deberse, tal y como se concreta en la propia directiva, al (mero) incumplimiento de los requisitos de transparencia retributiva, sin exigencia, pues, de una situación de discriminación retributiva por razón de sexo y/o género, o a la existencia de una brecha retributiva de más del 5 por ciento en cualquier categoría de trabajadores que no esté justificada por el empleador sobre la base de criterios objetivos y neutros con respecto al género.

De manera que la norma comunitaria va más allá de lo dispuesto en el referido art. 71.1 d) de la Ley 9/2017, de 8 de noviembre (*Tol 6414318)*, al incluir las obligaciones, sin mayor precisión, relativas a la igualdad de retribución entre hombre y mujeres; y especificando que el mero incumplimiento de los requisitos de transparencia retributiva o la existencia de la mencionada brecha retributiva no justificada es motivo para la exclusión de la participación en un procedimiento de licitación pública.

6. PROPUESTAS DE LA INSPECCIÓN DE TRABAJO Y SEGURIDAD SOCIAL PARA LUCHAR CONTRA LA DISCRIMINACIÓN RETRIBUTIVA POR RAZÓN DE SEXO Y DE GÉNERO

Llegados a este punto, procede conocer algunas de las propuestas de la Inspección de Trabajo y Seguridad Social para luchar contra la discriminación retributiva por razón de sexo y de género en los próximos años. Y es que, como ya se ha dicho, pese al completo entramado normativo de la garantía de la igualdad retributiva; pese que la igualdad y no discriminación por razón de sexo y de género se incorpora al ámbito de las relaciones laborales, constituyendo "una de las misiones más relevantes de la Inspección de Trabajo y Seguridad Social"[94]; pese a las funciones y actuaciones de la misma dirigidas a la compleja labor de detección de discriminaciones retributivas por razón de sexo y de género; pese a todo ello, aún existe una preocupante brecha retributiva entre mujeres y hombre con un inaceptable e inconstitucional (por lesionar un derecho fundamental) componente discriminatorio por razón de sexo y de género.

En este sentido, enmarcado en el objetivo más amplio de garantizar unas condiciones de trabajo dignas, seguras y saludables y avanzar en la recuperación de derechos laborales, el Plan Estratégico de la Inspección de Trabajo y Seguridad Social 2021-2023 incide, entre otras materias, en la ausencia de cualquier tipo de discriminación, tanto en el acceso al empleo como en la promoción profesional, con especial atención a los colectivos especialmente vulnerables, así

---

94 Así se declara en el Eje 1.2 del Plan Estratégico de la Inspección de Trabajo y Seguridad Social 2021-2023 en cuanto documento básico para la planificación de la actividad de este organismo administrativo durante los próximos tres años.

como en la igualdad de oportunidades y no discriminación, especialmente por razón de sexo.

En concreto, el objetivo 5 del eje 1.2 del referido Plan Estratégico, que lleva por título "Garantizar la Igualdad y no discriminación por razón de sexo", contiene una serie de actuaciones que contribuirán, en palabras de dicho plan, "a hacer efectivas las medidas dirigidas a reducir la brecha de género que se contemplan en el Componente 23 del Plan de Recuperación, Transformación y Resiliencia del Gobierno de España (C23.R2)". Entre estas actuaciones, se destacan varias de especial incidencia y repercusión en la lucha contra la discriminación retributiva por razón de sexo y de género.

Así, en primer lugar, la actuación 5.1 sobre planificación de actuaciones inspectoras se propone intensificar la utilización de la Herramienta de Lucha contra el Fraude en la planificación de actuaciones, especialmente en materia retributiva, conciliación de la vida familiar, personal y laboral y discriminación en el acceso al empleo y en la promoción profesional (con incidencia igualmente en materia retributiva). Para ello, se propone el diseño de nuevas reglas que detecten posibles situaciones discriminatorias y que permitan incrementar la eficacia de la actuación inspectora.

Asimismo, en el marco de esta actuación se propone también la intensificación de la campaña sobre control de planes y medidas de igualdad, así como la de discriminación retributiva, prestando especial atención a las nuevas obligaciones sobre esta materia, incluido el registro retributivo. Todo ello, sin duda, contribuirá a la reducción de la brecha retributiva por razón de sexo y de género, disminuyendo el componente discriminatorio de la misma.

En esta línea, se destaca cómo el Plan Estratégico para la Igualdad Efectiva de Mujeres y Hombres 2022-2025, aprobado por Acuerdo de Consejo de Ministros de 8 de marzo de 2022, pretende reforzar la actuación con perspectiva de género de la Inspección de Trabajo y Seguridad Social e intensificar las actuaciones en garantía del cumplimiento de previsiones legales sobre infracciones laborales en materia de igualdad.

Para ello, entre otras, se adoptan las siguientes medidas, unas más generales y otras más específicas en materia de igualdad retributiva:

a) consideración de la perspectiva de género en las actuaciones inspectoras, asumiendo el estudio y propuesta de actuaciones y campañas inspectoras en sectores feminizados; b) inclusión de la perspectiva de género en la planificación de las campañas nacionales de la Inspección de Trabajo y Seguridad Social y lanzamiento de campañas específicas para potenciar la actuación del organismo con perspectiva de género; c) potenciación, como se ha dicho antes, de la utilización de la Herramienta de Lucha contra el Fraude en la planificación de actuaciones con perspectiva de género; d) potenciación de la actuación de la Inspección de Trabajo y Seguridad Social en materia de discriminación salarial, incluyendo las nuevas obligaciones empresariales tales como el registro retributivo; y e) potenciación de la actuación de la Inspección de Trabajo y Seguridad Social en materia de medidas y planes de igualdad.

En segundo lugar, en virtud de la actuación 5.2 del Plan Estratégico de la Inspección de Trabajo y Seguridad Social 2021-2023, relativa a la colaboración con las administraciones competentes en materia de igualdad, se pretende intensificar la colaboración, principalmente, con el Instituto de las Mujeres, y también con los órganos competentes en materia de igualdad de género a través de las autoridades laborales correspondientes. Esta colaboración debe tener como objetivo el conocimiento mutuo y el aprovechamiento de los recursos de cada uno de los organismos, con la finalidad común de luchar contra cualquier tipo de discriminación en el entorno laboral y, de forma especial, a los efectos que interesan en este trabajo, en materia retributiva.

Esta medida se encuentra en la línea de lo dispuesto en el art. 28 de la Directiva (UE) 2023/970, del Parlamento europeo y del Consejo, de 10 de mayo, por la que se refuerza la aplicación del principio de igualdad de retribución entre hombres y mujeres por un mismo trabajo o un trabajo de igual valor a través de medidas de transparencia retributiva y de mecanismos para su cumplimiento *(Tol 9555489)*. En efecto, según dispone dicho precepto, los Estados miembros "adoptarán medidas activas para garantizar una estrecha cooperación y coordinación entre las inspecciones de trabajo, los organismos de fomento de la igualdad y, cuando proceda, los interlocutores sociales en relación con el principio de igualdad de retribución". Así mismo, "los Estados miembros proporcionarán a sus organismos de fomento de la igualdad los recursos suficientes y necesarios para el efectivo desempeño de sus funciones relacionadas con el respeto del derecho a la igualdad de retribución".

Y, en tercer lugar, en la actuación 5.4 del Plan Estratégico de la Inspección de Trabajo y Seguridad Social 2021-2023, sobre la formación y sensibilización del personal de la Inspección de Trabajo y Seguridad Social con funciones inspectoras, se propone que las campañas antes referidas, de especial interés, en materia de planes y medidas de igualdad, como el registro retributivo, vayan acompañadas de acciones de sensibilización y formación, que fomenten una mayor motivación e implicación de las personas que vayan a realizar las actuaciones (Inspectores y Subinspectores).

Por otro lado, para el impulso y coordinación de las actuaciones de la Inspección de Trabajo y Seguridad en materia de lucha contra la discriminación, entre otras materias, en formación profesional, en promoción profesional y en las condiciones de trabajo, especialmente las retributivas, en la actuación 7.1 del Plan Estratégico de la Inspección de Trabajo y Seguridad Social 2021-2023 se prevé la creación de una Oficina Estatal de Lucha contra la Discriminación. Al igual que se contempla la creación de dicha oficina en el Plan Estratégico para la Igualdad Efectiva de Mujeres y Hombres 2022-2025, aprobado por Acuerdo de Consejo de Ministros de 8 de marzo de 2022.

En cumplimiento de la referida actuación, el día 26 de julio de 2023 se publicó en el BOE la Orden TES/867/2023, de 22 de julio, por la que se crea la Oficina Estatal de Lucha contra la Discriminación en el Organismo Estatal Inspección de Trabajo y Seguridad Social *(Tol 9653245)*, con la que se pretende optimizar, tal y como se indica en su preámbulo, "la necesaria labor coordinadora de todos aquellos esfuerzos y recursos destinados a garantizar la plena aplicación del principio de igualdad de trato y de oportunidades en el ámbito laboral y la ausencia de discriminación en el acceso al empleo".

Esta oficina es la unidad responsable del impulso y coordinación de todas las acciones que se desarrollen por la Inspección de Trabajo y Seguridad Social en materia de igualdad de trato y oportunidades y lucha contra la discriminación en el acceso al empleo, en la formación profesional, en la promoción profesional y en las condiciones de trabajo, en especial las retributivas; prestando una especial atención a la igualdad entre mujeres y hombres (art. 2.1 de la Orden TES/867/2023, de 22 de julio,*(Tol 9653245)*.

El cometido de esta oficina consiste en impulsar y coordinar las actuaciones de la Inspección de Trabajo y Seguridad en materia de lucha contra la discriminación, lo que se concreta en las funciones que se relacionan en el art. 2.2 de la Orden TES/867/2023, de 22 de julio (*Tol 9653245)*, por lo que no cabe descartar, por la conexión material, que pueda encomendarse a dicha Oficina las labores de seguimiento y apoyo a las que se refiere el art. 29 de la Directiva (UE) 2023/970, del Parlamento europeo y del Consejo, de 10 de mayo, por la que se refuerza la aplicación del principio de igualdad de retribución entre hombres y mujeres por un mismo trabajo o un trabajo de igual valor a través de medidas de transparencia retributiva y de mecanismos para su cumplimiento (*Tol 9555489)*. De la misma forma que también podría encomendarse las labores de seguimiento y apoyo a la Autoridad Independiente para la Igualdad de Trato y la No Discriminación.

Y es que, según dispone el art. 29 de la referida directiva, los Estados miembros han de garantizar un seguimiento y un apoyo sistemáticos y coordinados por lo que respecta a la aplicación del principio de igualdad de retribución y al cumplimiento de todas las vías de reparación. Para ello, cada Estado miembro designará un organismo (“organismo de seguimiento”) para el seguimiento y apoyo de la ejecución de las medidas nacionales de aplicación de la presente Directiva y adoptará las medidas necesarias para su buen funcionamiento. El organismo de seguimiento podrá formar parte de un organismo o estructura ya existentes a nivel nacional.

Los cometidos del organismo de seguimiento se enumeran en el referido art. 29, entre los que se destacan: por un lado, sensibilizar a las empresas y organizaciones públicas y privadas, a los interlocutores sociales y a la ciudadanía en general acerca del objetivo de promover el principio de igualdad de retribución y el derecho a la transparencia retributiva; y, por el otro analizar las causas de la brecha retributiva de género y crear instrumentos que ayuden a evaluar las desigualdades retributivas.

Finalmente, en el marco del eje 2 del Plan Estratégico de la Inspección de Trabajo y Seguridad Social 2021-2023, relativo al refuerzo de las capacidades de la Inspección de Trabajo y Seguridad Social, en cuanto garantía institucional de los derechos laborales y sociales, se incluye la actuación 19.2. Según ésta, se propone la modificación de la LOITSS (*Tol 5207708)* para incluir, entre las competencias de la Inspección, la función de emitir informe sobre el control de la legalidad de los convenios colectivos, a requerimiento de las autoridades laborales. Esta función que, en determinadas comunidades autónomas, realiza la Inspección de Trabajo y Seguridad Social, constituye un importante apoyo a la autoridad laboral para garantizar la legalidad de los convenios colectivos, depurándose aquellos preceptos que vulneren la normativa laboral en general y, en especial, la garantía de igualdad retributiva.

En este sentido, una de las funciones de la Oficina Estatal de Lucha contra la Discriminación, según se contempla en el art. 2.2 f) de la Orden TES/867/2023, de 22 de julio (*Tol 9653245)*, consiste en el asesoramiento a las unidades territoriales de la Inspección en el marco de las actuaciones de colaboración con las Autoridades Laborales para la detección de cláusulas en los convenios colectivos que contengan discriminaciones directas o indirectas por cualquiera de las causas prohibidas legalmente, así como la elaboración de los informes que procedan en el caso de los convenios colectivos presentados ante la autoridad laboral competente del Ministerio de Trabajo y Economía Social.

Se trata de una función de relevancia puesto que, como ya se dijo, gran parte de las discriminaciones retributivas por razón de sexo y de género proceden de incorrectas valoraciones de puestos de trabajo en los convenios colectivos, así como, con carácter general, de la regulación convencional de la materia retributiva, configurando partidas que, pese a la apariencia neutra, resultan discriminatorias por razón de sexo y/o de género[95]. Lo que no resulta fácil de detectar, de ahí la relevancia y el acierto de esta función.

---

95 Algunos ejemplos recientes pueden verse en la STS (Sala de lo Social), de 17 de julio de 2024 (*Tol10.124.407*) La cuestión suscitada en el recurso de casación para la unificación de doctrina se centra en determinar si el incentivo anual del art. 31 del Convenio Colectivo de Siro Aguilar, SLU, debe ser abonado o no en su integridad a quienes tiene reducción de jornada por guarda legal. Según determina el TS, es nula la práctica empresarial de abonar al personal que hace uso de su derecho a la reducción de jornada por guarda legal de hijos e hijas, compuesto sobre todo por mujeres, el incentivo de absentismo en proporción a la jornada de trabajo. Es un concepto retributivo que no está vinculado a la realización de la jornada sino a la asistencia al trabajo y como medida para fomentar el no absentismo. Por ello, concluye esta sentencia que si el trabajador no incurre en ausencias al puesto de trabajo tendrá derecho a percibir de forma íntegra disco incentivo. En esta línea la STS (Sala de lo Social), de 4 de octubre de 2022 *(Tol 9253312)* también resuelve una demanda de conflicto colectivo en el que se impugnaba la práctica empresarial de aminorar los complementos de asistencia y puntualidad del convenio colectivo aplicable a trabajadores con reducción de jornada por guarda legal del art. 37.6 del ET. De ahí que la STS (Sala de lo Social), de 20 de marzo de 2024 *(Tol 9965708)*, considere que los maquinistas con reducción de jornada por guarda legal cobren la denominada prima variable de conducción en función del tiempo de prestación de servicios y no en la misma cuantía que los trabajadores a jornada completa. Y ello puesto que se ha de hacer una interpretación con plena adecuación a los criterios hermenéuticos propios de los convenios y acuerdos colectivos. De ahí que se haya rechazado que la sentencia recurrida haya podido infringir el artículo 37.6 ET, precepto que, precisamente, establece como consecuencia natural de la reducción de la jornada por guarda legal la paralela "disminución proporcional del salario".

IV. La tutela procesal en el orden social de la igualdad y no discriminación retributiva por razón de sexo y género

Como se ha dicho, el componente discriminatorio por razón de sexo y de género de la brecha retributiva es una realidad. De ahí que, además de la relevante, aunque, por obvia derivada de dicha realidad, insuficiente intervención de la Inspección de Trabajo y Seguridad Social en este terreno, otra vía para avanzar en la garantía de igualdad retributiva, reduciendo, al menos, la discriminación retributiva por razón de sexo y de género es la vía judicial.

Es cierto, tal y como se dijo en el apartado introductorio de esta obra, que no son muchas las reclamaciones judiciales interpuestas por la lesión del derecho a la igualdad y no discriminación por razón de sexo y de género en materia retributiva[96]. Lo que puede deberse, como igualmente se apuntó, a la deficiente información de que disponen las trabajadoras que pudieran ser víctimas de situaciones discriminatorias en materia retributiva y, por ende, a las dificultades probatorias a las que tendrían que hacer frente, siquiera sea para aportar indicios suficientes que activen el mecanismo de inversión de la carga de la prueba, en cuanto garantía que caracteriza, como es sabido, la tutela de los derechos fundamentales y libertades públicas[97].

---

96 Al respecto, pueden verse a SÁEZ LARA, C., "¿Es posible eliminar la brecha salarial de género?, en VV.AA., *Igualdad de género en el trabajo…*, op. cit. pp. 113; y a BALLESTER PASTOR, I., "La discriminación retributiva", en VV.AA., *Retos y perspectivas…*, op. cit., p. 84.

97 Sobre la carencia de información necesaria para interponer reclamaciones de igualdad retributiva que prosperen y, en concreto, sobre los datos de los niveles retributivos de las categorías profesionales que realizan el mismo trabajo o un trabajo de igual valor y sobre cómo la mayor transparencia ofrecería a los trabajadores medios de prueba eficaces para hacer respetar el principio de igualdad de retribución por razón de sexo en sede judicial puede verse a ROQUETA BUJ, R.: "La Directiva (UE) 2023/970 por la que se refuerza la aplicación del principio de igualdad de retribución entre hombres y mujeres y su transposición en España", op. cit., p. 71.

Y también es cierto que el alcance de la tutela procesal antidiscriminatoria es reducido, al menos, en los supuestos en los que los jueces y tribunales han de resolver caso a caso las cuestiones controvertidas que se les planteen a los efectos de determinar la existencia, o no, de discriminación retributiva por razón de sexo y/o de género.

Si bien, tal y como se analiza en este apartado, las modalidades procesales existentes a los efectos de solicitar la tutela de este derecho fundamental son diversas, adquiriendo algunas de ellas, tales como la impugnación de un convenio colectivo o el proceso de conflicto colectivo en los que se plantee una posible discriminación retributiva por razón de sexo y/o de género, un mayor alcance en tanto en cuanto los efectos derivados de los pronunciamientos judiciales que resuelvan tal controversia jurídica tienen una mayor repercusión.

La interposición de demandas en nombre o en favor de varios trabajadores es una forma de facilitar procedimientos que, de otro modo, no se habrían interpuesto debido, sobre todo, a los obstáculos procedimentales y financieros o incluso al temor a la victimización. De esta forma también se facilitan los procedimientos cuando los trabajadores se enfrentan a múltiples motivos de discriminación que pueden ser difíciles de desenmarañar[98].

En este sentido, en palabras del considerando 48 de la Directiva (UE) 2023/970, del Parlamento europeo y del Consejo, de 10 de mayo, por la que se refuerza la aplicación del principio de igualdad de retribución entre hombres y mujeres por un mismo trabajo o un trabajo de igual valor a través de medidas de transparencia retributiva y de mecanismos para su cumplimiento (*Tol 9555489*), "las demandas colectivas encierran, además, el potencial de destapar la discriminación sistémica y dar visibilidad a la igualdad de retribución y a la igualdad de género en el conjunto de la sociedad. La posibilidad de reparación colectiva puede incentivar el cumplimiento proactivo de las medidas de transparencia retributiva, crear presión entre iguales,

---

[98] Así se detalla en el considerando 48 de la Directiva (UE) 2023/970, del Parlamento europeo y del Consejo, de 10 de mayo, por la que se refuerza la aplicación del principio de igualdad de retribución entre hombres y mujeres por un mismo trabajo o un trabajo de igual valor a través de medidas de transparencia retributiva y de mecanismos para su cumplimiento.

aumentar la concienciación de los empleadores y su disposición a actuar de forma preventiva y abordar el carácter sistémico de la discriminación retributiva".

De ahí la relevancia de que, ante posibles situaciones discriminatorias por razón de sexo y/o de género en materia retributiva, se activen los adecuados mecanismos procesales que faciliten la defensa jurídica de quienes se consideren víctimas de discriminación por tal motivo. Cuáles son estos mecanismos procesales de tutela de la garantía de igualdad retributiva en el orden social, sus especialidades y la relación entre ellos son las cuestiones que se abordan en este apartado. Lo que requiere, con carácter previo, hacer una breve referencia a la competencia del orden social en la tutela del derecho a la no discriminación en materia retributiva por razón de sexo y de género y al órgano competente para conocer de la demanda de discriminación en dicha materia.

1. LA JURISDICCIÓN COMPETENTE PARA TUTELAR LA NO DISCRIMINACIÓN RETRIBUTIVA POR RAZÓN DE SEXO Y DE GÉNERO

Ante la falta de referencia en el art. 53.2 de la CE (*Tol 173304*) al orden jurisdiccional competente para recabar la tutela del derecho a la igualdad entre hombres y mujeres, incluida la igualdad retributiva, resulta necesario acudir a la LRJS (*Tol 173304*), cuyo art. 1 dispone que "los órganos jurisdiccionales del orden social conocerán de las pretensiones que se promuevan dentro de la rama social del Derecho, tanto en su vertiente individual como colectiva, incluyendo aquéllas que versen sobre materias laborales y de Seguridad Social, así como de las impugnaciones de las actuaciones de las Administraciones públicas realizadas en el ejercicio de sus potestades y funciones sobre las anteriores materias".

Como es sabido, el ámbito del orden jurisdiccional social se detalla en el art. 2 de la referida LRJS (*Tol 173304*), según el cual los órganos jurisdiccionales del orden social conocerán de las cuestiones litigiosas que se promuevan, a los efectos que interesan por la materia objeto de estudio, sobre tutela de los derechos fundamentales y libertades públicas, incluida la prohibición de la discriminación, contra el empresario o terceros vinculados a éste por cualquier título, cuando la vulneración alegada tenga conexión directa con la prestación de servicios (apartado f) del art. 2 de la LRJS, *(Tol 173304)*[99].

Ello es lo que sucede cuando, al determinar el salario y demás partidas salariales y extrasalariales, se produce una discriminación retributiva por razón de sexo y/o de género, en tanto en cuanto el empresario es quien está obligado a pagar igual retribución por trabajo de igual valor. Pero también cuando la diferencia de trato se produce sobre el contenido de otras condiciones de trabajo o de empleo, como la adscripción de una persona trabajadora a un determinado grupo profesional o la promoción profesional, por las consecuencias que estas condiciones puedan tener en materia retributiva si tanto la adscripción como la promoción profesional se hacen en base a criterios o factores discriminatorios por razón de sexo y/o de género.

Igualmente conocerán los órganos jurisdiccionales del orden social de lo que se ha calificado como "núcleo central" de la materia atribuida al orden social[100], esto es, de las cuestiones litigiosas que se promuevan entre empresarios y trabajadores como consecuencia del contrato de trabajo (art. 2 a) de la LRJS, *(Tol 173304)*, como podría ser la reclamación de categoría o grupo profesional; en procesos de conflictos colectivos (art. 2 g) de la LRJS, *(Tol 173304)*; y sobre impugnación de convenios colectivos y acuerdos, cualquiera que sea su eficacia, incluidos los concertados por las Administraciones públicas cuando sean de aplicación exclusiva a personal laboral; (art. 2 h) de la LRJS, *(Tol 173304)*. La articulación procesal de estas cuestiones litigiosas podrá hacerse, según los casos, mediante el proceso ordinario o mediante algunas de las modalidades procesales reguladas en la LRJS (*Tol 173304).* Todas ellas, como se analiza en este capítulo, de

99 Se trata de una materia que encajaría en los grupos primero y segundo en que se agrupan las materias que conforman la conocida como delimitación positiva que funcionan como títulos competenciales específicos, tal y como puede verse en GOERLICH PESET, J.M., NORES TORRES, L.E. y ESTEVE-SEGARRA, A., *Curso de Derecho Procesal Laboral,* Tirant lo Blanch, 2024, p. 33.

100 Así se pronuncian LOUSADA AROCHENA, F.J., RON LATAS, R.P., BELLIDO ASPAS, M. y RODRÍGUEZ MARTÍN-RETORTILLO, R.A., *Sistema de Derecho Procesal Laboral,* Laborum Ediciones, 2024, p. 39.

relevancia a los efectos de la tutela procesal de la no discriminación retributiva por razón de sexo y de género, en los términos que se detallan más adelante.

Asimismo, como se ha analizado en el capítulo III de esta obra, la tutela del derecho fundamental a la no discriminación retributiva por razón de sexo y de género puede implicar la imposición de sanciones en el caso de que se comentan infracciones administrativas, en los términos ya examinados. Estas sanciones pueden ser objeto de alegaciones y de recursos que se prevean en el procedimiento sancionador. En tal caso, la competencia, tal y como se indica en el inciso final del art. 1 de la LRJS (*Tol 173304*), antes transcrito, también es del orden social.

Ahora bien, según dispone el art. 3 de la LRJS (*Tol 173304*), no conocerán los órganos jurisdiccionales del orden social de las materias excluidas que se relacionan en dicho precepto[101]. Debiendo destacarse, a los efectos que interesan por la materia objeto de análisis, la letra c) del referido precepto, según la cual es una materia excluida del orden jurisdiccional social la tutela de los derechos de libertad sindical y del derecho de huelga relativa a los funcionarios públicos, personal estatutario de los servicios de salud y al personal a que se refiere la letra a) del apartado 3 del artículo 1 del ET *(Tol 5512468);* pero no menciona la tutela del derecho de no discriminación por razón de sexo o de género.

Pese a la no inclusión expresa de la tutela de este derecho entre las materias excluidas de conocimiento de los órganos jurisdiccionales del orden social, lo cierto es que la STS (Sala de lo Social), de 17 de mayo de 2018[102], ha ampliado también la exclusión al resto de derechos fundamentales y libertades públicas. Según señala la referida STS, la competencia para conocer sobre tutela de derechos

---

101 Un estudio en detalle de la delimitación negativa, esto es, los supuestos respecto de los cuales se declara de forma expresa la incompetencia del orden social, puede verse a GOERLICH PESET, J.M., NORES TORRES, L.E. y ESTEVE-SEGARRA, A., *Curso de Derecho Procesal Laboral*, op. cit. pp. 41 y ss.

102 *(Tol 6640194)*. Al respecto, puede verse el comentario que se hace de dicha sentencia por ALONSO ARANA, M., "Tutela de derechos fundamentales por acoso ¿qué orden es competente? STS 544/2028, de 17 de mayo, *Revista Aranzadi Doctrinal*, núm. 10 de 2018.

fundamentales del art. 2 f) LRJS (*Tol 173304*) "se circunscribe a la relación laboral, sin incluir a los empleados públicos que no tengan la condición de laborales". La exclusión contenida en el art. 3 c) de la LRJS (*Tol 173304*) de la tutela de los derechos de libertad sindical y del derecho de huelga, "refuerzan la idea de que, excluidos esos derechos fundamentales íntima e históricamente ligados al catálogo de derechos de los trabajadores con mayor motivo debe entender desvinculada de la competencia de los órganos de lo social cualquier pretensión de tutela de otros derechos fundamentales que, pese a tener ese componente tan directo, puedan verse puestos en peligro en el desarrollo de la prestación de servicios"[103]. En consecuencia, pese a su no inclusión entre las materias excluidas del orden social, se desvincula de la competencia del mismo cualquier pretensión de tutela de los derechos fundamentales, incluido, pues, el derecho a la no discriminación retributiva por razón de sexo y de género.

Igualmente, interesa destacar el art. 3 e) de la LRJS (*Tol 173304*), que dispone que los órganos del orden jurisdiccional social no conocerán de los pactos o acuerdos concertados por las Administraciones públicas con arreglo a lo previsto en la Ley 7/2007, de 12 de abril, del Estatuto Básico del Empleado Público[104], que sean de aplicación al personal funcionario o estatutario de los servicios de salud, ya sea de manera exclusiva o conjunta con el personal laboral[105]. Si bien,

---

103 Distinto sería el caso, aunque se aleja de la materia objeto de estudio, si se demanda por acoso laboral y se reclama expresamente por infracciones en materia de prevención de riesgos laborales, en cuyo caso la competencia para conocer de demanda interpuesta por personal estatutario es del orden social. En este sentido, puede verse la STS (Sala de lo Social), de 18 de mayo de 2022 (*Tol 9002294*).

104 Derogado por el Real Decreto Legislativo 5/2015, de 30 de octubre, por el que se aprueba el texto refundido de la Ley del Estatuto Básico del Empleado Público (BOE de 31 de octubre de 2015, *(Tol 5534474)*

105 Véase la aplicación práctica del art. 3 e) de la LRJS (*Tol 2245714*) en la STS (Sala de lo Social), de 5 de mayo de 2021 (*Tol 8446015*), según la cual "acreditado que el despliegue de la jornada de 35 horas semanales, reclamado en la demanda, trae causa en un acuerdo de la Comisión de Seguimiento de un Acuerdo Marco, cuyo ámbito personal afecta a todo el personal del sector público de Castilla y León, es claro que, la competencia para el conocimiento del litigio corresponde al orden jurisdiccional contencioso-administrativo, a tenor con lo dispuesto en el art. 3.e LRJS (*Tol 2245714*) y conforme a la interpretación jurisprudencial

como ya se ha dicho, el orden social sí conocerá de la impugnación de convenios colectivos y acuerdos, cualquiera que sea su eficacia, incluidos los concertados por las Administraciones públicas cuando sean de aplicación exclusiva a personal laboral.

De esta forma, cuando se plantee una posible discriminación retributiva por razón de sexo y/o de género que derive de acuerdos o pactos concertados por la Administración Pública, sólo será competente el orden social si se trata de acuerdos que sean de aplicación exclusivamente al personal laboral; pues, en caso contrario, la competencia es del orden contencioso-administrativo.

De manera que el orden contencioso-administrativo es el competente para conocer de los conflictos que afecten a los funcionarios públicos en relación con la lesión del derecho fundamental a la no discriminación por razón de sexo y de género en materia retributiva. También de los conflictos colectivos que afecten de forma conjunta a los empleados públicos, sean funcionarios, personal estatutario o personal laboral. Si bien "la impugnación de los actos que se produzcan en su aplicación, a través de los conflictos colectivos o individuales posteriores que pudieran promoverse por los legitimados para ello, cuyo conocimiento de afectar exclusivamente al personal laboral corresponda al conocimiento del orden social con posibilidad, en su caso, de resolver perjudicialmente sobre la resolución o acto de afectación conjunta"[106].

---

expuesta más arriba, toda vez que dicho precepto excluye del conocimiento de la jurisdicción social, los litigios relacionados con los pactos o acuerdos concertados por las Administraciones públicas con arreglo a lo previsto en el Estatuto Básico del Empleado Público, que sean de aplicación al personal funcionario o estatutario de los servicios". En esta línea, otro ejemplo reciente puede verse en la STS (Sala de lo Social), de 17 de enero de 2024 (*Tol 9880475)* en la que se declara también la incompetencia del orden social en relación con la reclamación, en cumplimiento de un acuerdo de concertación del empleo público de Galicia, de que el personal laboral fijo, temporal o indefinido no fijo tenga derecho a acceder a la carrera profesional sin exigirles el requisito de funcionarización y subsidiariamente que reciban un complemento equivalente. Sin embargo, en la STS (Sala de lo Social), de 29 de abril de 2024 (*Tol 10016518)*, se aborda "un conflicto laboral individual, encuadrable en el art. 2 letra a) LRJS y, por lo tanto, permite atribuir la competencia al orden social".

106 En estos términos se pronuncian la STS (Sala de lo Social) de 9 de marzo de 2015 *(Tol 4952433)*, la STS (Sala de lo Social), de 17 de noviembre de 2020

2. ÓRGANOS COMPETENTES PARA CONOCER DE LAS DEMANDAS DE TUTELA DE LA NO DISCRIMINACIÓN RETRIBUTIVA POR RAZÓN DE SEXO Y DE GÉNERO

El objetivo, limitado y preciso, de este apartado es tan sólo identificar y, en su caso, hacer una muy breve referencia a cuáles son los órganos competentes en el orden social para conocer de las demandas de tutela contra la discriminación retributiva por razón de sexo y de género. Lo que se hace con la finalidad, con carácter aclaratorio e incluso introductorio, de conocer ante qué órganos se sustancian las diversas modalidades procesales de tutela de la no discriminación retributiva por razón de sexo y de género, que sí son objeto de análisis más detenido en los siguientes apartados. A tal efecto, se diferencia la jurisdicción ordinaria de otras jurisdicciones diferentes.

2.1. La jurisdicción ordinaria

La referencia a los Tribunales ordinarios que se contiene en el art. 53.2 de la CE (*Tol 173304)* para recabar la tutela del derecho a la igualdad entre hombres y mujeres (incluida la igualdad retributiva) se concreta, en primer lugar, en los Juzgados de lo Social. Éstos, según dispone el art. 93 de la Ley Orgánica 6/1985, de 1 de julio, del Poder Judicial (LOPJ, en adelante, *(Tol 268267*) "conocerán, en primera o única instancia, de los procesos sobre materias propias de este orden jurisdiccional que no estén atribuidos a otros órganos del mismo".

En concreto, en el art. 6 de la LRJS (*Tol 173304)* se especifica que se excluye del conocimiento de los Juzgados de lo Social los procesos asignados expresamente a la competencia de otros órganos de este orden jurisdiccional en los artículos 7, 8 y 9 de la LRJS (*Tol 173304)*, los cuales determinan los asuntos sobre los que conocerán, respectivamente, los Tribunales Superiores de Justicia, la Audiencia Nacional y el Tribunal Supremo.

De manera que, a tenor de lo expuesto, en conjunción con las reglas competenciales antes analizadas, los Juzgados de lo Social son

---

(Tol 8230423) y la STS (Sala de lo Social) de 5 de mayo de 2021 (*Tol 8446015)* y STS (Sala de lo Social), de 29 de abril de 2024 (*Tol 10016518)*.

los primeros en conocer sobre las demandas por vulneración del derecho fundamental a la no discriminación retributiva por razón de sexo y de género. De la misma forma que los Juzgados de lo Social conocen también en única instancia de los procesos de impugnación de actos de Administraciones públicas atribuidos al orden social como, a los efectos que interesan en conexión con la tutela administrativa de la garantía de la igualdad retributiva analizada en el capítulo III de esta obra, la impugnación de resoluciones administrativas de la autoridad laboral recaídas en el ejercicio de la potestad sancionadora en materia laboral. Siendo necesario, en tal caso, que los actos hayan sido dictados por algunos de los órganos que se enumeran en art. 6.2 de la LRJS (*Tol 173304*), al que se hace remisión para su conocimiento en detalle.

Por su parte, el art. 75 de la LOPJ (*Tol 268267*) y el art. 7 de la LRJS (*Tol 173304*) determinan las materias sobre las que conocerán los Tribunales Superiores de Justicia, debiendo destacarse, en relación con la tutela de la no discriminación retributiva por razón de sexo y de género, las siguientes materias de interés.

En primer lugar, en única instancia conocerán de los procesos sobre diversas cuestiones relevantes por la materia objeto de estudio, tales como la tutela del derecho fundamental a la igualdad y no discriminación en materia retributiva, los procesos de conflictos colectivos y la impugnación de convenios colectivos y acuerdos, que igualmente son, las dos últimas, modalidades procesales que permiten tutelar la garantía de igualdad retributiva. En estas materias, serán competentes los Tribunales Superiores de Justicia siempre que, tal y como precisa el art. 7 de la LRJS (*Tol 173304*), se extiendan sus efectos a un ámbito territorial superior al de la circunscripción de un Juzgado de lo Social y no superior al de la Comunidad Autónoma.

En segundo lugar, también en única instancia conocerán de los procesos de impugnación de actos de Administraciones públicas atribuidos al orden social como, a los efectos que interesan en conexión con la tutela administrativa de la garantía de la igualdad retributiva analizada en el capítulo III de esta obra, la impugnación de resoluciones administrativas de la autoridad laboral recaídas en el ejercicio de la potestad sancionadora en materia laboral. Siendo necesario, en tal caso, que los actos hayan sido dictados por algunos de los órganos que se enumeran en art. 7 b) de la LRJS (*Tol 173304)* y cumpliéndose las condiciones previstas en dicho precepto, al que igualmente se hace remisión para su conocimiento en detalle.

Y, en tercer lugar, conocerán de los recursos de suplicación contra las resoluciones dictadas por los Juzgados de lo Social de su circunscripción. Los arts. 190 y ss. de la LRJS (*Tol 173304)* regulan el recurso de suplicación, debiendo destacarse, igualmente en relación con la tutela de la no discriminación retributiva por razón de sexo y de género, que no procede el recurso de suplicación en el proceso de clasificación profesional que, como se analiza en los siguientes apartados, adquiere relevancia en tanto en cuanto puede haber una incorrecta clasificación profesional que encubra una discriminación retributiva por razón de sexo y/o de género.

Ahora bien, esta exclusión se excepciona cuando a la acción de reclamación de la categoría o grupo profesional se acumule la reclamación de las diferencias salariales correspondientes, tal y como sucedería, casi con toda seguridad, en caso de discriminación retributiva. En tal supuesto, para que quepa recurso es necesario que la cuantía que se reclame alcance la cantidad requerida para el recurso de suplicación (3.000 euros).

Sí cabe, por el contrario, en todo caso, el recurso de suplicación contra las sentencias dictadas en materias de conflictos colectivos, impugnación de convenios colectivos, procedimientos de oficio y tutela de derechos fundamentales y libertades públicas (art. 191.3 f) de la LRJS, *(Tol 173304*). Sentencias, todas ellas, que pueden contribuir a la tutela procesal en el orden social de la no discriminación retributiva por razón de sexo y de género. De forma especial, por la amplitud de su alcance que hasta hace poco tiempo venía teniendo, se destaca que procedía el recurso de suplicación cuando afectase a la tutela de derechos fundamentales, en el sentido de que eran susceptibles de ser recurridas todas las sentencias que resolviese sobre la lesión de los derechos fundamentales, aunque se tratase de materias excluidas por el art. 191.2 de la LRJS (*Tol 173304)*[107].

---

[107] Pueden verse, entre otras, la STS (Sala de lo Social), de 22 de junio de 2016 (*Tol 5809615)*, la STS (Sala de lo Social), de 24 de octubre de 2017 (*Tol 6427763)*, STS (Sala de lo Social), de 30 de junio de 2020 (*Tol 8041334)* y la STS (Sala de lo

Si bien es cierto que, en la materia objeto de estudio, tal amplitud tiene menos repercusión pues, como se ha dicho, cabe el recurso de suplicación en las materias antes referenciadas, que son, como se analiza en los siguientes apartados, las que tienen mayor incidencia en la tutela de la no discriminación retributiva por razón de sexo y de género. En todo caso, se ha de tener presente que, como es sabido, el art. 193 de la LRJS (*Tol 173304)* limita el objeto del recurso de suplicación a los asuntos enumerados en dicho precepto. Entre ellos se destaca "examinar las infracciones de normas sustantivas o de la jurisprudencia", interesando, por la materia objeto de estudio, las infracciones de las normas que conforman el marco jurídico de la garantía de la igualdad retributiva, en la vertiente de la protección de la discriminación retributiva por razón de sexo y de género.

Siguiendo con la identificación de los órganos competentes en el orden social para conocer de las demandas de protección contra la discriminación retributiva por razón de sexo y de género, corresponde mencionar a la Audiencia Nacional. El art. 67 de la LOPJ *(Tol 268267)* dispone que la Sala de lo Social de la Audiencia Nacional conocerá en única instancia: uno, de los procesos especiales de impugnación de convenios colectivos cuyo ámbito territorial de aplicación sea superior al territorio de una Comunidad Autónoma; y dos, de los procesos sobre conflictos colectivos cuya resolución haya de surtir efecto en un ámbito territorial superior al de una Comunidad Autónoma. Modalidades, ambas, como igualmente se analiza en los siguientes apartados, de interés a los efectos de tutelar la no discrimi-

---

Social), de 14 de septiembre de 2023 *(Tol 9724373)*. Esta última sentencia es la que cambia la doctrina del TS pues indica que no cabe el recurso de suplicación frente a la sentencia de instancia dictada en modalidad procesal sobre modificación sustancial de condiciones de trabajo, pese a reclamarse cuantía superior a 3.000€ derivada de los perjuicios derivados de la decisión empresarial cuestionada. Pero, en la materia que nos interesa, no surge controversia pues, precisamente, para denegar el recurso atiende al desistimiento en suplicación de la denuncia de vulneración de derechos fundamentales. Esta doctrina se reitera por la STS (Sala de lo Social), de 21 de diciembre de 2023 (*Tol 9841706*), destacada en el apartado de crónicas de jurisprudencia por ALONSO BARRERA, P., CERRUTTI BUENDÍA, D., DOMÍNGUEZ ROYO, M., RODRÍGUEZ FERNÁNDEZ, R., SÁIZ TRILLO, L. y VELASCO PARDO, B., El proceso laboral, *Revista Española de Derecho del Trabajo*, núm. 274, Sección Crónica de jurisprudencia, Abril 2024, Aranzadi, pp. 287 y 288.

nación retributiva por razón de sexo y de género, cuando concurran determinadas circunstancias.

Y, finalmente, en la cúspide de la planta judicial nacional está el Tribunal Supremo, cuya Sala de lo Social "conocerá de los recursos de casación y revisión y otros extraordinarios que establezca la ley en materias propias de este orden jurisdiccional" (art. 59 de la LOPJ, *(Tol 268267)*. De estos recursos, por su mayor relevancia, interesa centrar la atención en los recursos de casación, tanto el ordinario como el recurso de casación para la unificación de doctrina, si bien básicamente para conocer cuáles son las resoluciones recurribles y sus respectivos objetos.

Respecto del recurso de casación ordinario, el TS conocerá de los recursos contra las sentencias y otras resoluciones dictadas en única instancia por las Salas de lo Social de los Tribunales Superiores de Justicia y por la Sala de lo Social de la Audiencia Nacional (art. 205.1 de la LRJS, *(Tol 173304)*, con la excepción prevista en el art. 206.1 de la LRJS (que detalla cuáles son las resoluciones procesales recurribles en casación). Dicha excepción, que adquiere relevancia por la materia objeto de estudio por cuanto se relaciona con la tutela administrativa de la garantía de la igualdad retributiva, se refiere a las sentencias dictadas en procesos de impugnación de actos de las Administraciones públicas atribuidos al orden social en el artículo 2 n) de la LRJS (*Tol 173304)* que sean susceptibles de valoración económica cuando la cuantía litigiosa no exceda de ciento cincuenta mil euros.

El recurso de casación tiene un objeto limitado puesto que ha de fundarse en algunos de los motivos que se relacionan en el art. 207 de la LRJS (*Tol 173304)*, entre los cuales se destaca la "infracción de las normas del ordenamiento jurídico o de la jurisprudencia que fueren aplicables para resolver las cuestiones objeto de debate"; que, por la materia objeto de estudio, se refiere al marco normativo que garantiza la igualdad y la no discriminación retributiva por razón de sexo y de género.

Por su parte son recurribles en casación para la unificación de doctrina, las sentencias dictadas en suplicación por las Salas de lo Social de los Tribunales Superiores de Justicia (art. 218 de la LRJS, *(Tol*

173304). En atención a la finalidad del recurso, tiene por objeto la unificación de doctrina con ocasión de sentencias dictadas en suplicación por las Salas de lo Social de los Tribunales Superiores de Justicia, que fueran contradictorias entre sí, con la de otra u otras Salas de los referidos Tribunales Superiores o con sentencias del Tribunal Supremo[108], respecto de los mismos litigantes u otros diferentes en idéntica situación donde, en mérito a hechos, fundamentos y pretensiones sustancialmente iguales, se hubiere llegado a pronunciamientos distintos (art. 219.1 de la LRJS, *(Tol 2245714)*.

Asimismo, también pueden alegarse como contradictorias las sentencias dictadas por el Tribunal Constitucional, por el Tribunal Europeo de Derecho Humanos y por el Tribunal de Justicia de la Unión Europea, siendo necesario que se cumplan los presupuestos antes indicados, quedando limitado el alcance de su aplicabilidad a la pretensión de tutela de los derechos humanos y libertades. De manera que la sentencia que resuelva el recurso se limitará, en dicho punto de contradicción, a conceder o denegar la tutela del derecho o libertad invocados, en función de la aplicabilidad de dicha doctrina al supuesto planteado. A los efectos que interesan, la tutela de la no discriminación retributiva por razón de sexo y de género.

El requisito de la contradicción es, pues, imprescindible para que se pueda admitir el recurso de casación para la unificación de doctrina, habiendo elaborado el TS su propia doctrina sobre la interpretación y alcance de la exigencia de dicho requisito procesal[109].

---

108 En interpretación del TS, la contradicción que exige el art. 219.1 de la LRJS (*Tol 2245714)* ha de establecerse con las sentencias del TS del orden social y no de otras salas diferentes puesto que la función unificadora que la Sala de lo Social tiene atribuida afecta sólo a la doctrina del orden social, sin que se pueda extender a otros órdenes jurisdiccionales. Véase al respecto la ATS (Sala de lo Social), de 17 de mayo de 2018 (*Tol 6640194)*, en aplicación de la STS (Sala de lo Social), de 2 de junio 6 de 2016 (*Tol 5844437*) y la STS (Sala de lo Social), 22 de febrero de 2017 *(Tol 5990730)*.También el ATS (Sala de lo Social), de 5 de febrero de 2019 (*Tol 7106084)*, el ATS (Sala de lo Social), de 9 de abril de 2019 (*Tol 7239112)* y la STS (Sala de lo Social), de 9 de febrero de 2023 (*Tol 9448705)*.

109 Algunos pronunciamientos de interés al respecto son, a modo de ejemplos, el ATS de 20 de enero de 2016 (*Tol 5641198)*, según el cual no es suficiente con que se realice una mera reproducción de los fundamentos jurídicos de las sentencias que se aportan como contradictorias; el ATS de 1 de marzo de 2018 (*Tol*

Esta doctrina, de forma sucinta, se basa, tal y como se desprende del ATS, de 7 de junio de 2018[110], en que "dicha contradicción requiere que las resoluciones que se comparan contengan pronunciamientos distintos sobre el mismo objeto, es decir, que se produzca una diversidad de respuestas judiciales ante controversias esencialmente iguales y, aunque no se exige una identidad absoluta, sí es preciso, como señala el precepto citado, que respecto a los mismos litigantes u otros en la misma situación, se haya llegado a esa diversidad de las decisiones pese a tratarse de hechos, fundamentos y pretensiones sustancialmente iguales..." (con cita de diversas sentencias del TS). Asimismo, añade el TS "la contradicción no surge de una comparación abstracta de doctrinas al margen de la identidad de las controversias, sino de una oposición de pronunciamientos concretos recaídos en conflictos sustancialmente iguales..." (con cita igualmente de otras tantas sentencias del TS).

Precisamente, en el ATS antes citado se señala, como motivo de contradicción, el alcance del principio de igualdad en materia retributiva, considerando el TS que no puede apreciarse la existencia de contradicción al no concurrir las identidades que exige el art. 219 de la LRJS (*Tol 2245714*), toda vez que los hechos acreditados y los debates suscitados son distintos, lo que justifica las diferentes consecuencias jurídicas alcanzadas por las dos resoluciones. Así, en la sentencia de contraste el núcleo del debate se centra en el distinto tratamiento que recibe un profesor que realiza parte de su jornada en pago no delegado respecto de otro que presta la totalidad de su jornada en pago delegado, en orden a alcanzar un nuevo estadio

---

6558791), que indica que la falta de concreción de las circunstancias que exige la LRJS, por ser inexistentes o por ser insuficientes, son un defecto que no se puede subsanar; la STS (Sala de lo Social), de 16 de julio de 2015 (*Tol 5498449)*, así como la STS (Sala de lo Social), de 4 de abril de 2017 (*Tol 6058271)*, que ponen de manifiesto la mayor exigencia en la comparación cuando ésta se produce entre pronunciamientos de la jurisdicción ordinaria que cuando la sentencia de contraste es del TC o del TJUE; y el ATS de 22 de enero de 2014 (*Tol 4143118)*, que, en relación con la identidad de los fundamentos de derecho, ha rechazado la comparación cuando la regulación aplicable es diferente, en el sentido de tener su base en un convenio colectivo que mejora lo dispuesto en el ET, a diferencia de lo que sucedía en la sentencia de contraste.

110 *(Tol 6645428)*.

retributivo. Mientras que en la sentencia recurrida el debate se centra en la posible discriminación por razón de sexo, al discutirse las consecuencias del desarrollo del pacto impugnado, sobre el reconocimiento de estadios de promoción docente del profesorado de los niveles concertados, en relación a la LOI *(Tol 1042650)*[111].

De manera que los requisitos exigidos por el art. 219 de la LRJS (*Tol 2245714*), así como la interpretación que sobre su exigencia viene haciendo el TS, permiten entender que el recurso de casación para la unificación de la doctrina se admite de manera limitada, siendo bastante frecuente la inadmisión de este tipo de recurso por no cumplirse los requisitos que exige el referido precepto legal.

Finalmente, tan sólo se hace una breve referencia a otros dos remedios procesales que se interponen en la jurisdicción ordinaria y que contribuyen a garantizar la tutela del derecho fundamental a la no discriminación por razón de sexo y de género. Por un lado, el incidente excepcional de nulidad de actuaciones, sobre el que la LRJS no contiene previsiones específicas en el orden social (por lo que se ha de aplicar la LOPJ, *(Tol 268267)*, sin que exista especialidad

---

111 Al respecto, también en un supuesto de posible vulneración del principio de igualdad y no discriminación en materia retributiva por razón de sexo, puede verse el ATS (Sala de lo Social), de 20 de diciembre de 2022 *(Tol 9356740)*, según el cual "si bien, es cierto que existen algunas coincidencias entre las sentencias comparadas, puesto que ambas ventilan cuestiones relativas a la vulneración del principio de igualdad y no discriminación de las personas trabajadoras que ejercitan sus derechos de conciliación de la vida familiar, personal y profesional, no es menos es cierto que también existen disparidades relevantes en los hechos probados que obstan a la existencia de contradicción entre las sentencias. En primer lugar, los complementos combatidos en las resoluciones sometidas a comparación son diferentes, puesto que en la sentencia de contraste se aborda los "pluses" de desplazamiento horario y de días festivos trabajados; mientras que en la sentencia recurrida se trata del complemento por distribución de jornada irregular. Además, y en segundo lugar, en la sentencia de contraste la lesión del derecho a la igualdad se sustenta en relación a un trato diferente recibido por el trabajador con respecto al recibido por otra trabajadora sobre la que no constan diferencias en materia de jornada y retribución; por contra en la sentencia recurrida el trato distinto se plantea en relación a trabajadores de un colectivo distinto, y no se admite el juicio de comparación, al tratarse de dos colectivos diferentes que se rigen en materia de jornada y retribución por normas diferentes, por lo que no se puede hablar de vulneración del principio de igualdad".

alguna en la materia que nos ocupa, por lo que sólo se deja constancia de cuándo cabe pedir la nulidad de actuaciones y los requisitos requeridos.

En concreto, según dispone el art. 241.1 de la LOPJ (*Tol 268267*), excepcionalmente, quienes sean parte legítima (o hubieran debido serlo) "podrán pedir por escrito que se declare la nulidad de actuaciones fundada en cualquier vulneración de un derecho fundamental de los referidos en el artículo 53.2 de la Constitución", incluido, pues, el derecho a la no discriminación por razón de sexo y de género. El objeto y el fundamento jurídico del incidente de nulidad son, por tanto, muy concretos, de ahí que "el juzgado o tribunal inadmitirá a trámite, mediante providencia sucintamente motivada, cualquier incidente en el que se pretenda suscitar otras cuestiones" (art. 241.1, párrafo 3º de la LOPJ, *(Tol 268267*).

Dos requisitos se exigen por el referido precepto para pedir que se declare la nulidad de actuaciones: uno, que no se haya podido denunciar antes de recaer resolución que ponga fin al proceso; y dos, que dicha resolución no sea susceptible de recurso ordinario ni extraordinario, siendo competente para conocer de este incidente el mismo juzgado o tribunal que dictó la resolución que hubiere adquirido firmeza.

El plazo para pedir la nulidad es de 20 días, desde la notificación de la resolución o, en todo caso, "desde que se tuvo conocimiento del defecto causante de indefensión, sin que, en este último caso, pueda solicitarse la nulidad de actuaciones después de transcurridos cinco años desde la notificación de la resolución". Si por "defecto causante de indefensión" se puede entender el conocimiento de los hechos que supongan la violación del derecho fundamental de que se trate (de interés, a los efectos de este estudio, el derecho a la no discriminación por razón de sexo y de género), una vez más, la relevante información obtenida y contenida en los instrumentos de transparencia retributiva pueden servir para tener conocimiento de la lesión de dicho derecho en materia retributiva y, con ello, poder pedir que se declare la nulidad de actuaciones, pues, como se ha dicho, éste se puede pedir en base a "cualquier vulneración de un derecho fundamental", pese al uso de la expresión "defecto causante de indefensión", a los efectos específicos de delimitar el plazo para pedir la nulidad de actuaciones[112].

Y, por el otro, los incidentes de ejecución de sentencias en el orden social, sobre los cuales se destaca que, tal y como dispone el art. 237 de la LRJS (*Tol 2245714*), la ejecución se lleva a efecto por el órgano judicial que hubiera conocido del asunto en la instancia. Pese a que la ejecución de las sentencias firmes se inicia a instancia de parte [art. 239.1 de la LRJS *(Tol 2245714)*], las sentencias que recaigan en los procesos de conflictos colectivos, en los de impugnación de los convenios colectivos y en los de tutela de los derechos fundamentales y libertades públicas serán ejecutivas desde que se dicten, según la naturaleza de la pretensión reconocida, no obstante el recurso que contra ellas pudiera interponerse, en los términos ya analizados, y sin perjuicio de las limitaciones que pudieran acordarse para evitar o paliar perjuicios de imposible o difícil reparación (art. 303.1 de la LRJS, *(Tol 2245714)*.

Esta última limitación significa que, tal y como ha señalado el TC[113], la parte vencedera no tiene un derecho absoluto a la ejecución de sentencias de los pronunciamientos judiciales de estas modalidades procesales, la cuales, como se analiza más adelante, son

---

112 De manera más específica en materia de tutela del derecho a la no discriminación por razón de sexo o de género, puede verse a GÓMEZ-MILLÁN HERENCIA, M.J., *Tutela procesal de la no discriminación laboral por razón de sexo y de género*, Aranzadi, 2019, pp. 82 y ss. Para un conocimiento detallado sobre el incidente de nulidad de actuaciones, en general, puede verse a LIMÓN LUQUE, M.A., "CON LA VENIA. Sobre el incidente de nulidad de actuaciones y el acceso al recurso de amparo ante el Tribunal Constitucional: un análisis de jurisprudencia, *Derecho de las Relaciones Laborales*, número 8, 2019; DÍEZ-PICAZO GIMÉNEZ, I., "¿Tiene sentido el incidente de nulidad de actuaciones?", en VV.AA., *La nueva perspectiva de la tutela procesal de los derechos fundamentales: XXII Jornadas de la Asociación de Letrados del Tribunal Constitucional, Tribunal Constitucional*, Ministerio de la Presidencia, Justicia y Relaciones con las Cortes. Centro de Estudios Políticos y Constitucionales, 2018, pp. 99 a 122; GÓMEZ FERNÁNDEZ, I. y MONTESINO PADILLA, C., "Una década de incidente de nulidad de actuaciones: ¿aclaración, reforma o supresión?, Revista *Española de Derecho Constitucional*, número 113, 2018; y TASCÓN LÓPEZ, R., "Las vías para remediar la nulidad de actuaciones procesales en el orden social de la jurisdicción", *Temas Laborales*, número 86, 2006.

113 Véase la STC 5/2003, de 20 de enero (*Tol 238441*).

adecuadas y, sobre todo, muy empleadas en la práctica para tutelar la no discriminación retributiva por razón de sexo y de género.

Pues bien, es posible que se planteen problemas de ejecución de sentencias en los supuestos en los que el empresario no cumpla con su obligación de pagar determinadas cantidades salariales, a los efectos que interesan, que respondan a la lesión del derecho fundamental a la no discriminación por razón de sexo y de género en materia retributiva[114]. En tal caso, la parte puede acudir al órgano judicial que dictó la sentencia ejecutiva, para poner de manifiesto los incumplimientos detectados. Igualmente, pueden existir desacuerdos en la ejecución de la sentencia, debiendo plantearse mediante el incidente de ejecución de sentencia, que será sustanciado ante el órgano que conoció por primera vez del asunto, que ha de resolver mediante auto (art. 238 de la LRJS, *(Tol 2245714)*).

2.2. Jurisdicciones diferentes a la ordinaria

Respecto de los órganos competentes para conocer de la vulneración del derecho fundamental a la no discriminación por razón de sexo y de género de otras jurisdicciones diferentes a la ordinaria, de forma muy breve se destaca, básicamente, cuáles son y los tipos de recursos que resuelven, puesto que no hay especialidad alguna, en relación con el derecho a la no discriminación por razón de sexo y de género en materia retributiva, que requiera de un análisis detenido al respecto.

En primer lugar, el Tribunal Constitucional (TC, en adelante), que conoce del recurso de amparo, tal y como se indica en el art. 53.2 de la CE *(Tol 173304)*, siendo de interés, por la materia objeto de estudio en este capítulo, el recurso de amparo contra decisiones judiciales[115]. Se trata de un recurso con un objeto delimitado de forma precisa por la norma, en el sentido de que, tal y como dispone el

---

114 Interesa destacar los arts. 289 a 293 de la LRJS (*Tol 173304)*, que regulan la ejecución provisional de las sentencias condenatorias al pago de cantidades.

115 Este recurso está regulado en los arts. 41 y ss. de la Ley 2/1979, de 3 de octubre, del Tribunal Constitucional (LOTC, en adelante,*(Tol 230758*). BOE de 5 de octubre de 1979.

art. 41.3 de la LOTC *(Tol 230758)*, "en el amparo constitucional no pueden hacerse valer otras pretensiones que las dirigidas a restablecer o preservar los derechos o libertades por razón de los cuales se formuló el recurso".

De ahí que el art. 44.1 de la LOTC (*Tol 230758)* exija el cumplimento de varios requisitos para la interposición del recurso de amparo cuando las violaciones de derechos fundamentales tuvieran su origen en un acto u omisión de un órgano judicial: a) que se hayan agotado todos los medios de impugnación dentro de la vía judicial[116]; b) que la violación del derecho, en concreto, el derecho a la no discriminación por razón de sexo y de género en materia retributiva, sea imputable de modo inmediato y directo a una acción u omisión del órgano judicial[117]; c) que se haya denunciado formalmente en el proceso, si hubo oportunidad, la vulneración del derecho tan pronto como, una vez conocida (lo que puede haber tenido lugar a partir de los datos que se extraen y se contienen en los instrumentos de transparencia retributiva), hubiera lugar para ello.

A estos tres requisitos se añade, para que el recurso de amparo sea admitido, el requisito de acreditar una "especial trascendencia constitucional" del conflicto suscitado entre las partes, lo que se apreciará "atendiendo a su importancia para la interpretación de la Constitución, para su aplicación o para su general eficacia, y para la determinación del contenido y alcance de los derechos fundamentales" (art. 50.1 de la LOTC, *(Tol 230758*). No basta, pues, con acreditar sólo la existencia de la vulneración del derecho fundamental[118].

---

116 El propio TC admite el recurso de amparo sin que se haya interpuesto el recurso de casación para la unificación de doctrina, lo que se justifica por los especiales requisitos que se exigen para la admisión de éste. Ello es así, a menos que no haya duda de la procedencia del recurso de casación, siendo la parte que alegue la falta de agotamiento de la vía procesal. Así, puede verse la STC 17/2007, de 12 de febrero (*Tol 1038201)*.

117 Ello significa que carece de relevancia cuáles fueron los hechos que dieron lugar al proceso en que en el que se produjo la violación del derecho fundamental, acerca de los que, en ningún caso, entrará a conocer el Tribunal Constitucional.

118 De interés resulta la STC 155/2009, de 25 de junio *(Tol 1568033)* que recoge las razones por las que se puede admitir el recurso de amparo por concurrir la especial trascendencia constitucional, cuales son: el recurso puede permitir

A modo de ejemplo, por el interés en la materia objeto de estudio, en un supuesto en el que se alegaba discriminación por razón de sexo, en concreto, se consideraba que la vulneración se producía al calcular la empresa la jornada de las trabajadoras con reducción de jornada por cuidado de hijos, en tanto que obtenían una remuneración o compensación menor que el resto de los trabajadores por el mismo número de horas de guardia realizadas, se destaca la STC 129/2020, de 21 de septiembre (*Tol 8120338*). Esta sentencia admitió a trámite el recurso de amparo apreciando como causa de especial trascendencia constitucional que el recurso planteaba un problema o afectaba a una faceta de un derecho fundamental sobre el que no había doctrina de este tribunal y podía dar ocasión al tribunal para aclarar o cambiar su doctrina, como consecuencia de un proceso de reflexión interna.

La sentencia que resuelve el recurso se limita a determinar si hubo o no vulneración, a los efectos que interesan, del derecho a la no discriminación por razón de sexo y de género en materia retributiva y, en caso de otorgamiento del amparo, a reestablecer dicho derecho vulnerado. Lo que implica la anulación de la sentencia impugnada en el pleito y los actos empresariales vulneradores del derecho fundamental, a los efectos que interesan, la no discriminación por razón de sexo y de género.

Finalmente, se destaca que tanto el Tribunal de Justicia de la Unión Europea (TJUE, en adelante), en cuanto máximo intérprete del Derecho de la UE, como el Tribunal Europeo de Derechos Humanos (TEDH, en adelante) son dos tribunales competentes para conocer de cuestiones relacionadas con la vulneración del derecho a la no discriminación por razón de sexo y de género; si bien es cierto que especialmente el TEDH tiene una intervención excepcional y limitada, pues se exigen requisitos que dificultan la admisión de las demandas[119]. Lo que no ha impedido la conformación de una juris-

---

aclaración o modificación de la doctrina del TC, como consecuencia de cambios normativos que han modificado el derecho fundamental que se cuestiona; la vulneración trae causa en la ley o en una disposición de carácter general; y el asunto plantee una cuestión jurídica de relevante y general repercusión social o económica.

119 Sobre la excepcionalidad y limitación de la intervención del TEDH puede verse a GÓMEZ-MILLÁN HERENCIA, M.J., *Tutela procesal de la no discriminación labo-*

prudencia de relevancia en relación con el art. 14 del Convenio para la protección de los Derechos Humanos y las Libertades Fundamentales (CEDH, en adelante, *(Tol 164153)*, el cual prohíbe la discriminación, entre otros motivos, por razón de sexo. Pudiendo destacarse el interés de la STEDH de 20 de octubre de 2020, Caso Napotnik contra Rumanía (demanda 33139/2013, *(Tol 8116907)*, que contiene una recopilación de los principios generales de dicha doctrina[120].

Asimismo, la importancia del TJUE en la materia objeto de estudio es evidente pues la no discriminación por razón de sexo y de género, de forma específica en materia retributiva, se recoge en los Tratados de la UE y en varias Directivas, si bien con las confusiones e indeterminaciones conceptuales en cuanto a la referencia al "sexo" y al "género" como causas de discriminación, tal y como se analizó anteriormente.

Además del recurso de incumplimiento, a instancia de la Comisión Europea, que se presenta cuando los Estados miembros tienen legislaciones que son contrarias al Derecho de la Unión Europea, ante el TJUE se plantea la cuestión prejudicial por parte del juez

---

ral..., op. cit., pp. 97 a 99. En esta obra se destaca la relevante STEDH de 19 de febrero de 2013 (asunto nº 38285 *(Tol 3053937)*, García Mateos, en el que la víctima discute la insuficiente reparación del daño que los fallos de los diferentes Tribunales españoles le reconocieron por la discriminación laboral de la que fue víctima.

120 Según la referida sentencia, el artículo 14 del CEDH ofrece "protección contra el trato diferente, sin justificación objetiva y razonable, de personas en situaciones análogas o significativamente similares. En otras palabras, el requisito de demostrar una posición análoga no exige que los grupos de comparación sean idénticos. A efectos del artículo 14, una diferencia de trato es discriminatoria si "no tiene una justificación objetiva y razonable", es decir, si no persigue un "objetivo legítimo" o si no existe una "relación razonable de proporcionalidad" entre los medios empleados y el objetivo perseguido". Asimismo, el Tribunal también ha declarado que el avance en la igualdad de sexos es un objetivo importante en los Estados miembros del Consejo de Europa, lo que significa que habría que presentar razones muy poderosas para que se considere que una diferencia de trato por razón de sexo es compatible con el CEDH. En consecuencia, "cuando una diferencia de trato se basa en el sexo, el margen de apreciación otorgado al Estado es estrecho, y en tales situaciones el principio de proporcionalidad no se limita a exigir que la medida elegida se adapte en general al cumplimiento del objetivo perseguido, sino que también debe demostrarse que era necesario en las circunstancias".

nacional cuando tiene dudas sobre el alcance del Derecho de la UE. En tal caso, hasta que se resuelva la cuestión prejudicial, el pleito nacional queda en suspenso. La relevancia de la doctrina del TJUE en la materia que nos ocupa es tal que incluso los conceptos de igualdad retributiva y trabajo de igual valor se han construido mediante importantes pronunciamientos de dicho tribunal, de la misma forma que, a los efectos de justificar una diferencia, se ha de atender a la doctrina del TJUE sobre el canon o control de mínimos como punto de partida para examinar si se vulnera el principio de igualdad y no discriminación, incluida la materia retributiva[121]. Igualmente, como se analiza con mayor detenimiento más adelante, el TJUE ha señalado que una política retributiva transparente favorece la prueba en el juicio, lo que adquiere especial relevancia para tutelar la garantía de la no discriminación retributiva por razón de sexo y de género[122].

3. LA MULTIPLICIDAD DE MODALIDADES PROCESALES DE TUTELA CONTRA LA DISCRIMINACIÓN RETRIBUTIVA POR RAZÓN DE SEXO Y DE GÉNERO

Como es sabido, cualquier persona puede recabar de los tribunales de justicia la tutela del derecho a la igualdad entre hombres y mujeres, incluida la igualdad retributiva, de acuerdo con lo establecido en el art. 53.2 de la CE (*Tol 164153*), incluso tras la terminación de la relación en que supuestamente se ha producido la discriminación (art. 12 de la LOI, *(Tol 1042650)*[123].

---

[121] A modo de ejemplos, puede verse la STJCE de 13 de mayo de 1986, asunto 170/84, (*Tol 4219332*), así como otra más reciente, cual es la STJUE de 28 de febrero de 2013, asunto 427/2011 (*Tol 9916518*).

[122] STJUE de 17 de octubre de 1989, asunto 109/88 *(Tol 218026)*.

[123] En concreto, respecto del proceso de tutela de los derechos fundamentales y libertades públicas, puede verse la STSJ de Andalucía, Málaga (Sala de lo Social), de 14 de febrero de 2018 *(Tol 6550710)*, según la cual "la interposición de una demanda de tutela de derechos fundamentales no exige que la relación laboral se encuentre viva y vigente en el momento de formulación de la misma, si los hechos constitutivos de la supuesta vulneración se han producido con anterioridad a la extinción del contrato de trabajo".

El reconocimiento de esta tutela antidiscriminatoria es fundamental puesto que, sin duda, la eficacia del derecho a la igualdad retributiva depende de una específica tutela procesal que haga efectivo dicho derecho reconocido en las normas sustantivas, esto es, de la previsión de procedimientos judiciales para exigir el cumplimiento de las obligaciones derivadas de la garantía de igualdad retributiva en favor de la mujer trabajadora que se considere perjudicada por la no aplicación de la misma[124].

Dicha tutela procesal contra la discriminación retributiva por razón de sexo y de género se puede recabar por diferentes vías, de manera que la elección de una y otra vía es una facultad de la persona demandante, si bien es cierto que, como se analiza más adelante, con determinadas consecuencias que se han de tener en cuenta a la hora de elegir una concreta modalidad procesal[125].

En efecto, atendiendo al antes mencionado art. 53.2 de la CE (*Tol 164153*), cualquier ciudadano puede recabar la tutela de los derechos fundamentales y libertades públicas ante los Tribunales ordinarios por un procedimiento basado en los principios de preferencia y sumariedad y, en su caso, a través del recurso de amparo ante el Tribunal Constitucional. De manera que, en el marco de las relaciones laborales, tal mandato constitucional se ha traducido en el establecimiento de garantías específicas para la defensa de los derechos fundamentales en el orden social de la jurisdicción, entre los que se incluye, obviamente, el derecho a la igualdad de trato y no discriminación por razón de sexo y de género; así como en la posibilidad de acudir en amparo ante el Tribunal Constitucional.

Así, pues, existe una modalidad procesal específica para la protección de los derechos fundamentales, cual es el procedimiento de la tu-

---

124 Aunque con carácter general respecto del principio de igualdad de trato y no discriminación, puede verse al respecto a NOGUEIRA GUASTAVINO, M., "El principio de igualdad y no discriminación en las relaciones laborales...", op. cit., p. 44.

125 Sobre el carácter facultativo de utilizar, en concreto, la modalidad de tutela de los derechos fundamentales y libertades públicas o el proceso ordinario, puede verse a MOYA AMADOR, R., "La tutela de los derechos fundamentales y libertades públicas en la ley reguladora de la jurisdicción social", *Revista Doctrinal Aranzadi Social*, número 10/2013, p. 17.

tela de los derechos fundamentales y libertades públicas, que está regulado en el Capítulo XI del Título II del Libro Primero de la LRJS (arts. 177 a 184); así como el recurso de amparo contra decisiones judiciales que se pronuncien, a los efectos que interesan, sobre la vulneración, o no, de la discriminación retributiva por razón de sexo y/o de género.

Ni el referido procedimiento, ni el mencionado recurso son específicos de la tutela procesal de la garantía de igualdad retributiva; ni siquiera, con carácter general, de la protección contra la discriminación laboral por razón de sexo y de género. Sino que su ámbito de aplicación es más amplio, abarcando, como se ha dicho, la protección de todos los derechos fundamentales, de manera que en estos términos ha de entenderse el carácter específico de esta modalidad procesal y del recurso de amparo[126].

Junto a estas vías de protección del derecho fundamental a la igualdad de trato y no discriminación en materia retributiva por razón de sexo y de género, existen otras tantas más, que van desde el proceso ordinario hasta varias de las modalidades procesales que se regulan en el Título II del Libro Segundo de la LRJS (*Tol 2245714*).

Y es que, aunque no es aconsejable por la pérdida de las garantías previstas en el procedimiento de tutela de los derechos fundamentales y libertades públicas, las cuales se analizan más adelante, nada impide que, en el ejercicio de su libertad de elección, la trabajadora que se considere víctima de una posible discriminación retributiva por razón de sexo y/o de género, pueda recabar la tutela procesal antidiscriminatoria mediante el proceso ordinario.

Asimismo, dependiendo de las circunstancias fácticas concurrentes en cada caso, otras tantas modalidades procesales, tales como clasifica-

---

[126] A través de este proceso especial se tutelan pretensiones relativas a la lesión de los derechos fundamentales y libertades públicas, incluyendo la prohibición de tratamiento discriminatorio. Se tutelan, pues, los derechos fundamentales con proyección en el orden social y los derechos fundamentales específicos de contenido laboral; siempre que dicha protección sea en el ámbito de las relaciones jurídicas atribuidas al conocimiento del orden social o en conexión directa con las mismas. Al respecto, COLMENERO GUERRA, J.A., "Proceso de tutela de derechos fundamentales y libertades públicas", en VV.AA., *Derecho Procesal Laboral...*, op. cit, p. 694.

ción profesional, proceso de conflictos colectivos o impugnación de convenios colectivos, pueden activarse por la trabajadora o, en su caso, por quien ostente la legitimación activa en según qué supuesto[127].

Y es que esta diversidad de mecanismos procesales de tutela contra la discriminación retributiva por razón de sexo y de género obedece al origen y causas de la posible situación discriminatoria, que pueden ser muy variados. En efecto, además de los supuestos en los que se cuestione una posible discriminación indirecta por incorrecta valoración de los puestos de trabajo (considerado, según se señala en la Exposición de Motivos del RDIR, el gran reto de la discriminación retributiva por razón de sexo en la actualidad), el origen de la discriminación puede hallarse, por poner varios ejemplos, en una incorrecta clasificación profesional (en muchos casos, pero no necesariamente, derivada de una incorrecta valoración de los puestos de trabajo), en una aplicación indebida de las reglas de promoción profesional o en una incorrecta aplicación e interpretación de un convenio o acuerdo colectivo[128]; supuestos, todos ellos, con evidente repercusión en la retribución de la trabajadora.

---

127 Sirva como muestra de esta diversidad de mecanismos procesales de tutela contra la discriminación retributiva, en concreto, del procedimiento de tutela de los derechos fundamentales y libertades públicas y del proceso de conflicto colectivo, la cuestión procesal que se plantea en la STSJ de Cataluña (Sala de lo Social), de 6 de abril de 2018 *(Tol 6656263)*, en virtud de la cual se ha de resolver si existe excepción de cosa juzgada pues previamente a la demanda de tutela de derechos fundamentales de cinco trabajadoras se había planteado y resuelto un conflicto colectivo. Según se determina en la referida sentencia, "la comparación del contenido y finalidad de la demanda de conflicto colectivo definitivamente juzgada y de la demanda de tutela de derechos fundamentales rectora de las presentes actuaciones evidencia que no concurren entre ambas las identidades necesarias para la aplicación de la cosa juzgada, puesto que en el primer procedimiento se trataba de interpretar la voluntad de las partes negociadoras del IV Convenio, sin entrar a examinar la legalidad de sus previsiones en relación con determinadas situaciones, como las vinculadas al ejercicio de derechos relacionados con la maternidad, materia que como expresamente indican las sentencias de la Audiencia Nacional y del Tribunal Supremo no era objeto de la litis, y que constituye el objeto de la actual demanda, lo que implica la inexistencia de la identidad necesaria para apreciar la excepción de cosa juzgada".

128 Al respecto, a modo de ejemplo, puede verse la STSJ de Madrid (Sala de lo Social), de 28 de junio de 2010 (*Tol 1942160)*, que resuelve un supuesto en que la actora ha visto denegado su ascenso a superior nivel retributivo porque los

Asimismo, determinadas medidas adoptadas por el empresario, como, por ejemplo, modificaciones sustanciales de las condiciones de trabajo, movilidad geográfica de la trabajadora o incluso decisiones extintivas de la relación laboral pueden tener cierta conexión con la materia retributiva o repercusión en la misma, siendo el sexo y/o el género la causa por la que se adoptan dichas decisiones empresariales[129]. Esto es, puede que se trate de medidas que encubran una discriminación por razón de sexo y/o de género con incidencia en materia retributiva. Siendo, con cierta frecuencia, el embarazo, la maternidad y la conciliación de la vida familiar, personal y laboral, la razón por la que se cuestionan el reconocimiento o, en su caso, los criterios de cuantificación de determinados componentes de la retribución, básicamente, complementos salariales[130].

---

períodos de riesgo durante el embarazo y baja maternal, en vez de ser excluidos como tiempo no computable para el ascenso, se determinan en relación con la media de horas voladas por la flota en una reducción del 50 por ciento mientras se permanezca en tal situación por estas causas. Asimismo, también puede verse la STSJ de País Vasco (Sala de lo Social), de 26 de enero de 2021 *(Tol 8413421)*, que parte de un supuesto en que la actora interpuso demanda de clasificación profesional, reclamación de cantidad y tutela de derechos fundamentales, si bien en el acto del juicio aclaró que no solicitaba cambio de categoría sino de nivel salarial siendo así que el magistrado de instancia entendió reconducido el trámite al procedimiento ordinario desestimando la excepción de inadecuación de procedimiento alegada por la demandada.

129 Véase al respecto la STS (Sala de lo Social) de 20 de noviembre de 2015 *(Tol 5639547)*, en la que se declara que no existe discriminación en un supuesto de externalización del servicio de limpieza puesto que tal externalización está motivada por razones objetivas y es ajena al sexo de los trabajadores afectados, y la discriminación salarial para las mujeres contratadas por la empresa a la que se adjudican los servicios externalizados es ajena a este procedimiento de despido colectivo. También puede verse la STSJ de Madrid (Sala de lo Social), de 13 de noviembre de 2014 *(Tol 4641295)* que se pronuncia sobre la vulneración de discriminación por razón de sexo en un supuesto de cambio de puesto de trabajo tras la reincorporación por maternidad, modificación sustancial de la reducción inicial de jornada por cuidado de hijos, y exclusión del percibo retributivo del «bonus», abonado al resto de la plantilla.

130 En este sentido, a modo de ejemplo, puede verse la STS (Sala de lo Social), de 12 de mayo de 2015 *(Tol 5390932)*, que declara la nulidad de un artículo de un convenio colectivo por suponer una vulneración de los arts. 9 y 14 de la CE, por cuanto impide de forma directa o indirectamente a las mujeres un desarrollo profesional en las mismas condiciones que el resto de los trabajadores de la plantilla al establecer unos criterios de evaluación para los ascensos

De la misma forma que, igualmente en muchas ocasiones, es la modalidad contractual, sobre todo la contratación a tiempo parcial, la que sirve de excusa, aunque no en todo caso sea justificada, para establecer una diferencia en cuanto a las pautas a aplicar para calcular determinados conceptos retributivos[131].

En definitiva, que la realidad es muy variada, como variadas son las causas que originan situaciones discriminatorias en materia retributiva por razón de sexo y de género. De ahí que, como se ha dicho, las modalidades procesales de tutela antidiscriminatoria sean diversas, dependiendo de cuáles sean las circunstancias de cada caso.

Evidentemente, no se pretende hacer un estudio de todas y cada una de estas modalidades procesales, pues ello excedería, con creces, del objetivo de este capítulo; pero sí se propone conocer cuáles son

---

profesionales que resultan discriminatorios. Ello puesto que no se contemplan como excepción al cómputo horario que en principio el precepto del convenio colectivo menciona como uno de los dos requisitos (someterse a una evaluación y el transcurso del tiempo) para posibilitar el ascenso al Grupo de profesionales los períodos relacionados con la maternidad lato sensu considerada (embarazo, parto y lactancia), lo que sitúa a la mujer en clara desventaja para alcanzar el mínimo cronológico necesario. Sobre esta cuestión, también puede verse la STS (Sala de lo Social), de 17 de julio de 2024 (*Tol 10124407*), según la cual es nula la práctica empresarial de abonar al personal que hace uso de su derecho de reducción de jornada por guarda legal de hijos, compuesto fundamentalmente por mujeres, el incentivo de absentismo en proporción a la jornada. También la STSJ de Castilla y León, Valladolid (Sala de lo Social), de 10 de octubre de 2020 (*Tol 7608196*), en la que se determina que no existe discriminación por razón de sexo en materia salarial, en concreto, en relación con el abono del plus de fin de semana en proporción a la reducción de jornada por cuidado de menores, con independencia del sexo del trabajador.

131 Igualmente, a modo de ejemplo, puede verse el ATJUE, de 15 de octubre de 2019 (*Tol 7544494*), según el cual si bien el cálculo de un complemento retributivo como el trienio depende directamente de la cantidad de trabajo efectuada por el trabajador, según el principio de pro rata temporis, para los casos de trabajo a tiempo parcial, sin embargo, dicho principio no es aplicable a la determinación de la fecha de adquisición de un derecho a un componente de la retribución, en la medida en que ésta depende exclusivamente de la duración de la antigüedad adquirida por el trabajador. También otras sentencias de interés como la STS (Sala de lo Social), de 13 de diciembre de 2023 (*Tol 9841946*), la SAN (Sala de lo Social), de 14 de marzo de 2024 (*Tol 9949499*), STJUE de 29 de julio de 2024, C-184/2022 (*Tol 10121727*) y STS (Sala de lo Social), de 26 de junio de 2024 (*Tol 10105712*).

las modalidades procesales que, con mayor frecuencia, se emplean en la práctica a los efectos de recabar la tutela procesal de la garantía de igualdad retributiva, lo que, como se ha dicho, está en estrecha vinculación con la realidad presuntamente discriminatoria y con el origen de la posible discriminación por razón de sexo y/o de género.

4. MODALIDADES PROCESALES DE TUTELA DE LA NO DISCRIMINACIÓN RETRIBUTIVA POR RAZÓN DE SEXO Y DE GÉNERO

El análisis que se realiza en este apartado de las modalidades procesales que se suelen utilizar en la práctica para recabar la tutela de la no discriminación retributiva por razón de sexo y de género se centra en conocer cuáles son algunas de dichas modalidades, sus especialidades en materia de igualdad retributiva y las conexiones o relaciones existentes entre las mismas.

Sin que, como se ha dicho, sea posible hacer un estudio de todas y cada una de dichas modalidades, sino sólo de las que con mayor frecuencia se utilizan en la práctica procesal, lo que está en función del origen y circunstancias fácticas de la presunta discriminación retributiva. Como tampoco es posible hacer un estudio completo y en profundidad de estas modalidades procesales más empleadas en esta materia, sino de los aspectos más relevantes y, en su caso, especiales por la materia objeto de estudio, quedando, asimismo, limitado su análisis a la primera o, en su caso, única instancia y dejando al margen los posibles recursos ante instancias superiores.

De ahí que, a los efectos de abordar dicho análisis, se haya optado por hacer un estudio conjunto de algunas de estas modalidades procesales, siguiendo para todas ellas el mismo esquema, si bien en cada uno de los aspectos a analizar se diferencian y destacan las especialidades de cada modalidad procesal. Lo que se justifica, sobre todo, por el tratamiento común que requiere uno de los elementos de mayor relevancia en esta materia, cual es la valoración de la prueba en los procedimientos en los que las alegaciones de la parte actora se fundamenten en actuaciones discriminatorias, por razón de sexo, en los términos que dispone el art. 13.1 de la LOI *(Tol 1042650)*.

Y es que, como es sabido, "la igualdad de trato y de oportunidades entre mujeres y hombres es un principio informador del ordenamiento jurídico y, como tal, se integrará y observará en la interpretación y aplicación de las normas jurídicas" (art. 4 de la LOI, *(Tol 1042650)*, debiendo dicho principio informar, con carácter transversal, la actuación de todos los Poderes Públicos (art. 15 de la LOI, *(Tol 1042650)*.

Lo que se traduce en la integración de la perspectiva de sexo (y también de género, aunque no se diga en dicha norma de forma expresa) en la aplicación e interpretación de las normas como obligación de los tribunales de justicia[132]. De manera que el enjuiciamiento con perspectiva de sexo y de género no se limita a la aplicación e interpretación de la norma sustantiva, sino que también se ha de

---

[132] Entre otras, se destaca la STS (Sala de lo Social), de 13 de junio de 2023 (*Tol 9615956*), que contiene una recopilación de sentencias en las que se pone de manifiesto la aplicación práctica de la obligación de los jueces y tribunales de juzgar con perspectiva de género. Se transcribe, por su interés, los dos párrafos siguientes: "Juzgar con perspectiva de género supone la interpretación de las normas procurando la mayor igualdad de trato y de oportunidades entre mujeres y hombres (STS 997/2022, de 21 de diciembre, rcud. 3763/2019), en tanto que se trata de un principio informador del ordenamiento jurídico y, como tal, se integrará y observará en la interpretación y aplicación de las normas jurídicas. Ello significa, por un lado, que la igualdad entre mujeres y hombres constituye valor supremo del ordenamiento jurídico; y, por otro, que consecuentemente, la aplicación de tal principio debe considerarse criterio hermenéutico imprescindible para la interpretación de las normas jurídicas (STS 747/2022, de 20 de septiembre, rcud. 3353/2019)". En igual sentido, la precitada STS 272/2023, de 14 de abril, identifica algunos de los numerosos precedentes en los que esta Sala IV ha aplicado en ese mismo principio en las SSTS 864/2018, 26 de septiembre de 2018 (rcud 1352/2017); 778/2019, 13 de noviembre de 2019 (rec. 75/2018); 815/2019, 3 de diciembre de 2019 (rec. 141/2018); 115/2020, 6 de febrero de 2020 (rcud. 3801/2017); 580/2020, 2 de julio de 2020 (rcud. 201/2018); 908/2020, 14 octubre 2020 (rcud. 2753/2018)); 645/2021, 23 junio 2021 (rec. 161/2019); y 747/2022, 20 de septiembre de 2022 (rcud. 3353/2019).
Entre todas ellas, por su especial relevancia en la resolución de este asunto, debemos destacar de manera singular la STS 79/2020, de 29 de enero (rcud. 3097/2017), dictada precisamente en el ámbito de la prestación en favor en familiares, en la que reiteramos esa "obligación de jueces y tribunales de incorporar la perspectiva de género en lo que constituye su actuación como Poder del Estado, esto es, en la interpretación y aplicación de las normas".

manifestar y proyectar sobre el resto de las fases judiciales, esto es, en la tramitación del procedimiento y en la valoración de la prueba[133].

4.1. Ámbito de aplicación: la fuerza atractiva de determinadas modalidades procesales

Como se ha dicho, cuando una trabajadora considere lesionado el derecho a la igualdad de trato y no discriminación por razón de sexo y/o de género en materia retributiva puede recabar su protección a través del procedimiento de tutela de los derechos fundamentales y libertades públicas cuando la pretensión se suscite en el ámbito de las relaciones jurídicas atribuidas al conocimiento del orden jurisdiccional social (art. 177.1 de la LRJS, *(Tol 2245714)*[134].

El objeto de este proceso se limita al conocimiento de la lesión del derecho fundamental (de ahí que se califique como proceso de cognición limitada[135]), en este caso, a los efectos que interesan, del dere-

---

133 En estos términos se pronuncia la STSJ de Canarias, Las Palmas de Gran Canaria (Sala de lo Social), de 27 de julio de 2021 *(Tol 8540592)*, comentada por CAVAS MARTÍNEZ, F., "Retribución inferior de trabajos de igual valor constitutiva de discriminación salarial indirecta por razón de sexo: juzgando con perspectiva de género", *Revista de Jurisprudencia Laboral*, número 9/2021, p. 5. Según señala este autor, la técnica de juzgar con perspectiva de género y de sexo se desarrolla en varias fases, cuales son la detección del conflicto jurídico de un impacto de sexo o de género que sea desproporcionadamente adverso; la observación de que ello no genera una diferencia de oportunidades o pérdida de derechos; la erradicación del estereotipo de género en la interpretación y aplicación de la norma; y la compensación del daño o desequilibrio que la incidencia del estereotipo haya podido generar.

134 Sobre la evolución del marco jurídico de referencia del proceso de tutela de los derechos fundamentales y libertades públicas, pueden verse, entre otros, a CHOCRÓN GIRÁLDEZ, A.M., "El proceso laboral de tutela de derechos fundamentales y libertades públicas en la Ley reguladora de la jurisdicción social", *Boletín del Ministerio de Justicia*, número 2142/2012, pp. 3 a 5; y a MOYA AMADOR, R., "La tutela de los derechos fundamentales y libertades pública...", op. cit. pp. 4 y ss.

135 Entre otros, FERNÁNDEZ LÓPEZ, M.F., *Los procesos especiales en la Jurisdicción Social*, Editorial Bomarzo, 2012, pp. 211 y 212. Tal y como especifica esta autora, siguiendo la doctrina del TS, lo que delimita la pretensión es la lesión del contenido esencial del derecho en su configuración constitucional o en las normas ordinarias de desarrollo que concretan esa delimitación, sin comprender las

cho a la igualdad de trato y no discriminación retributiva por razón de sexo y/o de género, sin posibilidad de acumulación con acciones de otra naturaleza o con idéntica pretensión basada en fundamentos diversos a la tutela del citado derecho[136].

Y sin que el cese de la conducta que se denuncia como discriminatoria equivalga a una pérdida sobrevenida del objeto, aunque sí es cierto que opera como limitación el hecho de que el derecho se ejercite fuera del plazo general de prescripción o caducidad de la acción previsto para las conductas o actos sobre los que se concrete la lesión del derecho fundamental, en los términos que se analizan más adelante[137].

La limitación de su objeto litigioso encuentra su explicación y justificación en el mandato constitucional del art. 52.3 CE (*Tol 173304)* de establecer un procedimiento preferente y sumario[138], que se cir-

---

facultades que hayan podido ser adicionadas por normas infraconstitucionales, a las que la LRJS se refiere como "fundamentos diversos" a la tutela del correspondiente derecho fundamental. También pueden verse a MONTOYA MELGAR, A., GALIANA MORENO, J. Mª., SEMPERE NAVARRO, A. V., RÍOS SALMERÓN, B., CAVAS MARTÍNEZ, F. y LUJÁN ALCARAZ, J., Curso de Procedimiento Laboral, Tecnos, Madrid, 2012, p. 29; MOYA AMADOR, R., "La tutela de los derechos fundamentales y libertades pública...", op. cit. p. 16; y CABEZA PEREIRO, J. y VIQUEIRA PÉREZ, C., *Igualdad y no discriminación laborales...*, op. cit. p. 198.

136 STSJ de Andalucía, Sevilla (Sala de lo Social), de 1 de junio de 2021 *(Tol 8562421),* que señala, en referencia a un proceso de tutela de los derechos fundamentales y libertades públicas, que "no constituye el objeto de este proceso determinar sin más si la actora tenía derecho a percibir el complemento de variables por objetivos en 2017 sino si dicha falta de percepción constituye una infracción del derecho de igualdad establecido en el artículo 14 de la Constitución, lo que exige la comparación de situaciones esencialmente iguales que sin embargo hayan sido objeto de un tratamiento diferenciado, sin justificación".

137 Al respecto, puede verse la STSJ de Extremadura (Sala de lo Social), de 28 de octubre de 2020 *(Tol 8262344)* y STSJ de Extremadura (Sala de lo Social), de 6 de abril de 2021 *(Tol 8441934).*

138 La preferencia se aprecia en el carácter urgente a todos los efectos, gozando de preferencia sobre cualquier otro que se tramite en el mismo juzgado o tribunal y la sumariedad, por su parte, se detecta en que se limita el objeto de conocimiento a la constatación de la violación que se alegue, en la no acumulación de otras pretensiones o fundamentos diversos a la violación alegada, en los plazos breves, en la no realización de actos previos y en que la sentencia sea inmediatamente ejecutiva. Sobre estas características de esta modalidad procesal puede

cunscriba a la vulneración del derecho fundamental, puesto que la tramitación preferente y sumaria de esta modalidad procesal "no se compadece con la verificación minuciosa de múltiples supuestas infracciones de normas convencionales o de legalidad ordinaria, las cuales deben dilucidarse por el proceso ordinario o la modalidad procesal específica correspondiente"; de ahí que este procedimiento requiera diferenciar "entre el plano de la constitucionalidad y el de la legalidad ordinaria, de forma que únicamente pueden examinarse en esta modalidad procesal las pretensiones fundadas en la vulneración de derechos fundamentales"[139].

Por ello, si se pretende un análisis del conjunto de la cuestión planteada, se debe acudir a la modalidad procesal que proceda en atención a la naturaleza del fondo del asunto, si bien en tal caso "no se priva de toda tutela al derecho fundamental por "contaminación"

---

verse a GOERLICH PESET, J.M., NORES TORRES, L.E. y ESTEVE-SEGARRA, A., *Curso de Derecho Procesal Laboral*, op. cit. pp. 290 y 291. La tramitación preferente absoluta y el carácter urgente de esta modalidad procesal especial se aprecia también en que el mes de agosto es hábil, así como en que la celebración de la conciliación-juicio tiene lugar en cinco días dese la admisión a trámite. Sobre estos rasgos, puede verse también a ALCOBEA GIL, J. M., ARNÁIZ SERRANO, A., LÓPEZ JIMÉNEZ, R. y MARTÍNEZ SOTO, T., *Esquemas de Derecho Procesal Laboral*, Tirant lo Blanch, Tomo IV, 2018, p. 123. Al respecto, destacando las especialidades de la tramitación de este procedimiento puede verse a COLMENERO GUERRA, J.A., "Proceso de tutela de derechos fundamentales y libertades públicas", en VV.AA., *Derecho Procesal Laboral…*, op. cit, pp. 697 y 699. Finalmente, se destaca cómo se ha dicho que esta modalidad procesal conforma "una constelación de garantías" de la que proyecta un tipo de pretensión especialmente resistente, privilegiada —dentro del cauce procesal de que se trate— de tramitación proferente absoluta y particularmente acelerada. En estos términos se pronuncia FERNÁNDEZ LÓPEZ, M.F., *Los procesos especiales en la Jurisdicción Social*, op. cit., p. 210.

139 STSJ de Andalucía, Málaga (Sala de lo Social), de 14 de febrero de 2018 *(Tol 6550710)*, según la cual "el procedimiento de tutela de derechos fundamentales, por su naturaleza de cognición limitada, tiene un campo de actuación muy reducido, abarcando solamente el enjuiciamiento de lesiones directas de derechos fundamentales derivados de conducta de violación o incumplimiento de la norma constitucional o normas legales que lo regulen, no alcanzando a la depuración de interpretaciones erróneas de normas legales, ni mucho menos a la verificación de si una decisión empresarial se ajusta o no a lo establecido en convenio colectivo".

con la legalidad ordinaria"[140]. Y es que, como se analiza más adelante, algunas de las garantías que le son inherentes a esta modalidad procesal especial van a acompañar al cauce procesal de que se trate (en especial, reglas sobre la carga de la prueba o sobre el contenido de la condena si se estima vulnerado del derecho fundamental).

La referida regla de no acumulación, en conexión con la fuerza atractiva de determinadas modalidades procesales, limita y condiciona la facultad dispositiva de la trabajadora demandante. De esta forma, pese a la regla general de no acumulación, lo cierto es que puede que la tutela del derecho fundamental deba necesariamente realizarse a través de determinadas modalidades procesales. Así se dispone en el art. 184 de la LRJS (*Tol 2245714)* que, precisamente, se titula "demandas de ejercicio necesario a través de la modalidad procesal correspondiente", siendo éstas las que se mencionan en el referido precepto.

De ahí que la tutela judicial establecida en el art. 53.2 de la CE (*Tol 173304)* presente en el ordenamiento laboral una dualidad de cauces procesales: por un lado, la tutela de los derechos fundamentales y libertades públicas, a través de la modalidad procesal especial de los arts. 177 y ss. de la LRJS (*Tol 2245714)*; y, por el otro, la tutela de los derechos fundamentales en el marco de otras modalidades procesales a las que se remite el art. 184 de la LRJS (*Tol 2245714)*[141]. En este segundo supuesto, la obligación de seguir esos procedimientos es taxativa, de manera que la pretensión contenida en la demanda es la que determina el procedimiento aplicable[142].

De manera que las demandas de despido y por las demás causas de extinción del contrato de trabajo, las de modificaciones sustanciales de las condiciones de trabajo, las de movilidad geográfica, las de

---

140 FERNÁNDEZ LÓPEZ, M.F., *Los procesos especiales en la Jurisdicción Social*, op. cit., p. 2013.

141 STS (Sala de lo Social), de 20 de abril de 2022 (*Tol 8920334)*, destacada en el apartado de Crónicas de jurisprudencia por GARCÍA RUBIO, M. A., GOERLICH PESET, J. M. y TORMOS PÉREZ, J. A., *Administración laboral,* Revista Española de Derecho del Trabajo, núm. 259, Sección Crónica, Diciembre, 2022, Aranzadi, p. 241.

142 Al respecto, pueden verse a CABEZA PEREIRO, J. y VIQUEIRA PÉREZ, C., *Igualdad y no discriminación laborales…, op. cit.* p. 205.

derechos de conciliación de la vida personal, familiar y laboral, las de impugnación de convenios colectivos, entre otras, en que se invoque lesión de derechos fundamentales y libertades públicas, se tramitarán inexcusablemente con arreglo a la modalidad procesal correspondiente a cada una de ellas, aunque dando carácter preferente a estos procesos y acumulando en ellos las pretensiones de tutela del derecho fundamental a la igualdad de trato y no discriminación con las propias de las de la modalidad procesal respectiva.

Si bien es cierto, a tenor de lo dispuesto en el art. 26.2 de la LRJS (*Tol 2245714*), que tal acumulación se limita a reclamar, tal y como se analiza más adelante, "la indemnización derivada de discriminación o lesión de derechos fundamentales y libertades públicas y demás pronunciamientos propios de la modalidad procesal de tutela de tales derechos fundamentales y libertades públicas".

De esta forma, en los supuestos en los que la discriminación retributiva por razón de sexo y de género estuviera vinculada o derivara de algunas de las referidas medidas empresariales o vicisitudes de la relación laboral, así como en el caso de que la posible discriminación retributiva procediera de la posible ilegalidad de un convenio colectivo, serán las referidas modalidades procesales las que se tendrán que tramitar, acumulándose a dichos procesos la pretensión de tutela del derecho a la igualdad y no discriminación retributiva por razón de sexo y de género.

En tales supuestos, en los que queda limitada la facultad de elección de la trabajadora demandante que se considere víctima de discriminación retributiva por razón de sexo y/o de género, se aplican, en cuanto a la pretensión de dicha tutela, las reglas y garantías previstas en el proceso de tutela de los derechos fundamentales y libertades públicas, a las que se hace referencia detallada más adelante.

Entre estas modalidades procesales de tutela antidiscriminatoria, en la práctica destacan las demandas de impugnación de convenios colectivos. En este supuesto, se trata de la impugnación de un convenio colectivo estatutario por considerar que conculca la legalidad vigente (art. 163.1 de la LRJS, *(Tol 2245714)*[143]; en concreto, a los

---

[143] Desde la entrada en vigor de la LRJS (*Tol 173304*), la modalidad procesal de impugnación de convenios colectivos está reservada exclusivamente a la impugnación de los convenios colectivos de eficacia general y a los laudos sustitutivos de

efectos que interesan, la garantía de igualdad retributiva. Siendo esta modalidad procesal de más amplio alcance en cuanto a los efectos que se producen si se determina que el convenio en cuestión lesiona la obligación empresarial de abonar igual retribución por trabajo de igual valor.

Respecto de la impugnación de convenios colectivos, como es sabido, son dos las vías existentes. Por un lado, podrá promoverse la impugnación de oficio ante el juzgado o Sala competente, mediante comunicación remitida por la autoridad correspondiente. Se trata, como se anticipó al analizar la tutela administrativa de la garantía de igualdad retributiva, de una manifestación de la intervención administrativa, en este caso en el ámbito de la colaboración con la Administración de Justicia.

En el supuesto en que el convenio colectivo no hubiera sido aún registrado ante la oficina pública conforme a lo dispuesto en el art. 90.2 del ET (*Tol 5512468)*, los representantes de los trabajadores (o el empresario, con carácter general, aunque no tiene sentido en este supuesto concreto en que se cuestiona la garantía de igualdad retributiva) que sostuvieran la ilegalidad del convenio por no garantizar la igualdad retributiva deberán solicitar previamente a la autoridad laboral que curse al juzgado o Sala su comunicación de oficio.

Ahora bien, si la autoridad laboral no contestara a la solicitud en el plazo de quince días, la desestimara o el convenio colectivo ya hubiere sido registrado, la impugnación podrá instarse directamente por los legitimados para ello por los trámites del proceso de conflicto colectivo, mientras subsista la vigencia de la correspondiente norma convencional (art. 163.3 de la LRJS,*(Tol 2245714)*. Ello tiene dos implicaciones: una, se han de seguir los trámites para el proceso de conflicto colectivo, pero sin obviarse la especialidad o singularidad de la modalidad procesal de impugnación de convenios colectivos, de manera que la vía procedimental adquiere un carácter híbrido, "cuyo

---

éstos. Sobre el alcance de la reforma de dicha ley a este respecto, puede verse la STS (Sala de lo Social), de 24 de junio de 2019 *(Tol 7416090)*. En el caso concreto, el TS aclara que la modalidad procesal idónea para conocer pretensiones de la parte actora de nulidad parcial de Acuerdo extraestatutario y declaración, en su caso, sobre efectos derivados de posible nulidad, es la de conflicto colectivo.

producto resultante presenta caracteres propios de ambas modalidades procesarles"[144]; y dos, se puede impugnar el convenio mientras esté en vigor, pues, en caso contrario, carece de objeto pronunciarse sobre la legalidad de preceptos que ya no integran el ordenamiento jurídico[145].

Y, por el otro, la impugnación de parte. Y es que, aunque no se impugne de forma directa un convenio colectivo estatutario, cabe la impugnación de los actos que se produzcan en su aplicación (art. 163.4 de la LRJS, *(Tol 2245714)*. Lo que se ha de hacer también a través de los conflictos colectivos o individuales posteriores que pudieran promover los legitimados para ello, en base a que las disposiciones contenidas en dichos actos no son conformes a Derecho y, en concreto, a tenor de la materia objeto de estudio, suponen una lesión de la discriminación retributiva por razón de sexo y/o de género[146]. Al respecto, se viene exigiendo que las pretensiones de impugnación de actos aplicativos del convenio con base en su supuesta ilegalidad deben ser especialmente rigurosas, debido a la excepcionalidad del procedimiento[147]; de ahí el contenido de la demanda, tal y como se detalla más adelante.

Por lo que respecta al ejercicio de la acción de despido, es claro que se exige el ejercicio conjunto con la acción de tutela de un derecho fundamental, lo que se fundamenta en el tenor literal del art. 184 de la LRJS (*Tol 2245714*), pues se trata de una de las previsiones

---

144 LOUSADA AROCHENA, F.J., RON LATAS, R.P., BELLIDO ASPAS, M. y RODRÍGUEZ MARTÍN-RETORTILLO, R.A., *Sistema de Derecho Procesal Laboral*, op. cit., pp. 346 y 347.

145 Ibidem.

146 Un ejemplo reciente, sustancialmente alejado de la materia objeto de estudio, de la relación o conexión entre el proceso de impugnación de convenios colectivos y el proceso de conflictos colectivos puede verse en la STS (Sala de lo Social), de 3 de julio de 2024 *(Tol 10117548)*. En esta sentencia se acuerda la inadecuación de procedimiento puesto que la pretensión (sobre que los cursos obligatorios impartidos virtualmente tengan la consideración del 100% del tiempo de trabajo) debió articularse por vía del proceso de impugnación de convenio colectivo por ilegalidad y no por la vía del procedimiento de conflictos colectivos.

147 Puede verse al respecto la SAN (Sala de lo Social), de 21 de enero de 2019 (*Tol 7062553*). También a MARTÍN RODRÍGUEZ, M.O. y MEGINO FERNÁNDEZ, D. *Derecho Procesal Laboral*. Centro de Estudios Financieros, 2019, p. 279.

contenidas de forma expresa en el mismo. Además, se añade un argumento finalista que consiste en entender que los procedimientos por despido se ajustan a las exigencias de preferencia y sumariedad que requiere el art. 53 de la CE (*Tol 173304*) para la tutela de los derechos fundamentales.

En estos términos se pronunció hace ya más de veinte años la STS de 12 de junio de 2001[148], señalando que, para dar cumplimiento al art. 53.2 de la CE (*Tol 173304*), en cuanto a permitir recabar la tutela de las libertades y derechos reconocidos en el art. 14 y la Sección primera del Capítulo 2º ante los Tribunales ordinarios, por un procedimiento basado en los principios de preferencia y sumariedad y, en su caso, a través del recurso de amparo ante el Tribunal Constitucional, en el ámbito laboral se dispone del proceso de tutela de los derechos de fundamentales y libertades públicas.

Este proceso, en palabras de la citada sentencia del TS, "satisface las exigencias constitucionales de preferencia y sumariedad, entendido este término en su significación vulgar de proceso substancialmente rápido y abreviado". Pero en los supuestos de despido, la LRJS (*Tol 2245714*) remite "inexcusablemente", a la modalidad procesal correspondiente. Puesto que los derechos fundamentales y libertades no pueden quedar sin un procedimiento preferente y sumario para su tutela, ha de concluirse "que el proceso por despido es el idóneo para decidir sobre estos extremos. Entenderlo de otro modo obligaría al trabajador afectado a emprender un proceso distinto, que —no siendo el de despido— habría de ser el ordinario, que no reúne los requisitos constitucionalmente exigidos. Esa interpretación, por otra parte, violentaría el mandato legal que remite, en estos casos, al proceso de despido".

Sin embargo, pese a que, como se ha dicho, el art. 184 de la LRJS (*Tol 2245714*) incluye las demandas por despido y por las demás causas de extinción del contrato de trabajo, entre las demandas de ejercicio necesario a través de dichas modalidades, el TS ha reconocido la posibilidad de ejercitar de forma independiente la acción de extinción del art. 50 del ET (*Tol 5512468*) y la acción de tutela del derecho

---

148 STS (Sala de lo Social), de 12 de junio de 2001 (*Tol 2234129*).

fundamental, sin que ambas acciones hayan de ejercitarse por la vía del proceso de extinción.

Según la STS de 9 de mayo de 2011[149], ello se fundamenta en dos razones: por un lado, el art. 184 LRJS (*Tol 2245714*) sólo se remite en su literalidad a las "modalidades procesales" por las que se tramiten las demandas por despido y otras causas de extinción, lo que incluye una remisión a las "modalidades" por las que se tramita el despido, pero sin que puedan incluirse las demandas de extinción efectuadas al amparo del art. 50 ET (*Tol 5512468*) que no se tramitan por ninguno de dichos procedimientos sino por el llamado proceso ordinario; y, por el otro, porque aquellas modalidades procesales, como se ha dicho, se acomodan a las exigencias de sumariedad y preferencia exigidas por el art. 53 de la CE (*Tol 173304*) para la tutela judicial de los derechos fundamentales, lo que no puede estimarse ocurra con el proceso laboral ordinario[150].

Lo dispuesto en el art. 184 de la LRJS (*Tol 2245714*), en cuanto supone una limitación de las posibilidades procesales de ejercicio de la acción de tutela debe ser interpretado, tal y como señala la antes referida sentencia del TS, "de forma restrictiva y por ello limitada a los supuestos estrictos a los que se refiere so pena de tergiversar e incumplir las exigencias constitucionales del art. 53 de la CE". De manera que, ante el incumplimiento grave de la obligación del empresario, cual sería la obligación de pagar igual retribución por la prestación de un trabajo de igual valor, que implica la lesión de un derecho fundamental y constituye, como se ha visto, una infracción administrativa, el trabajador (en este caso, trabajadora) puede solicitar la extinción de su contrato de trabajo en base al art. 50 ET (*Tol 5512468*), aparte de la acción de tutela del derecho fundamental. En tal caso, además del derecho a la indemnización prevista para el despido improcedente, la trabajadora podrá tener derecho a la indemnización derivada de la lesión del referido derecho fundamental.

---

149 (*Tol 2150230*).

150 Sobre esta cuestión puede verse a MOYA AMADOR, R., "La tutela de los derechos fundamentales y libertades pública...", op. cit. pp. 20 y 21.

Tampoco se incluyen, entre las demandas de ejercicio necesario a través de la modalidad procesal correspondiente, otras tres modalidades que, como se anticipó, también pueden utilizarse, si se dieran las circunstancias, para recabar la tutela antidiscriminatoria en materia retributiva. En concreto, no se incluyen la reclamación de categoría o grupo profesional (con clara incidencia en materia retributiva), el procedimiento de oficio ni el proceso de conflictos colectivos, los cuales también pueden tener su origen en posibles situaciones discriminatorias por razón de sexo y de género en materia retributiva.

Estas pretensiones pueden, por tanto, canalizarse por la vía de la modalidad procesal especial de tutela de los derechos fundamentales y de las libertades públicas si la parte actora no solicita la acumulación de la infracción de la legalidad ordinaria y de la lesión del derecho fundamental, si bien se podrá optar por la acumulación de su pretensión en los respectivos procesos especiales de legalidad ordinaria de que se traten (clasificación profesional, procedimiento de oficio o proceso de conflictos colectivos)[151].

Y es que, como se ha dicho, en muchas ocasiones la discriminación retributiva por razón de sexo y/o de género deriva de una incorrecta valoración de los puestos de trabajo, lo que, aunque no necesariamente, puede implicar también una inadecuada clasificación profesional, con la consecuente diferencia de retribución. De ahí que la reclamación de categoría o grupo profesional sea una modalidad procesal que, si se dan las circunstancias, puede activarse para corregir la inadecuada clasificación profesional y, por ende, la diferente retribución de carácter discriminatorio. De hecho, tal y como dispone el art. 137.3 de la LRJS (*Tol 2245714*), a la acción de reclamación de la categoría o grupo profesional será acumulable la reclamación de las diferencias salariales correspondientes, a los efectos que interesan, de carácter discriminatorio por razón de sexo y/o de género.

Por su parte, el procedimiento de oficio, en cuanto otra de las modalidades procesales de tutela antidiscriminatoria, se puede iniciar de oficio como consecuencia, por un lado y con carácter general, de

---

[151] Un análisis detallado sobre asunto puede verse en GÓMEZ-MILLÁN HERENCIA, M.J., *Tutela procesal de la no discriminación laboral...*, op. cit., p. 110.

las certificaciones de las resoluciones firmes que dicte la autoridad laboral derivadas de actas de infracción de la Inspección de Trabajo y Seguridad Social en las que se aprecien perjuicios económicos para los trabajadores afectados. En tal caso, el objeto se circunscribe a la determinación de si existen o no los referidos perjuicios económicos que, a juicio de la Inspección de Trabajo, se han causado, en este caso, a los efectos que interesan, a las trabajadoras y, de ser así, a su cuantificación[152]. Tal es lo que sucede, en todo caso, cuando el empresario comete una infracción administrativa por discriminación retributiva por razón de sexo y de género, en los términos analizados con anterioridad (art. 148 a) de la LRJS, *(Tol 2245714)*.

Y, por el otro y de forma específica para la materia objeto de estudio, se puede iniciar el procedimiento de oficio como consecuencia de las actas de infracción o comunicaciones de la Inspección de Trabajo y Seguridad Social acerca de la constatación de una discriminación por razón de sexo (incluida la discriminación en materia retributiva) y en las que se recojan las bases de los perjuicios estimados para la trabajadora, a los efectos de la determinación de la indemnización correspondiente (art. 148 c) de la LRJS, *(Tol 2245714)*[153].

---

152 Sobre la limitación del objeto de este proceso puede verse a SEMPERE NAVARRO, A.V., "El procedimiento de oficio en la Ley Reguladora de la Jurisdicción Social", *Revista del Ministerio de Empleo y Seguridad Social. Derecho del Trabajo*, núm. 128, 2017, p. 40.

153 A modo de ejemplo, se cita la STS (Sala de lo Social), de 14 de mayo de 2014 *(Tol 4330640)*, que resuelve un recurso de casación para la unificación de doctrina cuyo origen se encuentra en la demanda promovida por la Dirección General de Trabajo, a raíz de la visita de la Inspección de Trabajo y Seguridad Social al centro de trabajo de una empresa, levantándose acta de infracción contra la misma, considerando que ésta había contravenido el artículo 14 de la CE, desarrollado por los artículos 4.2 c) y 28 del ET, e incurrido en infracción laboral, tipificada como muy grave, tipificada en el artículo 8.12 de la LISOS (*Tol 176110)*. Asimismo, un ejemplo reciente de demanda interpuesta por la jeja de la Inspección Provincial de Trabajo y Seguridad Social para que se inicie procedimiento de oficio por entender que ha existido discriminación por razón de sexo puede verse en la STSJ de Andalucía, Granada (Sala de lo Social), de 22 de febrero de 2024 (*Tol 10109973)*. Tal como especifica esta sentencia, "en el presente caso nos encontramos ante una comunicación directa iniciada por la Inspección de trabajo, con independencia de que exista o no un acta de infracción y con independencia de la firmeza de la resolución sancionatoria que pueda existir derivada de la situación discriminatoria, de todo lo cual se deriva la desestimación de la falta acción invocada ya que ha de entenderse

De esta forma, se otorga a un sujeto de derecho público la tutela de un interés privado, con lo que parece que se pretende "remediar la inactividad de los interesados que no actuaban bien por el miedo a las represalias o por falta de sensibilización"[154].

Se trata, pues, de una manifestación de la intervención de la Administración en el ámbito de las relaciones laborales, en colaboración con la Administración de Justicia[155], puesto que los hechos que fundamentan la demanda han sido conocidos y comprobados por la autoridad laboral en un procedimiento administrativo previo, lo que altera la dinámica del proceso ordinario y justifica las peculiaridades de esta modalidad procesal, en los términos que se exponen más adelante[156]. De manera que ciertos documentos que provienen de la autoridad laboral, a los que conceder valor de demanda, bastan para incoar el proceso[157]. Es un proceso especial que "se caracteriza por poner en relación a dos poderes públicos (Administración laboral y Jurisdicción social) que de ordinario intervienen en procesos distintos y actúan de forma separada e independiente"[158]. Y que tiene por finalidad evitar contradicciones entre los órganos judiciales sociales y los administrativos, de ahí que esta modalidad procesal otorga a la autoridad laboral la facultad de formular demanda de oficio para que resuelva la jurisdicción social sobre cuestiones de su competencia que se han suscitado en el ámbito de procedimiento administrativo[159].

---

que no existe óbice alguno para que la Inspección de trabajo de forma directa inicie el procedimiento de oficio que nos ocupa aun cuando la resolución sancionadora que se ha impuesto a la empresa no haya adquirido firmeza".

154 SEMPERE NAVARRO, A.V., "El procedimiento de oficio en la Ley Reguladora de la Jurisdicción Social", op. cit., p. 47.

155 Se trata de un procedimiento vinculado a la intervención administrativa en el marco de las relaciones laborales. Así se pronuncia FERNÁNDEZ LÓPEZ, M.F., *Los procesos especiales en la Jurisdicción Social*, op. cit., pág. 104.

156 Al respecto, puede verse a ROMERO PRADAS, M.I., "Procedimiento de oficio", en VV.AA., *Derecho Procesal Laboral. Parte general y parte especial*, Tirant lo Blanch, 2024, p. 636.

157 En estos términos se pronuncia CHOCRÓN GIRÁLDEZ, A.M., *Lecciones de Derecho Procesal Laboral*, Laborum, 2001, pp. 146 y 147.

158 SEMPERE NAVARRO, A.V., "El procedimiento de oficio en la Ley Reguladora de la Jurisdicción Social", op. cit., p. 37.

159 LOUSADA AROCHENA, F.J., RON LATAS, R.P., BELLIDO ASPAS, M. y RODRÍGUEZ MARTÍN-RETORTILLO, R.A., *Sistema de Derecho Procesal Laboral*, op. cit., p. 313.

Precisamente, a esta modalidad procesal se refiere de forma expresa el art. 10 del RDIR (*Tol 8107118*), al regular el alcance de la tutela administrativa y procesal, en el sentido de que, según se dispone en el referido precepto, la información retributiva o la ausencia de la misma derivada de la aplicación del RDIR (*Tol 8107118*) y, sobre todo, de los instrumentos de transparencia retributiva, podrá servir, si se dan los presupuestos necesarios, para llevar a cabo las acciones administrativas y judiciales oportunas, incluyendo el procedimiento de oficio establecido en el antes citado art. 148 c) de la LRJS (*Tol 2245714*).

El proceso de oficio puede coincidir con demandas individuales de trabajadores, disponiendo el art. 31 de la LRJS (*Tol 2245714*) que a los procesos de oficio iniciados en virtud de comunicación de la autoridad laboral regulados en el artículo 148 de la LRJS (*Tol 2245714*) se acumularán las demandas individuales en que concurran identidad de personas y de causa de pedir respecto de la demanda de oficio, aunque pendan en distintos juzgados o tribunales. Sin embargo, como ya se ha dicho, no se pueden acumular a las demandas individuales en materia de derechos fundamentales y libertades públicas las demandas de oficio por discriminación, tal y como se deduce de los arts. 26.1, 178.2 y 184 de la LRJS (*Tol 2245714*).

Y, finalmente, el proceso de conflictos colectivos tampoco se incluye entre las modalidades procesales que inexcusablemente se han de tramitar por las mismas cuando se invoque la lesión de un derecho fundamental; pero es también una vía de tutela antidiscriminatoria[160]. En efecto, al hacer referencia al proceso de impugnación

---

160 Al respecto, puede verse la STSJ de Andalucía, Granada (Sala de lo Social), de 6 de junio de 2019 (*Tol 7443859*), que considera que el procedimiento de conflicto colectivo es adecuado para la tutela de los derechos fundamentales, "puesto que, si el mismo se basa en una pretendida lesión de derechos fundamentales, no puede excluirse la utilización de este tipo procesal, pues lo contrario significaría que tales demandas quedarían sustraídas a este proceso precisamente cuando la lesión es de afección colectiva". Asimismo, entre otras, puede verse la STS (Sala de lo Social), de 15 de mayo de 2015 (*Tol 5390932*) que en un proceso de conflicto colectivo declara la nulidad de varios artículos de un convenio colectivo, debiendo destacarse, a los efectos que interesan, cómo el factor tiempo se erige en el árbitro exclusivo de la promoción profesional, con los resultados perjudiciales para la mujeres embarazadas o con suspensión del contrato por

de convenios colectivos (en concreto, por conculcar la garantía de igualdad retributiva), ya se mencionaron varios supuestos en los que se han de seguir los trámites del proceso de conflicto colectivo (entre otros, cuando el convenio ya hubiera sido registrado o cuando no se impugne el convenio, en cuyo caso cabe la impugnación de los actos que deriven de su aplicación).

Se trata de una modalidad procesal que, con carácter general, permite que se tramiten las demandas que afecten a intereses generales (elemento objetivo) de un grupo genérico de trabajadores o a un colectivo genérico susceptible de determinación general (elemento subjetivo)[161]. Lo relevante y determinante para diferenciar si se trata de un conflicto colectivo o, en su caso, plural o singular es tener en cuenta el tipo de valoraciones, mayor o menor concreción de las mismas, que requieran el examen y solución del conflicto planteado. De manera que, si la pretensión que se formule puede resolverse de forma abstracta, al margen de situaciones particulares de las trabajadoras afectadas por la discriminación en materia retributiva, cabe la vía del conflicto colectivo. Si no, cuando se trate de una demanda que exija tener en cuenta las personales circunstancias de las trabajadoras afectadas, no es adecuada esta modalidad procesal (sino el proceso ordinario o el que, en su caso, proceda)[162].

---

parto o por lactancia, sobre todo por el hecho de que se exija la realización de las 450 horas de promedio anual sin interrupciones superiores a dos meses, con la igualmente negativa precisión, a estos efectos, de que en el caso de que existieran tales interrupciones superiores, no se computará el período anterior a la misma a los efectos de alcanzar el citado promedio. También se destaca, por el impacto de género del conflicto colectivo, la STSJ de Islas Canarias, Las Palmas (Sala de lo Social), de 27 de julio, de 2021 *(Tol 8540592),* que se refiere de forma expresa a cómo se ha de aplicar la metodología con perspectiva de género en las tres fases judiciales (tramitación del procedimiento, valoración de la prueba y aplicación de normas sustantivas).

161 Pueden verse la STS (Sala de lo Social), de 22 de marzo de 2023 (*Tol 9487752),* que recoge la doctrina del propio TS sobre los requisitos y características de esta modalidad procesal, así como la STS (Sala de lo Social), de 26 de junio de 2024 (*Tol 10094989*).

162 Cuando la resolución requiera una valoración de las circunstancias particulares para distintos miembros de un grupo de trabajadores, debe usarse la vía del proceso ordinario puesto que no concurre el elemento objetivo del proceso de conflicto colectivo en el sentido de afectación indiferenciada o por igual de la totalidad de los miembros del grupo, con abstracción de rasgos o circunstancias

Asimismo, el conflicto tiene que versar sobre la aplicación e interpretación de una norma estatal, convenio colectivo, cualquiera que sea su eficacia, pactos o acuerdos de empresa, o una decisión empresarial de carácter colectivo, o de una práctica de empresa, así como la impugnación directa de los convenios o pactos colectivos que no se pueden impugnar por el proceso de impugnación de convenios colectivos (elemento instrumental)[163]. Siendo de interés, por la materia objeto de estudio, que el referido elemento instrumental se concrete en la aplicación e interpretación de una norma o práctica en cuestión que acarree una posible discriminación en materia retributiva por razón de sexo y/o de género.

En definitiva, sea mediante demandas de ejercicio necesario a través de la correspondiente modalidad procesal, con acumulación en ellos de la pretensión de tutela del derecho a la igualdad y no discriminación retributiva; sea a través del procedimiento de la tutela de los derechos fundamentales y libertades públicas; sea, finalmente, a través de otras modalidades procesales que sean adecuadas para la tutela de la igualdad retributiva, como se dijo, son diversas las vías procesales disponibles para recabar la tutela del derecho a la igualdad retributiva entre mujeres y hombres, cuyas especialidades, en cuanto la legitimación, demanda, tramitación, sentencia y costas procesales, se exponen a continuación.

4.2. Sujetos legitimados

Según dispone el art. 12.2 de la LOI (*Tol 1042650)*, la capacidad y legitimación para intervenir en los procesos que versen sobre la defensa del derecho a la igualdad entre mujeres y hombres corresponden "a las personas físicas y jurídicas con interés legítimo, determinadas en las Leyes reguladoras de estos procesos".

---

particulares. Al respecto, puede verse la STS (Sala de lo Social), de 12 de febrero de 2024 (*Tol 9895409*).

163 Sobre estos tres elementos puede verse a COLMENERO GUERRA, J.A., "Proceso de conflictos colectivos", en VV.AA., *Derecho Procesal Laboral...*, op. cit, p. 670; y a LOUSADA AROCHENA, F.J., RON LATAS, R.P., BELLIDO ASPAS, M. y RODRÍGUEZ MARTÍN-RETORTILLO, R.A., *Sistema de Derecho Procesal Laboral*, op. cit., p. 328 y ss.

De forma más concreta y detallada, el art. 29.1 de la Ley 15/2022, de 12 de julio, integral para la igualdad y la no discriminación (*Tol 9113969*), regula, en unos términos muy amplios, la legitimación para la defensa del derecho a la igualdad de trato y no discriminación pues, además de la legitimación individual de las personas afectadas, dispone que estarán legitimados, en los términos establecidos en las leyes procesales, entre otros, los sindicatos y las asociaciones y organizaciones legalmente constituidas que tengan entre sus fines la defensa y promoción de los derechos humanos, siempre que cumplan los requisitos exigidos en el apartado 2 del referido art. 29.

Sobre esta cuestión ha de tenerse en cuenta lo dispuesto por la Directiva (UE) 2023/970, del Parlamento europeo y del Consejo, de 10 de mayo, por la que se refuerza la aplicación del principio de igualdad de retribución entre hombres y mujeres por un mismo trabajo o un trabajo de igual valor a través de medidas de transparencia retributiva y de mecanismos para su cumplimiento *(Tol 9555489)*. En concreto, el art. 15 de dicha directiva dispone que los Estados miembros velarán por que las asociaciones, organizaciones, organismos de igualdad y representantes de los trabajadores, u otras entidades jurídicas que tengan interés en garantizar la igualdad entre hombres y mujeres puedan iniciar cualquier procedimiento judicial respecto de una presunta infracción de los derechos y obligaciones relativos al principio de igualdad de retribución. Al respecto, podrán actuar en nombre o en favor de quien sea víctima de una infracción en esta materia, con la autorización de dicha persona.

La amplitud de la determinación tanto de los sujetos legitimados al respecto como de los procedimientos judiciales ("cualquier procedimiento", según dispone literalmente la norma comunitaria) obligará a revisar quiénes son sujetos legitimados en las vías procesales de tutela del derecho a la igualdad retributiva entre mujeres y hombres, en los términos previstos en nuestra legislación procesal actual.

Y es que, como se ha anticipado, tanto LOI (*Tol 1042650*) como la Ley 15/2022, de 12 de julio, integral para la igualdad y la no discriminación (*Tol 9113969*), se remiten a la LRJS (*Tol 2245714*), incluso, en relación con esta última ley, por lo que respecta a la legitimación de la Autoridad Independiente para la Igualdad de trato y la No Discriminación, pues dispone que, al ejercitar acciones judiciales en defensa de los derechos derivados de la igualdad de trato y no discriminación (incluida, pues, la igualdad retributiva), opera conforme a lo dispuesto en las leyes procesales.

Pues bien, atendiendo a lo dispuesto en la LRJS (*Tol 2245714*), al igual que se ha procedido en relación con el ámbito de actuación, para conocer los sujetos legitimados en cada una de las vías procesales de tutela del derecho a la igualdad retributiva entre mujeres y hombres, se van a diferenciar cada una de ellas, siguiendo igualmente el orden antes expuesto.

Así, en primer lugar, respecto del procedimiento de tutela de los derechos fundamentales y libertadas públicas, según se indica en el art. 177 de la LRJS (*Tol 2245714*), "cualquier trabajador o sindicato que, invocando un derecho o interés legítimo, considere lesionados los derechos de libertad sindical, huelga u otros derechos fundamentales y libertades públicas, incluida la prohibición de tratamiento discriminatorio y del acoso, podrá recabar su tutela a través de este procedimiento cuando la pretensión se suscite en el ámbito de las relaciones jurídicas atribuidas al conocimiento del orden jurisdiccional social".

El fundamento, pues, para la interposición de acciones por esta modalidad procesal de tutela es la existencia de un "derecho o interés legítimo", el cual se concreta en atención al ámbito de la lesión que se denuncia. De manera que sólo la persona que en el proceso afirme ser titular del derecho fundamental supuestamente vulnerado puede ejercitar la acción de tutela. El art. 177.1 de la LRJS (*Tol 2245714*) reconoce este derecho o interés legítimo a "cualquier trabajador o sindicato", por lo que se diferencia entre pretensiones individuales y pretensiones colectivas[164]. Es, por ello, por lo que resulta decisivo determinar si, en la concreta vulneración del derecho a la igualdad de trato y no discriminación por razón de sexo y/o género en materia retributiva se produce exclusivamente la vulneración de dicho derecho fundamental de titularidad individual o si, además, se identifica la vulneración del aspecto colectivo del derecho[165].

---

164 CHOCRÓN GIRÁLDEZ, A.M., "El proceso laboral de tutela de derechos fundamentales y libertades públicas en…", op. cit., p. 12.

165 LOUSADA AROCHENA, F.J., RON LATAS, R.P., BELLIDO ASPAS, M. y RODRÍGUEZ MARTÍN-RETORTILLO, R.A., *Sistema de Derecho Procesal Laboral*, op. cit., p. 361.

De ahí que cuando la lesión de un derecho afecte a un trabajador concreto, la legitimación activa corresponde al propio trabajador que invoque la protección de un derecho. En concreto, a los efectos que interesan, cualquier trabajadora que considere lesionado el derecho a la igualdad retributiva y no discriminación por razón de sexo y/o de género está legitimada para recabar su tutela a través de este procedimiento, para lo cual podrá dirigir pretensiones contra el empresario, en cuanto sujeto responsable de la obligación de pagar igual retribución por trabajo de igual valor, o cualquier otro sujeto que resulte responsable. Si bien en la materia objeto de estudio, como se ha dicho, al margen de la libertad de elección que tiene la víctima, lo cierto es que es el empresario el sujeto obligado a cumplir con la referida obligación y, por ende, el sujeto legitimado pasivamente.

En cuanto a las pretensiones colectivas, la legitimación activa corresponde al sindicato que invoque un derecho o interés legítimo. Así, cuando exista un interés colectivo prevalente, para demandar la tutela, además de la trabajadora titular del derecho vulnerado (esto es, el derecho a no ser discriminada en materia retributiva por razón de sexo y género), está legitimado el sindicato que invoque un derecho o interés legítimo, tal y como sucede en un supuesto de discriminación retributiva de carácter colectivo por razón de sexo y de género.

En tal supuesto, el sindicato con implantación suficiente en el ámbito del conflicto puede accionar en cualquier proceso en el que estén en juego intereses colectivos de los trabajadores, en concreto, a los efectos que interesan, las trabajadoras que pudieran estar sufriendo una posible discriminación retributiva por razón de sexo y/o de género. En tal caso, es necesario que exista un vínculo entre el sindicato demandante y el objeto del pleito de que se trate, tal y como exige el art. 17.2 de la LRJS (*Tol 2245714*). En especial, como se analiza más adelante, el sindicato podrá actuar también a través del proceso de conflictos colectivos, actuando en defensa del derecho a la igualdad de trato entre hombres y mujeres en materia retributiva[166].

---

166 Sobre esta cuestión pueden verse a CABEZA PEREIRO, J. y VIQUEIRA PÉREZ, C., *Igualdad y no discriminación laborales...*, op. cit. p. 208.

En el supuesto en que corresponda a la trabajadora la legitimación activa como parte principal (que es lo que sucede en muchos casos), podrán personarse como coadyuvante el sindicato al que ésta pertenezca, cualquier sindicato que ostente la condición de más representativo[167], así como, al tratarse de un supuesto de discriminación, las entidades públicas o privadas entre cuyos fines se encuentre la promoción y defensa de los intereses legítimos afectados, si bien no podrán personarse, recurrir ni continuar el proceso contra la voluntad de la trabajadora afectada.

Asimismo, el sindicato al que pertenezca la trabajadora puede intervenir en el proceso en sustitución de la misma, actuando como demandante en nombre e interés de la trabajadora y a los efectos de defender su concreto derecho a la no discriminación en materia retributiva por razón de sexo y de género, siempre que hubiese sido autorizado (art. 20 de la LRJS, *(Tol 2245714)*. En tal caso, al tratarse de una intervención en sustitución de la trabajadora afectada, recaen sobre la trabajadora los efectos de la actuación del sindicato.

Además, el Ministerio Fiscal siempre es parte en los procesos de tutela de los derechos fundamentales y libertades públicas en defensa de los mismos, debiendo velar por la integridad de la reparación de las víctimas; reparación que será analizada en detalle más adelante.

En segundo lugar, respecto de los procesos que, al invocarse la lesión de derechos fundamentales, se han de tramitar inexcusablemente con arreglo a la modalidad procesal que corresponda; y, en concreto, por la relevancia práctica en materia de igualdad retributiva por razón de sexo y de género, en el proceso de impugnación de un convenio colectivo por considerar que conculca la legalidad vigente, de forma específica, la garantía de igualdad retributiva entre mujeres y hombres, al identificar a los sujetos legitimados se diferen-

---

167 Se limita a estos sindicatos, quedando fuera de esta intervención como coadyuvantes en el proceso los representantes unitarios y cualquier otra representación creada para la defensa de los intereses de los trabajadores. Sobre esta limitación puede verse a ALBIOL ORTUÑO, M., "Modalidad procesal de la tutela de los derechos fundamentales", en VV.AA., *Derecho Procesal Laboral*, Tirant lo Blanch, 2015, p. 363, citado por GÓMEZ-MILLÁN HERENCIA, M.J., *Tutela procesal de la no discriminación laboral…*, op. cit., p. 177.

cia, por un lado, según se trate de impugnación de oficio, en cuyo caso la legitimación activa corresponde a la autoridad laboral (estatal o autonómica).

Y, por el otro, según sea impugnación de parte, en cuyo caso la legitimación corresponde, a tenor de lo dispuesto en el art. 165.1 a) de la LRJS (*Tol 2245714*), a los órganos de representación legal o sindical de los trabajadores, sindicatos y asociaciones empresariales interesadas, si bien éstas últimas no tiene sentido en el supuesto concreto de posible vulneración de la garantía de igualdad retributiva. Sin que se exija por la LRJS (*Tol 2245714*) que los sujetos legitimados no hayan suscrito el convenio que se impugna, por lo que, incluso cuando así haya sucedido, pueden impugnarlo[168].

Es cierto que las trabajadoras que se consideren víctimas de discriminación retributiva carecen de legitimación activa para proceder a la impugnación de un convenio colectivo, pero también lo es que, conforme a la doctrina del TC, en el caso de control abstracto de legalidad o validez de una determinada cláusula convencional, el art. 24 de la CE (*Tol 173304*) impone interpretar las normas procesales de manera que se permita que los trabajadores pueden solicitar la inaplicación de una cláusula convencional por resultar lesiva para sus derechos.

Por ello, a los efectos que interesan, las trabajadoras a título individual están legitimadas para ejercitar acciones indirectas frente a los actos empresariales de aplicación de un convenio colectivo, pudiendo reaccionar frente a concretas actuaciones de la empresa, admitiéndose así acciones indirectas[169].

---

168 Al respecto, puede verse la STS (Sala de lo Social), de 22 de mayo de 2001 *(Tol 4967201)* y STS de 20 septiembre de 2002 *(Tol 222823)*, citadas por la STSJ de Islas Canarias, Santa Cruz de Tenerife (Sala de lo Social), de 2 de noviembre de 2017 *(Tol 6548359)*. Asimismo, la STSJ de Cantabria (Sala de lo Social), 7 de octubre de 2021 *(Tol 8617606)*, que señala, siguiendo la doctrina jurisprudencial del TS (STS de 1 de abril de 2003), que no siendo un pacto extraestatutario al estar expresamente regulado en dicho convenio como parte de la estructura de la negociación colectiva, ostenta legitimación activa para impugnarlo por ilegalidad el sindicato, aunque haya sido suscrito por quienes fueron elegidos a través de dicho sindicato, sin que ello suponga ir contra los actos propios.

169 Por todas, STC 47/1988, de 21 de marzo *(Tol 6646249)* y STC 56/2000, de 28 de febrero *(Tol 2082)*. En esta última sentencia del TC se analiza la legitimación activa de un trabajador, incluido en el ámbito personal de un convenio colectivo,

En efecto, según señala la STC 56/2000, de 28 de febrero *(Tol 2082)*, en el caso de un control abstracto de legalidad o validez de un convenio colectivo caben tres vías: una, la impugnación de oficio atribuida a la autoridad laboral; dos, el proceso especial de conflictos colectivos; y tres, el proceso ordinario, si bien en estos casos la legitimación para impugnar el Convenio se reserva a sujetos de carácter colectivo[170]. En el caso de un trabajador individual, el derecho fundamental del art. 24.1 de la CE (*Tol 173304*) "impone interpretar las normas procesales de manera que, por el cauce del proceso ordinario, pueda solicitar no la nulidad del Convenio colectivo sino la inaplicación de una cláusula del mismo por ser lesiva para sus dere-

---

para impugnar individualmente una de sus cláusulas con la finalidad de obtener un pronunciamiento de nulidad e inaplicación a la relación laboral que vincula al trabajador con la empresa demandada. Sobre este asunto, puede verse la STSJ de Cataluña (Sala de lo Social), de 6 de abril de 2018 *(Tol 6656263)*, que resuelve una reclamación de tutela de derechos fundamentales ejercitada por cinco trabajadoras de la empresa en relación a la concreta incidencia que sobre su situación tiene la aplicación de las previsiones de la DT 2ª del IV Convenio Colectivo, en cuanto a la incidencia que la forma de cálculo del promedio de las retribuciones variables percibidas en situación de baja por maternidad, riesgo durante el embarazo o reducción de jornada por guarda legal, tiene sobre un determinado complemento ad personam.

170 Como señalaron en su día la STC 10/1996, de 29 de enero *(Tol 82945)* y la STC 12/1996, de 29 de enero *(Tol 82947)*, frente a pretensiones de nulidad de una determinada cláusula de convenio colectivo en lo que afectaba a los demandantes, formuladas por trabajadores incluidos en el ámbito personal del Convenio, el TC ha declarado que la falta de legitimación que se deriva de la legislación vigente era razonable «...en la medida en que existen sujetos colectivos que encarnan el interés común y que representan legalmente a los incluidos en el ámbito del Convenio, los representados por dichos sujetos pueden ver limitada su capacidad de impugnación de las normas pactadas», ya que «otra cosa pondría en duda no ya la norma legal que ahora enjuiciamos, sino la mera existencia de la negociación colectiva a que se refiere el art. 37.1 CE». Añadiendo que no era menos evidente que la privación de acceso a los Tribunales para impugnar normas pactadas «resulta, en el modo como legalmente se articula, proporcionada a los límites que el derecho a la negociación colectiva y el carácter vinculante de los Convenios justifica que se impongan a ese acceso impugnatorio. Basta para advertirlo con tener presente que el interés particular de los incluidos en el ámbito del Convenio puede verse protegido por otras vías procesales que no impliquen la impugnación directa de la norma pactada, como bien puede ser la que tenga por objeto, no dicha norma, sino actos concretos de aplicación de la misma».

chos e intereses legítimos". Así se hallan legitimados para ejercitar acciones indirectas frente a los actos empresariales de aplicación del convenio colectivo[171].

Asimismo, la legitimación activa también corresponde al Ministerio Fiscal, a la Administración General del Estado y a la Administración de las Comunidades Autónomas. Al impugnar las cláusulas que pudieran contener discriminaciones directas o indirectas por razón de sexo, a los efectos que interesan, en materia retributiva, también están legitimados el Instituto de las Mujeres y los organismos correspondientes de las Comunidades Autónomas. Por su parte, la legitimación pasiva corresponde a todas las representaciones integrantes de la comisión o mesa negociadora del convenio colectivo.

En esta modalidad procesal cuando se invoque la lesión del derecho de igualdad y no discriminación por razón de sexo y/o de género en materia retributiva, en virtud de la aplicación del art. 178.2 de la LRJS (*Tol 2245714*), también es parte el Ministerio Fiscal[172], además de resultar de aplicación, en cuanto a la pretensión de tutela de dicho derecho fundamental, las demás reglas y garantías previstas para la modalidad de tutela de los derechos fundamentales y libertades públicas, a las que se hace referencia más adelante.

En tercer lugar, respecto de aquellos procesos que no se incluyen entre los que inexcusablemente han de tramitarse conforme a los mismos si se invoca la lesión de un derecho fundamental, como se dijo, se encuentran la reclamación de categoría o grupo profesional (con clara incidencia en materia retributiva), el procedimiento de oficio y el proceso de conflictos colectivos, los cuales también pueden tener su origen en posibles situaciones discriminatorias por razón de sexo y de género en materia retributiva y, por ende, son modalidades procesales de tutela antidiscriminatoria.

---

171 Al respecto, pueden verse la STC 4/1987, de 23 de enero *(Tol 79712)*, la STC 47/1988, de 21 de marzo *(Tol 6646249)*, la STC 65/1988, de 13 de abril *(Tol 80176)*, la STC 124/1988, de 23 de junio (*Tol 79973)* y la STC 81/1990, de 4 de mayo (*Tol 80373)*.

172 De todas formas, al margen de esta previsión del art. 178.2 de la LRJS (*Tol 2245714)*, el Ministerio Fiscal siempre es parte en el proceso de impugnación de convenios colectivos, puesto que así lo disponen el art. 164.6 y el art. 165.4 de la LRJS (*Tol 2245714)*.

La legitimación en la modalidad de reclamación de categoría o grupo profesional corresponde a la propia trabajadora que se considere víctima de discriminación retributiva por razón de sexo y/o de género derivada de una incorrecta clasificación profesional.

Por su parte, en el procedimiento de oficio, en los dos supuestos antes referidos por tener relevancia en materia de discriminación retributiva por razón de sexo y de género, esto es, los que se regulan en las letras a) y c) del art. 148 de la LRJS (*Tol 2245714)*, ostenta legitimación activa la autoridad laboral, quien puede iniciar el proceso a partir de las certificaciones de las resoluciones firmes que dicha autoridad firme derivadas de actas de infracción de la Inspección de Trabajo y Seguridad Social en las que se aprecien perjuicios económicos para los trabajadores afectadas, así como, de forma específica, de las actas de infracción o comunicación de la Inspección de Trabajo y Seguridad Social sobre la constatación de una discriminación por razón de sexo, a los efectos que interesan, en materia retributiva.

Aunque inicialmente la facultad de iniciar el proceso venía atribuida a la Inspección de Trabajo y Seguridad Social, se extendió, como se ha dicho, a la autoridad laboral, central o autonómica, que desarrolle la correspondiente función de tramitación, conocimiento, inspección, instrucción o resolución de los procedimientos administrativos en los que tiene origen el procedimiento de oficio[173]. Esta modalidad procesal otorga a la autoridad laboral la facultad de formular demanda de oficio para que la jurisdicción social resuelva; de manera que la intervención del juez social tiene como objeto anticipar a la autoridad laboral una solución que sólo puede dar la judicial a una cuestión previa para la que es competente. Sólo así se resuelve con todas las garantías el procedimiento administrativo[174].

Y, por último, están legitimados para promover procesos sobre conflictos colectivos, en los que se cuestione si la aplicación e interpretación de una norma o práctica supone una posible discrimina-

---

173 ROMERO PRADAS, M.I., "Procedimiento de oficio", en VV.AA., *Derecho Procesal Laboral…*, op. cit, p. 635.

174 LOUSADA AROCHENA, F.J., RON LATAS, R.P., BELLIDO ASPAS, M. y RODRÍGUEZ MARTÍN-RETORTILLO, R.A., *Sistema de Derecho Procesal Laboral*, op. cit., p. 313.

ción retributiva por razón de sexo y/o de género, los sujetos que se relacionan en el art. 154 de la LRJS (*Tol 2245714*).

Entre éstos son de interés, por la materia objeto de estudio, los sindicatos cuyo ámbito de actuación se corresponda o sea más amplio que el del conflicto, esto es, se requiera que exista el conocido como principio de correspondencia[175], que se delimita por el ámbito sobre el que se extienden sus efectos la sentencia en función de lo solicitado por las partes, pero no por el ámbito de la norma objeto de interpretación[176]; los órganos de representación legal o sindical de los trabajadores, cuando se trate de conflictos de empresa o de ámbito inferior, rigiendo igualmente el principio de correspondencia en el sentido de coincidencia (igual o superior, pero no inferior) entre el ámbito de actuación del órgano que impugna y el de afectación del conflicto[177]; y los órganos de representación del personal laboral de las Administraciones públicas empleadoras incluidas en el ámbito del conflicto.

Asimismo, los sindicatos más representativos y los órganos de representación legal o sindical pueden personarse como partes en el proceso (se les denomina partes interesadas[178]), incluso cuando no lo hayan promovido, siempre que su ámbito de actuación se corresponda o sea más amplio que el del conflicto. Finalmente, este proceso puede también iniciarse de oficio, mediante comunicación de la

---

175 La norma sólo exige correspondencia entre el ámbito de actuación del sindicato y el del conflicto, pero la jurisprudencia (la constitucional y la ordinaria) entiende que no es posible a priori que los sindicatos lleven a cabo actividades en cualquier ámbito en defensa de un derecho, por lo que se les viene exigiendo una implantación suficiente en el ámbito del conflicto, entendida como un vínculo acreditativo de conexión entre la organización que acciona y la pretensión ejercitada. Así, se pronuncia la STS (Sala de lo Social), de 21 de octubre de 2014 (*Tol 4563578*). En esta línea, también puede verse la STS (Sala de lo Social), de 25 de febrero de 2015 (*Tol 4839081*). Al respecto, destacando esta jurisprudencia, puede verse a LOUSADA AROCHENA, F.J., RON LATAS, R.P., BELLIDO ASPAS, M. y RODRÍGUEZ MARTÍN-RETORTILLO, R.A., *Sistema de Derecho Procesal Laboral*, op. cit., p. 331 y a MARTÍN RODRÍGUEZ, M.O. y MEGINO FERNÁNDEZ, D. *Derecho Procesal Laboral*, op. cit, p. 261.

176 Véase la STS de 15 de febrero de 1999 (*Tol 209296*).

177 Véase la STS (Sala de lo Social), de 25 de octubre de 2018 (*Tol 6920337*).

178 COLMENERO GUERRA, J.A., "Proceso de conflictos colectivos", en VV.AA., *Derecho Procesal Laboral...*, op. cit, p. 674.

autoridad laboral, a instancia de los sujetos legitimados antes citados (art. 158 de la LRJS, *(Tol 2245714)*.

4.3. Requisitos de las demandas

Siguiendo el esquema expuesto en los dos apartados previos, se inicia el análisis de la demanda de las modalidades procesales de tutela antidiscriminatoria en materia retributiva con la demanda en el proceso de tutela de los derechos fundamentales y libertades públicas, la cual se ha de interponer dentro del plazo general de prescripción o caducidad de la acción previsto para las conductas o actos sobre los que se concrete la lesión del derecho fundamental de igualdad y no discriminación retributiva por razón de sexo y de género [art. 179.2 de la LRJS *(Tol 2245714)*]. Al respecto el art. 59.1 del ET *(Tol 5512468)* dispone que las acciones derivadas del contrato de trabajo que no tengan señalado plazo especial prescribirán al año de su terminación[179].

De manera que la imprescriptibilidad de los derechos fundamentales "no es óbice para que deba operar la prescripción de las acciones con las que se pretenda proteger la concreta y específica vulneración de tales derechos que se imputen a una determinada y singular actuación de la empresa (...) la naturaleza imprescriptible

---

179 Al respecto, puede verse la STSJ de Andalucía, Málaga (Sala de lo Social), de 14 de febrero de 2018 *(Tol 6550710)*, que considera que "resulta evidente que no había prescrito la acción de la actora para reclamar por la supuesta vulneración de su derecho a la igualdad y no discriminación por razón de sexo, dado que esa supuesta situación discriminatoria subsistía en el momento de terminación de la relación laboral y que, en todo caso, la acción se había ejercitado antes de que hubiese transcurrido el plazo de un año desde la terminación de la relación laboral". Por el contrario, opera la prescripción en un supuesto en el que la relación laboral en su día existente entre la empresa y las demandantes se extinguió el 6 de julio de 2017, y la demanda se interpuso el 14 de diciembre de 2019, razón por la que el dies a quo es la primera fecha, por lo que, ante la falta de previsión específica, el plazo de impugnación de los actos empresariales que vulneran derechos fundamentales es el general previsto en el art. 59.1 ET de un año, plazo que conforme a lo dispuesto en el art. 1969 CC se computará desde que pudo ejercitarse (STSJ de Extremadura, Sala de lo Social, de 28 de octubre de 2021, *(Tol 8262344)*.

de tales derechos no es incompatible con las previsiones legales que limitan temporalmente la vida de las acciones concretas que derivan de las lesiones infligidas a los mismos, en aras al principio de seguridad jurídica y para garantizar la protección de derechos ajenos (STC 7/1993)"[180].

En cualquier caso, dicha prescripción "en modo alguno puede extinguir el derecho fundamental de que se trate, que (...) podrá hacer valer en relación con cualquier otra lesión futura, sino que significará tan sólo que ha transcurrido el plazo dentro del cual el ordenamiento le permite reclamar jurisdiccionalmente ante una presunta y determinada violación"[181].

Sobre este tema ha de tenerse en cuenta la necesaria adecuación de la normativa nacional, en cuanto al plazo mínimo y al inicio del cómputo del mismo, que deriva de la Directiva (UE) 2023/970, del Parlamento europeo y del Consejo, de 10 de mayo, por la que se refuerza la aplicación del principio de igualdad de retribución entre hombres y mujeres por un mismo trabajo o un trabajo de igual valor a través de medidas de transparencia retributiva y de mecanismos para su cumplimiento (*Tol 9555489*).

La finalidad de la referida directiva, siguiendo la jurisprudencia del TJUE, es que las normas nacionales sobre los plazos de prescripción para la interposición de demandas en relación con presuntas infracciones de los derechos contemplados en la misma deben ser tales que no hagan excesivamente difícil el ejercicio de estos derechos. Y ello porque los plazos de prescripción crean obstáculos específicos a las víctimas de discriminación retributiva por razón de género, por lo que deben establecerse unas normas mínimas comunes[182].

---

180 En estos términos se pronuncian la STS (Sala de lo Social), de 1 de febrero de 2017 (*Tol 5985871*) y la STS (Sala de lo Social), de 7 de noviembre de 2018 (*Tol 6940578*).

181 STS (Sala de lo Social), de 20 de junio de 2000 (*Tol 4966061*) y STS de 13 de julio de 2015 (*Tol 5536879*).

182 Véase al respecto el considerando 53 de la Directiva (UE) 2023/970, del Parlamento europeo y del Consejo, de 10 de mayo, por la que se refuerza la aplicación del principio de igualdad de retribución entre hombres y mujeres por un mismo trabajo o un trabajo de igual valor a través de medidas de transparencia retributiva y de mecanismos para su cumplimiento (*Tol 9555489*).

En efecto, según dispone el art. 21.1 de dicha directiva, los Estados miembros velarán por que las normas nacionales aplicables a los plazos de prescripción para la interposición de reclamaciones relativas a la igualdad de retribución determinen cuándo empieza a correr el plazo, su duración y las circunstancias en las que puede suspenderse o interrumpirse.

Asimismo, se indica que los plazos de prescripción no serán inferiores a tres años y que no deben comenzar a correr antes de que la parte reclamante tenga conocimiento de una infracción, o quepa esperar razonablemente que lo tenga; expresión, ésta última, de difícil concreción, si bien puede responder, como se ha dicho en más de una ocasión, a las dificultades que la trabajadora puede tener sobre si pudiera estar sufriendo o no una posible discriminación retributiva por razón de sexo y/o de género, puesto que, como también se ha dicho, no siempre es fácil su detección. De ahí, se insiste una vez más, la utilidad y relevancia de los instrumentos de transparencia retributiva, tales como el registro retributivo y la auditoría retributiva, que ofrecen información de interés a los efectos de detectar posibles infracciones.

Además de los requisitos generales, la demanda ha de expresar con claridad los hechos constitutivos de la vulneración y el derecho o libertad infringidos. Esto es, a los efectos que interesan, la conducta del empresario, en cuanto sujeto obligado a pagar igual retribución por trabajo de igual valor, que se considere que lesiona el derecho a la igualdad y no discriminación por razón de sexo y/o de género en materia retributiva. Sobre estos hechos constitutivos de la vulneración del derecho de igualdad y no discriminación por razón de sexo y de género, en cuanto a su configuración como indicios razonables de que el acto empresarial lesiona tal derecho, a los efectos de producir la traslación de la carga de la prueba, se vuelve más adelante, cuando se analice la tramitación y el acto del juicio.

Ahora bien, conviene insistir, una vez más, en la complejidad que adquiere la determinación de cuándo las trabajadoras y trabajadores que realizan un mismo trabajo o un trabajo de igual valor se encuentran en una situación comparable. Y ello porque en muchas ocasiones no es fácil encontrar en la misma empresa a una persona trabajadora del otro sexo en situación comparable y que haya recibido una mayor retribución por el desempeño del mismo trabajo o de igual valor.

En cualquier caso, en la determinación y concreción de la situación comparable la comparación no se limita de forma necesaria a las situaciones de mujeres y hombres que trabajan para un mismo empleador o en el mismo establecimiento del mismo empresario[183]. Lo relevante es que la evaluación de la situación comparable "se ampliará a la fuente única que determine las condiciones de retribución", debiendo entenderse que se considerará que existe una fuente única "cuando aquella establezca los elementos retributivos pertinentes a efectos de comparación entre los trabajadores" (art. 19.1 de la Directiva (UE) 2023/970, del Parlamento europeo y del Consejo, de 10 de mayo (*Tol 9555489*).

De la misma forma que, tal y como precisa el apartado 2 del referido art. 19 de esta directiva, la evaluación de si los trabajadores se encuentran en una situación comparable "no se limitará a los trabajadores que estén empleados al mismo tiempo que el trabajador o la trabajadora de que se trate"[184].

En el caso de que no sea posible determinarse ningún referente de comparación real, se permite el uso de cualquier otra prueba para demostrar la presunta discriminación retributiva, incluidas las estadísticas (art. 19.3 de la Directiva (UE) 2023/970, del Parlamento europeo y del Consejo, de 10 de mayo, *(Tol 9555489)*. Por ello, la relevancia del valor de la prueba estadística a la que se hace referencia más adelante.

Asimismo, la demanda ha de expresar la cuantía de la indemnización pretendida, en su caso, con la adecuada especificación de los diversos daños y perjuicios. También debe establecer "las circunstancias relevantes para la determinación de la indemnización solicitada, incluyendo la gravedad, duración y consecuencias del daño, o

---

183 STJUE de 3 de junio de 2021, Asunto C-624/19 (*Tol 8450801*).

184 STJCE de 27 de marzo de 1980 (Asunto 129/79), el principio de la igualdad de retribución entre trabajadores y trabajadoras para un mismo trabajo "no se limita a las situaciones en las que hombres y mujeres efectúan simultáneamente un mismo trabajo para el mismo empleador"; sino que también "se aplica en caso de que se demuestre que un trabajador femenino, habida cuenta de la naturaleza de sus servicios, ha percibido una retribución inferior a la que percibía un trabajador masculino, empleado con anterioridad al período de empleo de la operaría femenina, y que efectuaba el mismo trabajo para su empleador".

las bases de cálculo de los perjuicios estimados para el trabajador"; ello, salvo en el caso de los daños morales unidos a la vulneración del derecho fundamental cuando resulte difícil su estimación detallada (art. 179.3 de la LRJS).

Las demandas que, en atención al limitado objeto de este proceso, no deban tramitarse por el mismo y que no sean susceptibles de subsanación serán rechazadas por el juez o tribunal, advirtiendo al demandante del derecho que le asiste a promover la acción por el cauce procesal que corresponda, pudiendo ser, según las circunstancias de cada caso, alguno de los otros procesos de tutela antidiscriminatoria que están siendo objeto de estudio. De todas formas, el juez o tribunal dará a la demanda la tramitación ordinaria o especial si para el procedimiento adecuado fuese competente y la demanda reuniese los requisitos exigidos por la ley para tal clase de procedimiento [art. 179.4 de la LRJS *(Tol 2245714)*].

Respecto del proceso de impugnación de convenios colectivos, la comunicación de oficio que sostenga la ilegalidad del convenio colectivo ha de contener los requisitos que se relacionan en el art. 164.1 de la LRJS (*Tol 2245714*), cuales son: concreción de la legislación y los extremos de ella que se consideren conculcados por el convenio (en general, sería el marco jurídico de la garantía de igualdad retributiva); una referencia sucinta a los fundamentos jurídicos de la ilegalidad (esto es, un razonamiento jurídico de por qué se considera que el convenio es ilegal, a los efectos que interesan, por incumplimiento de la obligación de pagar igual retribución por trabajo de igual valor, siendo el sexo y/o el género el motivo de la diferencia retributiva); y la relación de las representaciones integrantes de la comisión o mesa negociadora del convenio impugnado[185].

Por su parte, en el supuesto de impugnación de un convenio colectivo por los trámites del conflicto colectivo, la demanda contendrá, además de los requisitos generales, los particulares que se exigen para la comunicación de oficio, debiendo también acompañarse el convenio colectivo y sus copias [art. 165.3 de la LRJS *(Tol 2245714)*].

---

[185] El letrado de la Administración de Justicia advertirá a la autoridad remitente de los defectos u omisiones que pudiera contener la comunicación, a fin de que se subsanen en el plazo de diez días (art. 164.3 de la LRJS, *(Tol 2245714)*.

En la modalidad de clasificación profesional, como vía de tutela de la no discriminación retributiva por razón de sexo y de género si ésta derivara de una incorrecta clasificación profesional, según se dispone en el art. 137.1 de la LRJS (*Tol 2245714*), son dos las especialidades a destacar.

Por un lado, la demanda que inicie este proceso será acompañada de informe emitido por el comité de empresa o, en su caso, por los delegados de personal sobre las funciones superiores alegadas y la correspondencia de las mismas dentro del sistema de clasificación aplicable. Si no se hubiera emitido el informe en el plazo de quince días, a la trabajadora demandante le bastará con acreditar que lo ha solicitado.

Y, por el otro, como ya se dijo, en la resolución que admita la demanda, se recabará informe de la Inspección de Trabajo y Seguridad Social, el cual versará sobre los hechos invocados, en relación con el sistema de clasificación aplicable, y demás circunstancias concurrentes relativas a la actividad de la trabajadora demandante.

A la acción de reclamación de la categoría o grupo será acumulable la reclamación de las diferencias salariales correspondientes, las cuales, a los efectos que nos interesan, serían el resultado de la incorrecta clasificación profesional derivada de una posible discriminación por razón de sexo y/o de género.

Respecto del procedimiento de oficio, se ha de atender al art. 149 de la LRJS (*Tol 2245714*), el cual dispone que en la demanda de oficio se consignarán los requisitos generales para las demandas de los procesos ordinarios, además de unas exigencias adicionales[186]. En concreto, deben de expresarse las personas contra las que se dirige (en el supuesto de discriminación retributiva por razón de sexo y de género, el empresario) y la concreta condena que se pide frente a ellas según el contenido de la pretensión, así como los hechos que resulten imprescindibles para resolver las cuestiones planteadas

---

186 La mayoría de estas exigencias adicionales han sido calificadas como "innecesarias y redundantes". Así las califican LOUSADA AROCHENA, F.J., RON LATAS, R.P., BELLIDO ASPAS, M. y RODRÍGUEZ MARTÍN-RETORTILLO, R.A., *Sistema de Derecho Procesal Laboral*, op. cit., p. 314.

y, en concreto, aquéllos que se estiman constitutivos de discriminación retributiva por razón de sexo y de género o, en su caso, de otro incumplimiento laboral[187]. El objeto de este procedimiento es que el órgano judicial se pronuncie sobre el carácter discriminatorio de la conducta constatada en la actuación inspectora y sobre los perjuicios causados a las personas trabajadoras a resultas de tal actuación[188].

Y, por último, en el proceso de conflictos colectivos la demanda[189], además de los requisitos generales, ha de contener los datos que se detallan en el art. 157 de la LRJS (*Tol 2245714)*, cuales son: designación general de las trabajadoras y empresarios afectados por el conflicto[190]; la designación concreta del demandado o demandados, con expresión del empresario o asociación empresarial a quienes afecten las pretensiones ejercitadas, a los efectos que interesan, sobre la existencia de una posible discriminación retributiva por razón

---

187 El letrado de la Administración de Justicia examinará la demanda, al efecto de comprobar si reúne todos los requisitos exigidos, advirtiendo a la autoridad laboral, en su caso, los defectos u omisiones de que adolezca a fin de que sean subsanados en el término de diez días (y no cuatro días, que es el plazo previsto en el art. 81.1 de la LRJS, *(Tol 2245714)*. Realizada la subsanación, admitirá la demanda, pero, en otro caso, dará cuenta al tribunal para que por el mismo se resuelva sobre la admisión de la demanda (art. 150.1 de la LRJS, *(Tol 2245714)*.

188 Al respecto, se ha destacado cómo este procedimiento "no comprende la demanda de las diferencias salariales dejadas de percibir por aquellos, que sólo podrán ser reclamadas por el trabajador interesado a través de la correspondiente acción de reclamación de cantidad". Así se pronuncia GARCÍA LOMBARDÍA, S., "El papel de la Inspección de Trabajo y Seguridad Social ante la discriminación retributiva por razón de sexo…", op. cit. p. 948. Sin embargo, podría entenderse que las diferencias salariales podrían incluirse en "la concreta condena" que se pide frente a la persona contra la que se presenta la demanda de oficio "según el contenido de la pretensión". De manera que, como afirma dicha autora, la empresa condenada deberá abonar idéntica retribución a hombres y mujeres en los grupos o categorías objeto de controversia.

189 En el caso de que el proceso se inicie mediante comunicación de la autoridad laboral, dicha comunicación ha de contener los mismos requisitos exigidos para la demanda.

190 Además, tal y como añade el art. 157.a) de la LRJS (*Tol 2245714)* "..cuando se formulen pretensiones de condena que aunque referidas a un colectivo genérico, sean susceptibles de determinación individual ulterior sin necesidad de nuevo litigio, habrán de consignarse los datos, características y requisitos precisos para una posterior individualización de los afectados por el objeto del conflicto y el cumplimiento de la sentencia respecto de ellas".

de sexo y/o de género derivada de la aplicación e interpretación de una norma, convenio, pacto o práctica empresarial; como especialidad frente al proceso ordinario, una referencia sucinta a los fundamentos jurídicos de la pretensión formulada (esto es, una sucinta argumentación jurídica de por qué se considera que la interpretación o aplicación de la disposición normativa o práctica empresarial en cuestión lesiona la garantía de igualdad retributiva, produciendo una discriminación por razón de sexo y/o de género); y las pretensiones interpretativas, declarativas, de condena o de otra naturaleza, sin mayor precisión o concreción sobre ésta última pretensión[191], ejercitadas en atención al objeto del conflicto.

4.4. Tramitación y acto del juicio: la inversión de la carga de la prueba como rasgo común a las modalidades de tutela discriminatoria

Como se ha dicho, cuando la tutela del derecho a la igualdad y no discriminación por razón de sexo y de género en materia retributiva tenga que realizarse necesariamente a través de las modalidades procesales previstas en el art. 184 de la LRJS (siendo de interés, por la materia objeto de estudio y por su relevancia en la práctica, la impugnación de convenios colectivos por considerar que conculcan la garantía de igualdad retributiva), se aplicarán, en cuanto a la pretensión de tutela de dicho derecho fundamental, por indicación el art. 178.2 de la LRJS (*Tol 2245714*), las reglas y garantías previstas para el procedimiento de la tutela de los derechos fundamentales y libertades públicas. Lo que significa que la tramitación del proceso tendrá carácter urgente a todos los efectos, siendo preferente respecto de todos los que se sigan en el juzgado o tribunal.

Además de la tramitación urgente del proceso de impugnación de convenios colectivos cuando se invoque la lesión del derecho de igualdad y no discriminación por razón de sexo y de género en materia retributiva, el art. 166 de la LRJS (*Tol 2245714*) señala que, admitida a trámite la comunicación de oficio o la demanda, el letrado

---

191 Así lo ponen de manifiesto LOUSADA AROCHENA, F.J., RON LATAS, R.P., BELLIDO ASPAS, M. y RODRÍGUEZ MARTÍN-RETORTILLO, R.A., *Sistema de Derecho Procesal Laboral*, op. cit., p. 336.

de la Administración de Justicia señalará para juicio, con citación del Ministerio Fiscal y, en su caso, de las partes (representantes integrantes de la comisión o mesa negociadora del convenio y denunciantes), quienes alegarán la postura procesal que adopten, de conformidad u oposición, respecto de la pretensión interpuesta.

Sin embargo, a las otras modalidades procesales de tutela antidiscriminatoria en materia retributiva de relevancia en la práctica, en concreto, el procedimiento de oficio y el proceso de conflictos colectivos, no resultan de aplicación, por extensión, las reglas y garantías previstas para el procedimiento de tutela de los derechos fundamentales y libertades públicas. Estas otras modalidades procesales, como se analizó antes, no se incluyen en el art. 184 de la LRJS (*Tol 2245714)*, que obliga a seguir una concreta modalidad procesal, acumulando la pretensión de tutela del derecho fundamental con las propias de la modalidad procesal de que se trate. Por lo que se podrá canalizar la tutela de la no discriminación en materia retributiva por cualquiera de las vías procesales que resulten adecuadas en cada caso.

De todas formas, aunque no sea por la aplicación de las reglas y garantías del procedimiento de tutela de los derechos fundamentales y libertades públicas, el proceso de conflictos colectivos, según se dispone en el art. 159 de la LRJS (*Tol 2245714)*, tendrá también carácter urgente[192], siendo la preferencia en el despacho de estos asuntos absoluta sobre cualesquiera otros, salvo, precisamente, los de tutela de los derechos fundamentales y libertades públicas.

Respecto del procedimiento de oficio, es el art. 150.2 de la LRJS (*Tol 2245714)* el precepto que regula la tramitación del mismo, señalando algunas especialidades de interés a los efectos que interesan por la materia objeto de estudio, entre las que se destacan las siguientes:

1) el procedimiento se sigue de oficio, aun sin asistencia de las trabajadoras perjudicadas por una constatada discriminación retributi-

---

192 El carácter urgente se manifiesta, por ejemplo, en el carácter irrecurrible que tienen las resoluciones que durante la tramitación del procedimiento se dicten, salvo el eventual auto inicial de declaración de incompetencia. Al respecto, pueden verse a GOERLICH PESET, J.M., NORES TORRES, L.E. y ESTEVE-SEGARRA, A., *Curso de Derecho Procesal Laboral*, op. cit. p 285.

va por razón de sexo y/o de género, a las que se emplazará al efecto y, una vez comparecidas, serán parte del proceso. Este seguimiento de oficio, neutralizando el principio dispositivo que rige en el proceso laboral, "es uno de los rasgos más característicos de la tutela pública dominante de los intereses de los trabajadores"[193].

2) los pactos entre trabajadoras perjudicadas y empresarios posteriores al acta de infracción sólo tendrán eficacia en el supuesto de que hayan sido celebrados en presencia del inspector que levantó el acta o de la autoridad laboral, lo que no sino una forma de proteger el derecho de igualdad y no discriminación por razón de sexo y de género de las trabajadoras.

3) las afirmaciones de hechos que se contengan en la resolución o comunicación base del proceso harán fe salvo prueba en contrario, incumbiendo toda la carga de la prueba a la parte demandada. Se da, pues, presunción de certeza a los hechos que consten en el acta y a los acreditados por la presencia del inspector ("presunción de veracidad similar" a la que se da en las actas de los Inspectores de Trabajo[194], lo que, desde nuestro punto de vista, no es sino una manifestación o prolongación en sede judicial de la presunción de certeza de las actas de la Inspección).

Como se ha dicho con anterioridad, cuando en un proceso se suscite una cuestión de discriminación, a los efectos que interesan, en materia retributiva por razón de sexo y de género, el juez o tribunal "podrá recabar" el dictamen de los organismos públicos competentes (art. 95.3 LRJS, *(Tol 2245714)*. De forma específica, en casos de discriminación por razón de sexo, el art. 13.1 de la LOI (*Tol 1042650)* dispone que el órgano judicial recabará el informe, pero a instancia de parte, si lo estimase útil y procedente.

Al referirse a "organismos públicos competentes", sin mayor concreción ni limitación, por ejemplo, en el sentido de que sean organismos vinculados con la igualdad y no discriminación, se entiende

---

193 Son palabras de FERNÁNDEZ LÓPEZ, M.F., *Los procesos especiales en la Jurisdicción Social*, op. cit., pág. 113.

194 Este carácter similar es destacado por LOUSADA AROCHENA, F.J., RON LATAS, R.P., BELLIDO ASPAS, M. y RODRÍGUEZ MARTÍN-RETORTILLO, R.A., *Sistema de Derecho Procesal Laboral*, op. cit., p. 316.

que pueden aportar dictámenes organismos tales como la Inspección de Trabajo y Seguridad Social, la autoridad laboral o una Entidad Gestora de la Seguridad Social.

Sin embargo, el art. 30 de la Ley 15/2022, de 12 de julio, integral para la igualdad de trato y la no discriminación *(Tol 9113969),* dispone que el órgano judicial, de oficio o a instancia de parte [aunando, pues, las dos vías señaladas en la LRJS *(Tol 2245714)* y en la LOI *(Tol 1042650)*], podrá recabar el informe de los organismos competentes, concretando, ahora sí, en materia de igualdad.

Estos informes ofrecen asistencia pública de especial interés ante la complejidad que presenta la prueba de discriminación, contribuyendo de esta forma a la actividad probatoria, más allá de que la puedan desplegar las partes. Puesto que en muchas ocasiones resulta difícil el acceso y conocimiento de medios como, por ejemplo, la prueba estadística, a la que se hace referencia más detallada más adelante[195].

Como ha señalado la doctrina, son varias la funciones que pueden cumplir este tipo de informes, en el sentido de que, por un lado, pueden aportar hechos y cumplir el papel de prueba de informes, sirviendo como verificación de la existencia de un impacto adverso en la discriminación retributiva por razón de sexo y/o de género. Asimismo, por otro lado, pueden ofrecer experiencia en el sentido de cumplir la función de prueba pericial, de especial relevancia, por ejemplo, a los efectos de acreditar el igual valor de los trabajos sometidos a comparación y que, en consecuencia, exigen que sean igualmente retribuidos. Y, finalmente, ofrecen también asesoramiento institucional[196].

---

195 Véase al respecto a GARCÍA LOMBARDÍA, S., "El papel de la Inspección de Trabajo y Seguridad Social ante la discriminación retributiva por razón de sexo…", op. cit. p. 953. En este estudio se ofrece un análisis comparativo del tratamiento judicial que se dio en varios supuestos, los cuales se exponen como ejemplo de la importancia que adquiere el acceso de las partes a la prueba, en el sentido de que el éxito o el fracaso del procedimiento puede no derivar tanto de la existencia o inexistencia de discriminación, sino de la prueba de que dispongan los demandantes (en un caso, la Administración Laboral y, en el otro, trabajadoras afectadas).

196 Sobre la relevancia de los informes de los organismos especializados y sus funciones variadas pueden verse a CABEZA PEREIRO, J. y VIQUEIRA PÉREZ, C.,

Avanzando en la actividad probatoria, sea cual sea la modalidad procesal de tutela antidiscriminatoria, resulta de aplicación la regla de inversión de la carga de la prueba. En efecto, según dispone el art. 13.1 de la LOI (*Tol 1042650*), "de acuerdo con las Leyes procesales, en aquellos procedimientos en los que las alegaciones de la parte actora se fundamenten en actuaciones discriminatorias, por razón de sexo, corresponderá a la persona demandada probar la ausencia de discriminación en las medidas adoptadas y su proporcionalidad". Es una regla que se implementa en el marco de los distintos órdenes jurisdiccionales, renunciando a su propia autonomía normativa, en el sentido de que se ha optado por la inmersión en cada una de las leyes procesales[197].

Asimismo, el art. 30.1 de la Ley 15/2022, de 12 de julio, integral para la igualdad de trato y la no discriminación (*Tol 9113969*), señala que cuando la parte actora alegue discriminación y aporte indicios fundados sobre su existencia, corresponderá a la parte demandada o a quien se impute la situación discriminatoria la aportación de una justificación objetiva y razonable, suficientemente probada, de las medidas adoptadas y de su proporcionalidad. Lo que se ha de hacer de acuerdo a lo previsto en las leyes procesales.

Así se dispone también, pero con carácter general por otros motivos discriminatorios, en el art. 96.1 de la LRJS (*Tol 2245714*) según el cual en aquellos procesos (sin establecer ninguna restricción en cuanto a la modalidad procesal a la que resulte de aplicación esta pauta sobre la carga de la prueba) en que de las alegaciones de la parte actora se deduzca la existencia de indicios fundados de discriminación por razón de sexo (además de otras causas que se enume-

---

Igualdad y no discriminación laborales..., op. cit. p. 215 y a LOUSADA AROCHENA, J.F., *La prueba de la discriminación y la lesión de los derechos fundamentales*, Bomarzo, 2021, p. 124.

197 En estos términos se pronuncia FERNÁNDEZ LÓPEZ, M.F., *La tutela laboral frente a la discriminación por razón de género*, op, cit, p. 157. Se hace remisión a esta obra para conocer la incidencia de este precepto en el proceso laboral, apostando por una interpretación integradora en lo referente a la flexibilización de los medios de prueba que pone a disposición de la víctima de la discriminación. El art. 13 de la LOI es transversal, en el sentido de que se aplica a todos los procesos en que se ejerciten pretensiones sobre discriminación por razón de sexo.

ran en dicho precepto, sin mención, como en otras tantas materias, al género), "corresponderá al demandado la aportación de una justificación objetiva y razonable, suficientemente probada, de las medidas adoptadas y de su proporcionalidad".

Asimismo, esta regla sobre la carga de la prueba se concreta, de forma específica para la modalidad de tutela de los derechos fundamentales y libertades públicas (y, por ende, para las otras modalidades a las que se les aplican también estas reglas y garantías), en lo dispuesto en el art. 181.2 de la LRJS (*Tol 2245714*), según el cual, "en el acto del juicio, una vez justificada la concurrencia de indicios de que se ha producido violación del derecho fundamental o libertad pública, corresponderá al demandado la aportación de una justificación objetiva y razonable, suficientemente probada, de las medidas adoptadas y de su proporcionalidad".

De manera que, una vez justificada la concurrencia de indicios de discriminación por razón de sexo y/o de género en materia retributiva, corresponde al empresario probar que no se ha producido discriminación en las medidas adoptadas[198].

Se ha de tener presente, pues, esta regla procesal y, asimismo, se ha de atender a la doctrina del TC, asumida por el TS, en relación con el derecho a la igualdad en materia retributiva, en virtud de la cual la eficacia de la autonomía de la voluntad deja un margen en el que el acuerdo privado o la decisión unilateral del empresario, en ejercicio de sus poderes de organización de la empresa, puede disponer libremente de la retribución del trabajador, pero respetando los mínimos legales y convencionales, sin que la diferencia salarial pueda tener un significado discriminatorio por incidir en alguna de las causas prohibidas por la CE (*Tol 173304*) o el ET (*Tol 5512468*)[199].

---

198 En esta línea, la Directiva (UE) 2023/970, del Parlamento europeo y del Consejo, de 10 de mayo, por la que se refuerza la aplicación del principio de igualdad de retribución entre hombres y mujeres por un mismo trabajo o un trabajo de igual valor a través de medidas de transparencia retributiva y de mecanismos para su cumplimiento (*Tol 9555489*), dispone, en su art. 18.1, que corresponde a la parte reclamada "demostrar que no se ha producido tal discriminación directa o indirecta en relación con la retribución".

199 STC 31/1984 de 7 de marzo (*Tol 79321*), STC 34/1984, de 9 de marzo (*Tol 79324*), STC 2/1998, de 12 de enero (*Tol 80862*), STC 74/1998, de 31 de marzo

En concreto, como señala el TC, "ni la autonomía colectiva puede, a través del producto normativo que de ella resulta, establecer un régimen diferenciado en las condiciones de trabajo sin justificación objetiva y sin la proporcionalidad que la medida diferenciadora debe poseer para resultar conforme al art. 14 CE, ni en ese juicio pueden marginarse las circunstancias concurrentes a las que hayan atendido los negociadores, siempre que resulten constitucionalmente admisibles"[200].

En esta línea, el TS ha proclamado que la ordenación del sistema de fuentes laboral parte del reconocimiento de este papel de la autonomía de la voluntad, pues lo que impone el art. 3 del ET (*Tol 5512468)* es "una articulación de las distintas regulaciones —normativas y contractuales— a partir del principio de norma mínima, de forma que el contrato de trabajo podrá siempre, salvo supuestos excepcionales de reglas de derecho necesario absoluto, mejorar los condiciones mínimas establecidas por la ley y el convenio colectivo, sin someterse a una exigencia absoluta de trato igual, que establecería una extraordinaria rigidez en la contratación y un control exorbitante de la discrecionalidad de la gestión empresarial privada; control que sería además muy difícil de instrumentar en la práctica"[201].

(Tol 80931), STC 119/2002, de 20 de mayo *(Tol 258651),* STC 39/2003, de 27 de febrero *(Tol 242653),* STC 62/2008, de 26 de mayo *(Tol 1322455),* STC 36/2011, de 28 de marzo (*Tol 2084765),* STC 119/2002, de 20 de mayo (*Tol 258651),* STC 39/2003, de 27 de febrero (*Tol 242653)* y STC 131/2024, de 23 de octubre. También, por todas, la STS (Sala de lo Social), de 12 de abril de 2011 *(Tol 2133501)* y la STS (Sala de lo Social), de 14 de mayo de 2014 *(Tol 4330640).* En este sentido, puede verse la STSJ de País Vasco (Sala de lo Social), de 26 de enero de 2021 (*Tol 8413421),* según la cual "el hecho de que el convenio colectivo deje a la potestad de la empresa bajo los principios de dirección y organización la valoración de los puestos para promocionar o no a los trabajadores que pertenecen a los puestos de estructura no significa que esa facultad de dirección no tenga límites y pueda considerarse arbitraria o infundada ni que esté libre del control judicial, y desde luego no le exime del cumplimiento del principio de igualdad retributiva que consagra el artículo 28 ET".

200 STC 119/2002, de 20 de mayo *(Tol 258651).*

201 Al respecto, pueden verse, entre otras, la STS (Sala de lo Social), de 23 de septiembre de 2003 (*Tol 328106),* STS (Sala de lo Social), de 9 de marzo de 2005 (*Tol 623127)* y STS (Sala de lo Social), de 19 de marzo de 2001 (*Tol 32111).*

Es más, según doctrina del TC, igualmente asumida por el TS, cuando el empleador o empresario es la Administración Pública (no en el ámbito de las relaciones entre particulares), sus relaciones jurídicas no se rigen por el principio de autonomía de la voluntad, sino que debe actuar con sometimiento pleno a la ley y al Derecho, tal y como dispone el art. 103.1 de la CE (*Tol 173304*). De manear que, como poder público que es, está sujeta al principio de igualdad ante la ley que, como se ha dicho, constitucionalmente concede a las personas el derecho subjetivo de alcanzar de los poderes públicos un trato idéntico para supuestos iguales[202].

A partir de la regla procesal antes referida y de la citada doctrina del TC y del TS, procede conocer, sobre todo desde una perspectiva práctica, qué se consideran indicios de discriminación por razón de sexo y/o de género en materia retributiva, así como qué puede constituir una justificación objetiva, razonable y proporcionada de la diferencia retributiva; no sin antes hacer una breve mención a la doctrina constitucional sobre la inversión de la carga de la prueba.

4.4.1. Alegación de la parte actora: la justificación de indicios de discriminación

Conocida es la doctrina del TC en virtud de la cual, para que juegue la regla de la inversión de la carga de la prueba, la parte actora, con frecuencia, la trabajadora que se considera víctima de una discriminación por razón de sexo y/o de género en materia retributiva, ha de aportar unos indicios razonables de que el acto empresarial lesiona su derecho fundamental, sin que sea suficiente para la parte actora la mera alegación de la vulneración constitucional.

La justificación de la regla de inversión de la carga de la prueba se encuentra en la necesidad de garantizar que, en general, los derechos de los trabajadores no sean desconocidos por el empresario bajo la cobertura del ejercicio por parte de éste de los derechos y

---

202 STC 31/1984 de 7 de marzo *(Tol 79321)*, STC 34/2004, de 8 de marzo (*Tol 359888)*, STC 131/2024, de 23 de octubre de 2024 y STS (Sala de lo Social), de 14 de febrero de 2013 *(Tol 3752768)*.

facultades reconocidos por las normas laborales para organizar la prestación de trabajo, lo que requiere considerar "la especial dificultad que en no pocas ocasiones ofrece la operación de desvelar en los procedimientos judiciales correspondientes la lesión constitucional, encubierta tras la legalidad solo aparente del acto empresarial". Por lo que "la prevalencia de los derechos fundamentales del trabajador y las especialidades dificultades probatorias de su vulneración en aquellos casos, constituyen las premisas bajo las que la jurisprudencia constitucional ha venido aplicando la específica distribución de la carga de la prueba en las relaciones de trabajo"[203].

En este sentido, la prueba indiciaria tiene como finalidad evitar que la imposibilidad de revelar los verdaderos motivos del acto empresarial impida declarar que éste resulte lesivo del derecho fundamental[204]. En torno a esta finalidad se articula uno de los elementos de la prueba indiciaria, el cual requiere la necesidad de que el trabajador aporte un indicio razonable de que el acto del empresario lesiona su derecho fundamental, sin que baste sólo con la alegación de la vulneración constitucional puesto que debe permitir deducir que dicha vulneración se ha producido[205]. De manera que la persona demandante que invoca la regla de inversión de la carga de la prueba debe desarrollar una actividad alegatoria suficiente, precisa y concreta en torno a los indicios de la existencia de discriminación[206]. Así, sin bastarle al trabajador la mera alegación, su actividad probatoria "debe, en principio, ser de alguna manera proporcional a la carga

203 Por todas, STC 138/2006, de 8 de mayo *(Tol 922660)*.

204 La Directiva (UE) 2023/970, del Parlamento europeo y del Consejo, de 10 de mayo, por la que se refuerza la aplicación del principio de igualdad de retribución entre hombres y mujeres por un mismo trabajo o un trabajo de igual valor a través de medidas de transparencia retributiva y de mecanismos para su cumplimiento (*Tol 9555489*), en su art. 18.3, dispone que incluso es posible que los Estados miembros puedan introducir normas sobre la carga de la prueba más favorables para un trabajador que inicie un procedimiento judicial respecto a una supuesta infracción de los derechos u obligaciones relativos a la igualdad retributiva.

205 Entre otras, STC 38/1981, de 23 de noviembre *(Tol 110840)*, STC 38/1986, de 21 de marzo *(Tol 79585)* y STC 85/1995, de 6 de junio *(Tol 82824)*.

206 STC 90/1997, de 6 de mayo *(Tol 83233)* y STC 29/2002, de 11 de febrero *(Tol 258571)*, entre otras.

que va a recaer sobre el empresario"[207], en los términos que se analizan más adelante.

Así, algunos de los indicios de discriminación por razón de sexo y/o de género en materia retributiva, unos más generales y otros más concretos, pero todos ellos extraídos de la práctica judicial, son los que se indican a continuación:

- Con carácter general, de especial interés por la materia objeto de estudio, destaca la estadística, que puede constituir una fuente decisiva de indicios de discriminación indirecta. Y es que en el caso concreto en que se denuncie una discriminación indirecta por razón de sexo, tal y como ocurre con mucha frecuencia en materia retributiva, según doctrina constitucional y del TJUE, "no se exige aportar como término de comparación la existencia de un trato más beneficioso atribuido única y exclusivamente a los varones, sino que exista una norma o una interpretación o aplicación de la misma que produzca efectos desfavorables para un grupo formado mayoritariamente, aunque no necesariamente de forma exclusiva, por mujeres"[208].

  En efecto, tal y como señala la STS (Sala de lo Social), de 29 de enero de 2020 *(Tol 7765717)*, "sabido es que la doctrina del TJUE ha consagrado el criterio de que la discriminación indi-

---

207 FERNÁNDEZ LÓPEZ, M.F., *La tutela laboral frente a la discriminación por razón de género*, op, cit, pp. 139 y 142. Según señala esta autora, invertir la carga de la prueba es un efecto muy gravoso para la posición jurídica del demandado, por lo que el demandante "debe realizar también un esfuerzo probatorio propio, y no limitarse a hacer alegaciones, subiendo progresivamente el listón del esfuerzo que ha de soportar el demandante". Se hace remisión a esta obra para conocer la evolución de la doctrina sobre la prueba de la discriminación en los Tribunales de Justicia.

208 STC 253/2004, de 22 de diciembre *(Tol 526410)*, STC 91/2019, de 3 de julio *(Tol 7419670)*, STC 155/2021, de 13 de septiembre *(Tol 8605855)* y STS (Sala de lo Social), de 18 de enero de 2024 (*Tol 9852143)*. También la STJCE de 9 de febrero de 1999 (en el asunto C-167/97, *(Tol 105119*). Corresponde "al órgano jurisdiccional nacional apreciar si puede tomar en consideración los mencionados datos estadísticos, es decir, si se refieren a un número suficiente de individuos, si no constituyen la expresión de fenómenos meramente fortuitos o coyunturales y si, de manera general, resultan significativos" [(STJUE de 28 de febrero de 2013, asunto C-427/11 (*Tol 3061433)*].

recta pueda ser demostrado por cualquier medio, incluidos los datos estadísticos, siempre que éstos no se refieran a fenómenos meramente fortuitos o coyunturales y, además, de manera general, resulten significativos (STJUE de 9 de febrero de 1999, Seymour-Smith y Pérez, C-167/97; y, más recientemente, STJUE de 8 mayo 2019, Villar Laíz, C-161/18; y 3 octubre 2019, Schuch-Ghannadan, C-274/18; y ATJUE de 15 octubre 2019, AEAT C-439/18 y C-472/18; entre otras). Tal criterio es perfectamente coincidente con el que sostiene el Tribunal Constitucional que ha indicado que para abordar el análisis de la discriminación indirecta hay que ir "necesariamente a los datos revelados por la estadística" (STC 128/1987, 253/2004 y 91/2019)".

Teniendo en cuenta lo expuesto, el órgano judicial ha de valorar si los datos estadísticos aportados se consideran o no fiables, para lo que es esencial, por un lado, atender a la correcta selección del ámbito de comparación, que ha de ser donde se manifiesta o proyecta la práctica, norma o regla de la empresa que, a los efectos que interesan, pudiera ser constitutiva de discriminación en materia retributiva por razón de sexo y/o de género (STJUE de 8 mayo 2019, C-161/18, *(Tol 7205698)*[209]. Y, por el otro, atender a la correcta selección del método de comparación, debiendo confrontar el porcentaje de trabajadores de uno y otro sexo a los que afecte la norma o práctica empresarial y el porcentaje de trabajadores de uno y otro grupo a los que tal norma o práctica no les afecta [STJUE de 21 de enero de 2021, C-843/19 (*Tol 8267204*)][210].

En concreto, en relación con la discriminación retributiva, como se ha dicho en variadas ocasiones, el registro salarial y la auditoría retributiva son instrumentos de fácil acceso y que ofrecen datos relevantes, necesarios y de interés a estos efectos.

- Igualmente, con carácter general, se considera indicio razonable la existencia de categorías predominantemente ocupadas

---

209 También STJUE de 30 de junio de 2022 (*Tol 9100585*).

210 CABEZA PEREIRO, J. y VIQUEIRA PÉREZ, C., *Igualdad y no discriminación laborales...*, op. cit. p. 213.

por trabajadores de uno u otro sexo, desigualmente retribuidas, en el caso de que no exista transparencia en la determinación de los criterios retributivos. En tal caso, en virtud de la regla de inversión de la carga de la prueba, corresponde al empleador la carga de poner de manifiesto los citados criterios, para excluir cualquier sospecha de que el sexo y/o el género haya podido ser el factor determinante de dicha diferencia[211].

- También, con carácter general, se extrae de la jurisprudencia que la falta total de transparencia retributiva activa la regla de inversión de la carga de la prueba, recayendo sobre el empresario la carga de la prueba de que su política de salario no es discriminatoria. Si bien es cierto que, además de la falta de transparencia, se requiere la demostración de que las trabajadoras reciben una retribución media inferior a la de los trabajadores[212].

  Asimismo, de la jurisprudencia se desprende también que, en relación con la forma de comprobar el respeto del principio de igualdad de retribución, con ocasión de una comparación de la misma en relación con los trabajadores interesados, una verdadera transparencia, que permita un control eficaz, sólo se garantiza si el referido principio se aplica a cada uno de los elementos que conforman la retribución que perciben, respectivamente, los trabajadores y las trabajadoras, con excepción

---

211 STC 58/1994, de 28 de febrero *(Tol 82466)*. Sobre las dificultades e incluso imposibilidad de aportar siquiera la prueba indiciaria en los supuestos de promoción profesional, sobre todo cuando no existen criterios objetivos de promoción y ascenso, puede verse a FABREGAT MONFORT, G., Criterios y sistemas de promoción profesional y ascensos y no discriminación por razón de género", op. cit. p. 17.

212 STJCE de 17 de octubre de 1989, asunto 109/88 *(Tol 218026)*, según la cual "… en una situación en la que se discute un mecanismo de incrementos individuales de salarios, caracterizado por una falta total de transparencia, los trabajadores femeninos no pueden establecer diferencias más que entre retribuciones medias. Estarían privados de todo medio eficaz de hacer respetar el principio de igualdad de retribución ante el órgano jurisdiccional nacional, si el hecho de aportar esta prueba no tuviera por efecto trasladar al empresario la carga de la prueba de que su política de salarios no es discriminatoria en realidad". Véase también la STJCE de 26 de junio de 2001, asunto C-381/99 (*Tol 105890)*.

de una apreciación global de las gratificaciones concedidas a los interesados[213].

Al respecto, adquiere relevancia lo dispuesto en el art. 18.2 de la Directiva (UE) 2023/970, del Parlamento europeo y del Consejo, de 10 de mayo, por la que se refuerza la aplicación del principio de igualdad de retribución entre hombres y mujeres por un mismo trabajo o un trabajo de igual valor a través de medidas de transparencia retributiva y de mecanismos para su cumplimiento (*Tol 9555489*). Según señala dicho precepto, los Estados miembros se asegurarán de que, cuando el empleador no haya cumplido las obligaciones de transparencia retributiva, corresponda al empleador, en todo procedimiento judicial en relación con una presunta discriminación directa o indirecta en relación con la retribución, demostrar que no se ha producido tal discriminación.

De esta forma, cuando el empleador no haya cumplido las obligaciones de transparencia retributiva como, por ejemplo, no haya aportado la información solicitada por los trabajadores o no presente información sobre la brecha retributiva por razón de género, cuando sea pertinente, la carga de la prueba se traslada a la parte demandada.

Lo que va en la línea de la jurisprudencia antes mencionada en el sentido de que la falta de transparencia (y, de forma concreta y objetiva, el incumplimiento de las obligaciones de transparencia retributiva) actúa como indicio de discriminación, que activa la regla de la inversión de la carga de la prueba.

- De forma específica, se ha considerado indicio de discriminación indirecta la composición desagregada por sexos de las categorías profesionales afectadas, produciendo un impacto desproporcionado de género, lo que ha quedado constatado en la documentación aportada por parte de la empresa[214]. Así

---

213 STJCE de 17 de mayo de 1990, asunto C-262/88, citada por la STJCE de 26 de junio de 2001, asunto C-381/99 (*Tol 105890*).

214 Al respecto, puede verse la STSJ de las Islas Canarias, Las Palmas (Sala de lo Social), de 27 de julio de 2021 (*Tol 8540592*); sentencia comentada por CAVAS

como la existencia de un colectivo, integrado mayoritariamente por mujeres, que cobra un salario sensiblemente inferior que el de otros colectivos, integrados total o mayoritariamente por hombres[215]. Siendo preferible que, además del desglose por sexo, se incluyan también las cuantías sobre las que surge la controversia jurídica[216].

- También se ha considerado indicio de discriminación salarial el hecho de que unos limpiadores-hombres perciban un plus de peligrosidad que, sin embargo, no reciben las limpiadoras-mujeres pese a que el trabajo era de igual valor[217]. Igualmente, el que una trabajadora, responsable de departamento, percibiera durante unos años unas retribuciones inferiores a las de otros responsables de departamento de sexo masculino también ha sido considerado indicio de discriminación retributiva[218].
- La conexión temporal entre la maternidad y las medidas adoptadas por el empresario (cambio de puesto de trabajo relacionado con la maternidad, que afecta a la promoción y, con ello, a la retribución de la trabajadora); la desconsideración del esfuerzo realizado por la trabajadora, reconocido por sus jefes en distintas evaluaciones[219]; las contradicciones en que incurrieron los jefes; y la inmediatez con que la decisión de movilidad fue tomada con respecto al momento en que la tra-

---

MARTÍNEZ, F., "Retribución inferior de trabajos de igual valor constitutiva de discriminación salarial indirecta por razón de sexo…", op. cit.

215 Pueden verse la STSJ de las Islas Canarias, Santa Cruz de Tenerife (Sala de lo Social), de 2 de noviembre de 2017 *(Tol 6548359)* y la STSJ de País Vasco (Sala de los Social), de 30 de abril de 2019 (*Tol 7436450).*

216 A modo de ejemplo, puede verse el cuadro que se aporta en la STSJ de las Islas Canarias, Santo Cruz de Tenerife (Sala de lo Social), de 2 de noviembre de 2017 *(Tol 6548359).*

217 Juzgado de lo Social de Badajoz, de 30 de marzo de 2020 (*Tol 8502299).*

218 STSJ de Andalucía, Málaga (Sala de lo Social), de 14 de febrero de 2018 *(Tol 6550710).*

219 Se trata, con carácter general de un concreto indicio cual es la buena trayectoria profesional de la persona trabajadora. Al respecto, pueden verse a LOUSADA AROCHENA, F.J., RON LATAS, R.P., BELLIDO ASPAS, M. y RODRÍGUEZ MARTÍN-RETORTILLO, R.A., *Sistema de Derecho Procesal Laboral*, op. cit., p. 199.

bajadora denunció la situación por discriminatoria[220]. Todo ello permite entender que no sólo se ha ofrecido un panorama indiciario, sino que se ha acreditado plenamente una conexión causal entre los hechos producidos y denunciados y la maternidad, en cuanto hecho que los fundamentó[221].

- Se ha considerado indicio de discriminación por razón de sexo la entrada de una trabajadora en un puesto de trabajo (Dirección de Recursos Humanos) que iba a dejarse vacante por jubilación del trabajador que lo ocupaba, siendo remunerada con una cantidad inferior a la de aquél[222].
- Sin embargo, la acreditación, por parte la trabajadora (actora), de que se le redujo la jornada, que se concretó su horario y que no se le abonó el plus de jornada irregular que recibía con anterioridad a la reducción son circunstancias que, a juicio de la Sala, no son suficientes para presumir que por ser mujer ha recibido un trato diferente que el que se ha dado al resto de los trabajadores de la empresa, o con relación a otro colectivo en el que los hombres sean mayoritarios[223].

4.4.2. Aportación del demandado: justificación objetiva, razonable y proporcionada

Una vez cumplido el requisito de la aportación indiciaria de que se ha producido la violación del derecho fundamental, recae sobre la parte demandada (a los efectos que interesan, el empresario, en cuanto sujeto obligado a pagar igual retribución por trabajo de igual valor) la carga de probar que su actuación tiene causas reales abso-

---

220 La conexión temporal es un indicio decisivo, muy usado, que se basa en la correlación temporal (en términos de simultaneidad o cercanía temporal) entre el ejercicio del derecho fundamental o conocimiento empresarial del factor protegido y la actuación lesiva de ese derecho. Al respecto, pueden verse a LOUSADA AROCHENA, F.J., RON LATAS, R.P., BELLIDO ASPAS, M. y RODRÍGUEZ MARTÍN-RETORTILLO, R.A., *Sistema de Derecho Procesal Laboral*, op. cit., p. 198.

221 Así se pronuncia la STC 182/2005, de 4 de julio (*Tol 673545*).

222 STSJ de Aragón (Sala de lo Social), de 17 de noviembre de 2010 (*Tol 2038007*).

223 STSJ de Cataluña (Sala de lo Social), de 26 de octubre de 2021 (*Tol 8708041*).

lutamente extrañas a la pretendida vulneración del derecho fundamental, así como que tales causas tienen entidad suficiente como para adoptar la decisión. Sólo así se destruye la apariencia lesiva creada por los indicios.

Es, pues, una auténtica carga probatoria y no un mero intento de negar la vulneración de derechos fundamentales, que lleve a la convicción del juzgador que existen causas que han motivado la decisión del empresario, de forma que ésta se hubiera producido en cualquier caso y al margen de todo propósito vulnerador de derechos fundamentales.

Se trata, en definitiva, de que el empleador acredite que existen causas que explican objetiva, razonable y proporcionadamente por sí mismas su decisión, eliminando toda sospecha de que aquélla ocultó la lesión de un derecho fundamental[224]. Si no logra hacerlo, los indicios aportados por el demandante despliegan toda su operatividad para declarar la lesión del derecho fundamental de que se trate[225].

Es más, cuando se invoque una diferencia basada en las circunstancias que el art. 14 de la CE *(Tol 173304)* considera discriminatorias, como es el sexo (y, aunque no de forma expresa, el género), y dicha invocación se realice por una persona perteneciente al colectivo tradicionalmente castigado por esa discriminación, como es la mujer trabajadora, el órgano judicial no se puede limitar a valorar "si la diferencia de trato denunciada tiene, en abstracto, una justificación objetiva y razonable, como si se tratara de un problema relativo a la cláusula general de igualdad, sino que debe entrar a analizar, en concreto, si lo que aparece como una diferenciación formalmente razonable no encubre o permite encubrir una discriminación contraria al art. 14 CE"[226].

---

224 Véanse, entre otras, la STC 38/1981, de 23 de noviembre *(Tol 110840)* y la STC 136/1996, de 23 de julio *(Tol 83068)*.

225 Por todas, STC 197/1990, de 29 de noviembre *(Tol 80411)*, STC 136/1996, de 23 de julio *(Tol 83068)*, STC 104/2014, de 23 de junio *(Tol 4445553)* y STC 183/2015, de 10 de septiembre *(Tol 5520106)*.

226 Al respecto, pueden verse la STC 145/1991, de 1 de julio (*Tol 80559*), la STC 286/1994, de 27 de octubre (*Tol 82691*) y la STC 182/2005, de 4 de julio (*Tol 673545*).

En estos casos, al empresario incumbe la carga de probar que su práctica salarial no perjudica sistemáticamente a la categoría salarialmente infravalorada, poniendo de manifiesto los criterios que determinan una mayor retribución al sector privilegiado; lo que exige, a la postre, hacer que su sistema retributivo sea transparente[227]. De ahí la relevancia que, a estos efectos, adquieren los instrumentos de transparencia retributivas, sobre todo el registro retributivo y la auditoría retributiva. No sólo para justificar la medida o actuación empresarial, sino incluso, en sentido contrario, para poder extraer de tales instrumentos información de relevancia e interés a los efectos de determinar la existencia de un comportamiento discriminatorio.

En esta línea, la Directiva (UE) 2023/970, del Parlamento europeo y del Consejo, de 10 de mayo, por la que se refuerza la aplicación del principio de igualdad de retribución entre hombres y mujeres por un mismo trabajo o un trabajo de igual valor a través de medidas de transparencia retributiva y de mecanismos para su cumplimiento (*Tol 9555489*), dispone, en su art. 20, que los órganos jurisdiccionales pueden ordenar a la parte reclamada que exhiba cualquier prueba pertinente que obre en poder de la parte reclamada, incluso aunque contenga información confidencial, en cuyo caso se han de adoptar medidas eficaces para protegerla. Lo que contribuirá, sin duda, a comprobar el nivel de transparencia retributiva y a extraer, como se ha dicho, información relevante para determinar si se ha producido o no un comportamiento de carácter discriminatorio en materia retributiva.

En este sentido, al igual que se ha hecho con los indicios de discriminación, se señalan a continuación aportaciones empresariales que se alegan como justificación de la concreta medida empresarial cuestionada, si bien, como es de esperar, no siempre logran superar los rasgos de objetividad, razonabilidad y proporcionalidad que eviten que los indicios discriminatorios desplieguen sus efectos. Entre estas aportaciones, algunas más generales, otras más concretas, pero todas igualmente extraídas de la práctica judicial, se encuentran las siguientes:

---

[227] STJCE, asunto 109/88 de 17 de octubre de 1989 (*Tol 218026*) y STC 147/1995, de 16 de octubre (*Tol 82885*).

- Con carácter general, el ejercicio de actos amparados por la legislación o el ejercicio de facultades habilitadas por el Derecho, los cuales no constituyen justificación suficiente pues, según doctrina constitucional, la libertad empresarial no alcanza a la producción de resultados inconstitucionales[228].
- Igualmente, en términos generales, tampoco es suficiente una genérica explicación de la empresa, que debe acreditar "ad casum" que su acto aparece desconectado del derecho fundamental alegado[229].
- De forma específica, la adscripción o cobertura formal a distintas categorías profesionales, según lo dispuesto en convenio colectivo, no es suficiente para desmontar la realidad judicialmente comprobada de la identidad del trabajo prestado. Y ello porque no basta con la corrección formal de las mismas, sin tener en cuenta el impacto diferenciado y desfavorable que esas clasificaciones profesionales tengan sobre los trabajadores en función de su sexo[230].

---

228 STC 87/2004, de 10 de mayo (*Tol 409903)* y STC 182/2005, de 4 de julio (*Tol 673545)*. En este supuesto concreto se trataba de una movilidad funcional desfavorable, que afectaba a la promoción y producía un peor trato salarial, por razón de los sucesivos embarazos. Asimismo, la STS (Sala de lo Social), de 18 de julio 2011 (*Tol 2238515)*, que señala, recordando la STC 182/2005, de 4 de julio (*Tol 673545)* que "el hecho de que la actuación del empresario tenga amparo legal o convencional no le autoriza a producir resultados inconstitucionales".

229 STC 183/2015, de 10 de septiembre (*Tol 5520106)*.

230 STC 145/1991, de 1 de julio (*Tol 80559)*. En esta línea, puede verse la STSJ de Andalucía, Sevilla (Sala de lo Social), de 1 de junio de 2021 (*Tol 8562421)*, según la cual "la falta de constancia de que las funciones desarrolladas por la actora y esos otros trabajadores sean de la misma entidad, lo que no podemos concluir por la mera denominación de directora de su puesto de trabajo, sin conocer el concreto contenido funcional de cada uno de los puestos de trabajo que son objeto de comparación...", por lo que concluye "la inexistencia de méritos suficientes para estimar que la situación de la actora y la de esos otros compañeros con los que se compara sea esencialmente igual, por lo que el distinto tratamiento retributivo que se ha otorgado a una y a otros, no infringe el principio de igualdad establecido en el artículo 14 de la Constitución". También la STSJ de Cantabria (Sala de lo Social), de 20 de mayo de 2021 (*Tol 8454871)* que señala que "...no basta que formalmente sean adscritas ambas a distintas áreas jurídicas de la entidad, lo declarado probado es que no coinciden ni su dependencia, formación, experiencia, informes emitidos o materias tratadas,

- Tampoco es suficiente la mera enumeración formal de los criterios objetivos para establecer las diferencias salariales, siendo necesario que dichos criterios estén configurados de forma que un observador imparcial pueda determinar por qué se asigna una determinada retribución a una categoría profesional y a otra un importe diferente, descartando en esta aplicación que el colectivo femenino esté siendo discriminado de forma directa o indirecta[231]. Y es que la descripción del trabajo no es suficiente en los juicios de discriminación, siendo necesario valorar los criterios empleados[232], por lo que, se insiste, una política retributiva transparente favorece la prueba en el juicio[233].
- No se ha considerado justificación de la diferencia retributiva, en un supuesto en que la empresa abonaba un plus voluntario, no vinculado a ninguna circunstancia laboral o prestacional, ni la autonomía ni la responsabilidad, sin mayores precisio-

---

que puntualmente pueden ser concurrentes tendentes ambas al buen desarrollo de la actividad de la entidad, pero se adscriben a ámbitos diferentes. Con mayor complejidad y alcance de aquellas materias y contratos informados por la directora del área 1, frente a las desempeñadas por la actora".

231 STSJ de las Islas Canarias, Santo Cruz de Tenerife (Sala de los Social), de 2 de noviembre de 2017 (*Tol 6548359*).

232 STC 58/1994, de 28 de febrero de 1994 (*Tol 82466*). En esta sentencia se recuerdan las reglas que el TJCE ha elaborado en materia de discriminación salarial, debiendo destacarse uno de los tres grupos de reglas, en virtud del cual "en los supuestos en que existan categorías predominantemente ocupadas por trabajadores de uno u otro sexo, desigualmente retribuidas, y no exista transparencia en la determinación de los criterios retributivos, corresponde plenamente al empleador de la carga de poner de manifiesto los citados criterios, para excluir cualquier sospecha de que el sexo haya podido ser el factor determinante de dicha diferencia (Sentencia del TJCE caso ENDERBY, de 27 octubre 1993)".

233 STJUE de 17 de octubre de 1989, asunto 109/88 (*Tol 218026*) y STS de 18 de julio de 2011 (*Tol 2238515*). Esta última sentencia aprecia la discriminación por el secretismo de los criterios de selección, cifrando este secretismo en que el proceso se realiza "sin que las plazas se oferten, ni sean conocidas por los sindicatos o por los trabajadores cuya asistencia a los cursos de formación depende del poder discrecional de la empresa". En la misma dirección «si los criterios empleados son transparentes y se han aplicado de manera correcta, el empresario podrá romper el panorama indiciario sobre la discriminación aportado por el demandante, justificando en consecuencia la diferencia de trato" [STC 229/1992, de 14 de diciembre de 1992 (*Tol 82009*)].

nes[234]. Asimismo, no se admite, en principio, la justificación de disparidad de trato entre los sexos por razones aparentemente objetivas, las exigencias de la empresa o las condiciones del mercado, pero que supongan por su desigual impacto el sacrificio del principio constitucional de la no discriminación por sexo[235].

- No se considera justificación objetiva, razonable y ajena a todo propósito discriminatorio el hecho de que en años anteriores a los que son objeto de controversia jurídica la trabajadora (responsable de departamento) había percibido retribuciones superiores a las de otros trabajadores varones responsables de departamento; ni que existan otros responsables de la empresa entre los cuales los varones reciben menos retribuciones que sus homólogas del género femenino[236].
- No es razón que justifique la diferencia retributiva la externalización de un determinado servicio, si bien sí puede ser la razón por la que unas concretas categorías se encuentren en el mismo nivel[237].
- Igualmente se ha considerado que carece de justificación objetiva y razonable que se genere un descanso retribuido diferenciado derivado de la realización de unas guardias que, aunque son menores en su número anual puesto que la trabajadora

---

234 STS de 14 de mayo de 2014 *(Tol 4330640)*, según la cual la autonomía y responsabilidad "carecen aquí de significación al respecto porque el segundo (la responsabilidad), sin mayores precisiones, es decir, en lo que puede entenderse como la necesidad de cumplir con las obligaciones concretas de su puesto de trabajo, de conformidad a las reglas de la buena fe y diligencia como uno de los deberes básicos de los trabajadores (art. 5 ET), es obviamente predicable y exigible en cualquier prestación laboral; y el primero (la autonomía), tratándose en todos los casos de servicios por cuenta ajena, y a salvo de cualquier otra circunstancia o explicación más razonable, no parece que puedan servir para justificar la importante diferencia retributiva detectada por la Autoridad Laboral, siendo así, además, que los arts. 4.2 y 17 del ET establecen el derecho de los trabajadores a no ser discriminados por razón de sexo".

235 STC 145/1991, de 1 de julio *(Tol 80559)*.

236 STSJ de Andalucía, Málaga (Sala de lo Social), de 14 de febrero de 2018 *(Tol 6550710)*.

237 STSJ de País Vasco (Sala de los Social), de 30 de abril de 2019 *(Tol 7436450)*.

disfrutaba de una reducción de jornada por el cuidado de hijos menores, son de la misma duración diaria que para el resto de trabajadores[238].

- La mera adjudicación al puesto de trabajo de una trabajadora de un número diferente en la relación de puesto de trabajo al asignado al puesto de trabajo de otras compañeras de trabajo que tienen su misma categoría profesional y desempeñan idénticas funciones (sin que la empresa hubiese dado ninguna explicación sobre si ello responde a algún tipo de diferencia objetiva entre uno y otro puesto de trabajo) no puede constituir una justificación objetiva y razonable de la diferencia de trato salarial entre la primera y las segundas (se trataba de la denegación de un complemento del puesto de trabajo)[239].

En el caso que se enjuicia en esta sentencia del TS eran otras compañeras de la trabajadora reclamante, todas ellas mujeres, tratándose, pues, de una comparativa entre trabajadoras, por lo que no puede afirmarse que en la decisión salarial de la empresa exista un fundamento relacionado con el sexo de las trabajadoras afectadas. Por cuanto, en nuestra opinión, si se considera que la mera adjudicación al puesto de una trabajadora de un número diferente en la relación de puesto de trabajo carece de justificación objetiva y razonable del distinto trato salarial, todavía menos justificación, si cabe, tendría di-

---

238 Entre otras, STC 79/2020, de 2 de julio *(Tol 8062053)*, SSTC 90/2020, de 20 de julio *(Tol 8062083)* y 91/2020 *(Tol 8062082)*, de 20 de julio, STC 124/2020, de 21 de septiembre *(Tol 8120343)* y STC 168/2020, de 16 de noviembre (*Tol 8228577*).

239 STS (Sala de lo Social), de 14 de febrero de 2013 *(Tol 3752768)*. Según señala esta sentencia, no se pueden considerar que “la mera adjudicación al puesto de trabajo de la actora de un número diferente en la R.P.T. al asignado al puesto de trabajo de otras compañeras de trabajo que tienen su misma categoría profesional y desempeñan idénticas funciones pueda constituir una “justificación objetiva y razonable” de la diferencia de trato salarial entre la primera y las segundas. Llegar a semejante conclusión equivaldría a dejar al arbitrio de una de las partes contratantes —en el caso la entidad empleadora— la efectividad del principio constitucional de igualdad, que desaparecería por completo por la simple decisión empresarial de asignar números diferentes a puestos de trabajo idénticos”.

cha diferencia salarial si fuese con respecto a otros compañeros, trabajadores varones.

- Igualmente, la mera existencia de sucesión empresarial no puede considerarse una justificación objetiva, suficiente y proporcionada para la notable diferencia retributiva dentro del grupo de investigadores con contrato por tiempo indefinido[240].

- Sí encuentra justificación el comportamiento de una empresa que ha tratado de diferente forma a dos colectivos, en relación con un plus de jornada irregular, pero no habiéndose vulnerado el derecho de igualdad, puesto que ese diferente trato encuentra su justificación en el Convenio Colectivo y en el cumplimiento de una sentencia judicial[241].

- El factor objetivo de la duración del trabajo, en determinadas circunstancias, puede justificar diferencias de trato en materia retributiva. De ahí que, como ha señalado el TS, la duración o permanencia en el puesto de trabajo es un factor diferenciador en principio lícito para justificar una mayor retribución, en cuanto es razonable premiar la "experiencia, formación y rendimiento necesarios para un adecuado desarrollo de las funciones profesionales", puesto que "el trabajador necesita

---

240 STSJ de Islas Canarias, Santa Cruz de Tenerife (Sala de lo Social), de 20 de enero de 2020 *(Tol 7884345)*, según la cual, la obligación de "Fundación Canaria de Investigación Sanitaria", como empresa sucesora, de subrogarse en los derechos y obligaciones laborales y de Seguridad Social del anterior empleador (artículo 44.1 del ET) "no se puede limitar al mero respeto del régimen retributivo de la empresa originaria, sino que incluye cuantas obligaciones correspondieran a esa empresa originaria para evitar y corregir cualesquiera discriminaciones salariales por razón de sexo, y las responsabilidades de orden indemnizatorio que procedieran en caso de constatarse tal discriminación".

241 STSJ de Cataluña (Sala de lo Social), de 26 de octubre de 2021 *(Tol 8708041)*, que señala que el convenio colectivo reconoce a un colectivo de trabajadores el derecho a recibir un determinado plus salarial a pesar de la reducción de jornada por guarda legal y la concreción de su horario a la que se haya optado. Pero, en ningún caso, existe hecho o circunstancia a partir de la cual pudiere apreciarse la discriminación que se denuncia por razón de sexo o de los derechos asociados a la maternidad o a la paternidad, o del derecho de conciliar la vida laboral y familiar.

estar cierto tiempo realizando el trabajo para poder adquirir la experiencia, formación y rendimiento necesarios para un adecuado desarrollo de las funciones profesionales que integran el puesto de trabajo y la categoría profesional"[242].

- Otros factores objetivos que, igualmente a criterio del TS y TC, también pueden justificar diferencias retributivas, por ser totalmente ajenos a discriminaciones vetadas por nuestro ordenamiento son, entre otros, "los que derivan del contenido de los actos de trabajo, de la intensidad o duración del mismo, de la calidad de su realización, de los factores circunstanciales del medio de trabajo que influyen en la penosidad o peligro de su ejecución o en el esfuerzo laboral, o de las propias necesidades del trabajador"[243]. Asimismo, otros criterios de incremento retributivo, como la flexibilidad y formación profesional, pueden justificar la diferencia retributiva, aunque perjudiquen a trabajadores femeninos. En tal caso, es necesario que dichos criterios "revistan importancia para la ejecución de las tareas específicas que se confían al trabajador"[244].

- El criterio de la disponibilidad "no conforma una razón objetiva de la desigualdad retributiva que se ha producido pues, además de la falta de prueba de situación alguna de imprevisibilidad o urgencia que determine la llamada de encargados varones actualizando una alegada disponibilidad, es lo cierto

---

242 STS (Sala de lo Social), de 20 de febrero de 2007 *(Tol 1050858)*. Sobre el factor antigüedad y la necesidad de justificar, en según qué casos (que sí ha de hacerse cuando el trabajador aporte datos de los que se deduzcan dudas fundadas al respecto), su relevancia para el desempeño de tareas puede verse también la STJCE, de 3 de octubre de 2006, asunto C-17/05 *(Tol 1083355)*.

243 STS (Sala de lo Social), de 12 de noviembre de 2002 *(Tol 4928150)* y STC 34/1984, de 9 de marzo *(Tol 79324)*.

244 STJCE de 17 de octubre de 1989, asunto C-109/88 *(Tol 218026)*. Al respecto, puede verse también la STJUE de 4 de octubre de 2024, asunto C-314/2023 (*Tol 10206*849), según la cual no existe discriminación en relación con las diferencias por dietas recibidas por tripulantes de cabina (en su mayoría mujeres) y los pilotos (sobre todo hombres), puesto que no desempeñan el mismo trabajo, habida cuenta de la formación necesaria para ejercer la profesión de piloto y de la responsabilidad que conlleva, concluyendo, en consecuencia, no cabe considerar que el trabajo de los pilotos tenga el mismo valor que los tripulantes de cabina de pasajeros.

que el trabajo en festivos desempeñado por los encargados hombres fue adecuadamente compensado con el pago de las correspondientes horas extras, a lo que hay que añadir que ni siquiera consta que la demandante no estuviera dispuesta a realizar un régimen de trabajo en situación de disponibilidad"[245].

- El esfuerzo físico, por su falta de neutralidad, debido al diverso impacto que produce en ambos sexos, adquiere un carácter sospechoso, por lo que requiere de los órganos judiciales un especial rigor al estimar las alegaciones y pruebas por parte de quien pretende defender su virtualidad para justificar una diferencia retributiva. De ahí que se admite este criterio si se acredita que es un elemento determinante de la aptitud para el desempeño del trabajo o un elemento esencial, en cuyo caso tiene que combinarse con otros rasgos neutros[246].
- El interés por mantener unas buenas relaciones laborales puede ser tomado en consideración, entre otros elementos, para apreciar si las diferencias entre las retribuciones de dos grupos de trabajadores se deben a factores objetivos y ajenos a cualquier discriminación por razón de sexo y son conformes con el principio de proporcionalidad[247].
- Se ha considerado justificada y, por tanto, no discriminatoria, la decisión de externalizar los servicios de limpieza pues se entiende que es ajena al sexo de los trabajadores afectados, ya que se ha tomado por razones objetivas, relacionadas con una mejor organización del servicio que, además, redundaría en una reducción de costes y no con el fin de prescindir de trabajadores del sexo femenino (STS, Sala de lo Social, de 20 de noviembre de 2015)[248].

Es cierto que en esta sentencia del TS no se entra en la discriminación salarial con respecto al futuro, pues se centra en el despido colectivo y no sobre contrataciones futuras e hipotéti-

---

245 STSJ de Navarra (Sala de lo Social), de 21 de enero de 2021 *(Tol 8417079)*.

246 STC 58/1994, de 28 de febrero *(Tol 82466)* y STC 250/2000, de 30 de octubre *(Tol 2128)*.

247 STJUE de 28 de febrero de 2013, asunto C-427/11 *(Tol 3061433)*.

248 *(Tol 5639547)*.

cas, si bien parece que no cabe duda de que la razón del despido es la reducción de los costes de personal de la empresa, a costa de la precarización de las condiciones laborales de las trabajadoras, que pasarían a cobrar menos por el mismo trabajo (así se pronuncia el voto particular de la referida sentencia).

Finalmente, se cierra esta enumeración ejemplificativa de carácter práctico con la referencia a la función que el art. 10.2 del RDIR *(Tol 8107118)* confiere a la obligación de justificación prevista en el art. 28.3 del ET *(Tol 5512468)*, la cual tiene exclusivamente el alcance previsto en este precepto estatutario, esto es, servir de justificación de que la diferencia retributiva responde a motivos no relacionados con el sexo de las personas trabajadoras; pero no se puede aplicar para descartar la existencia de indicios de discriminación, lo que significa que es necesario, como se ha dicho, que se aporte, por parte de la empresa, una justificación objetiva, razonable y proporcionada. Lo relevante, pues, como se ha analizado en detalle, es que exista una justificación adecuada y objetiva de las diferencias retributivas, sin que el solo cumplimiento de dicha obligación empresarial sirva siquiera para descartar la existencia de indicios de discriminación.

4.5. Sentencia; en especial, la indemnización

Atendiendo al esquema previamente seguido en relación con los sujetos legitimados y la demanda de las modalidades procesales de tutela antidiscriminatoria, procede ahora hacer referencia a la sentencia por la que se ponga fin a los mismos, si bien centrando la atención, por el mayor interés que presenta, en la sentencia recaída en el procedimiento de tutela de los derechos fundamentales y libertades públicas.

Así, por un lado, en el procedimiento de impugnación de convenios colectivos, según dispone el art. 166.2 de la LRJS *(Tol 2245714)*, la sentencia, que se dicta dentro de los tres días siguientes a la celebración del juicio, se comunica a la autoridad laboral, siendo ejecutiva desde el momento en que se dicte, no obstante el recurso que contra ella pudiera interponerse. Una vez sea firme produce efectos de cosa juzgada sobre los procesos individuales pendientes de resolución o que puedan plantearse en todos los ámbitos de la jurisdicción sobre los preceptos convalidados, anulados o interpretados objeto del proceso.

Asimismo, en el caso de sentencia anulatoria, en todo o en parte, del convenio colectivo impugnado, tal y como sucede en caso de cláusulas convencionales discriminatorias por razón sexo y/o género, si el convenio hubiera sido publicado, la sentencia también se publicará en el Boletín Oficial que corresponda. Si la sentencia declara la nulidad de algún precepto convencional debe afirmarse la apertura de los efectos *ex tunc* de la declaración de nulidad del referido precepto puesto que privar de eficacia originaria a la norma convencional anulada "constituye una garantía necesaria del respeto a las leyes por parte de las disposiciones de los convenios colectivos, que requiere de manera expresa el art. 85.1 ET. La tesis contraria –la de una anulación *ex nunc*— consentiría infracciones legales injustificadas por parte de la autonomía colectiva a lo largo del período de tramitación de la acción de nulidad"[249].

Especial relevancia adquiere lo dispuesto en el art. 26.2 de la LRJS *(Tol 2245714)*, según el cual cabe la posibilidad de reclamar, entre otros y a los efectos que interesan, en el proceso de impugnación de convenios colectivos, la indemnización derivada de la discriminación retributiva por razón de sexo y/o género, así como los demás pronunciamientos propios de la modalidad procesal de tutela de los derechos fundamentales y libertades públicas, en los términos que se exponen en este mismo apartado.

Por tanto, todo cuanto se diga al respecto es de aplicación al proceso de impugnación de convenios colectivos. Lo que no parece que también se aplique, pese a la conveniencia de que así fuese[250], a las otras tres modalidades procesales de especial interés por la materia objeto de estudio en las que se alegue la vulneración de la garantía de la igualdad retributiva, puesto que no están incluidas en el art. 184 de la LRJS *(Tol 2245714)* y, en consecuencia, no resulta de aplicación el art. 26.2 de la misma disposición normativa.

---

249 STS (Sala de lo Social), de 20 de diciembre de 2022 (*Tol 9,365,426*).

250 Al respecto, puede verse a GÓMEZ-MILLÁN HERENCIA, M.J., *Tutela procesal de la no discriminación laboral...*", op. cit., pp. 237 y ss.

Respecto de estas tres modalidades procesales, por otro lado, se hace referencia a la regulación de la sentencia que se dicte en la modalidad procesal de clasificación profesional (art. 137.3 de la LRJS, *(Tol 2245714)*, que dispone que contra la sentencia que recaiga no se dará recurso alguno, a menos que las diferencias salariales reclamadas derivadas de la incorrecta clasificación profesional alcancen la cuantía requerida para el recurso de suplicación); en el procedimiento de oficio (art. 150.1 de la LRJS, *(Tol 2245714)*, que igualmente de forma escueta señala que las sentencias que se dicten en estos procesos habrán de ejecutarse siempre de oficio, en cuanto excepción a la regla general del art. 239.1 de la LRJS, *(Tol 2245714)*; y en el proceso de conflictos colectivos, disponiendo éste de una regulación más detallada.

En efecto, los apartados 2 a 5 del art. 160 de la LRJS (*Tol 2245714)* se refieren a la sentencia recaída en el proceso de conflictos colectivos, que ha de dictarse dentro de los tres días siguientes a la celebración del juicio, siendo ejecutiva desde el momento en que se dicte, no obstante el recurso que contra la misma pueda interponerse.

En coherencia con el contenido de la demanda, en el caso de que la sentencia sea estimatoria de una pretensión de condena susceptible de ejecución individual, debe contener la concreción de los datos, características y requisitos precisos para una posterior individualización de los afectados por el objeto del conflicto y beneficiarios por la condena (a los efectos que interesan, las trabajadoras a las que afecte el conflicto relativo a la posible discriminación retributiva por razón de sexo y/o de género), debiendo especificar la repercusión directa sobre los mismos del pronunciamiento dictado. Lo que responde a que se pueda proceder a ejecutar las sentencias estimatorias de pretensiones de condena susceptibles de ejecución individual, en los términos detallados en el art. 247 de la LRJS *(Tol 2245714)*[251].

---

[251] Sobre las dificultades de aplicación de la ejecución de la sentencia desde el momento en que se dicta, llegando a la razonable conclusión de la inmediata ejecutividad de las sentencias declarativas, pero no así de las de condena, ya que para el art. 247 de la LRJS en la modalidad de ejecución de sentencias firmes reguladas en dicho precepto sólo cabe la ejecución definitiva de las mismas, pueden verse a LOUSADA AROCHENA, F.J., RON LATAS, R.P., BELLIDO ASPAS, M. y RODRÍGUEZ MARTÍN-RETORTILLO, R.A., *Sistema de Derecho Proce-*

Asimismo, la sentencia, una vez sea firme, produce efectos de cosa juzgada sobre los procesos individuales pendientes de resolución o que puedan plantearse que versen sobre idéntico objeto o en relación de directa conexidad con aquél, los cuales quedan en suspenso durante la tramitación del conflicto colectivo (art. 160.5 de la LRJS, *(Tol 2245714)*[252].

En el procedimiento de oficio, como se dijo antes (y, entendemos, también en el proceso de conflictos colectivos), la empresa condenada debe abonar idéntica retribución a hombres y mujeres en los grupos o categorías. En el caso de que la discriminación retributiva por razón de sexo y/o de género tenga su origen en un convenio colectivo, parece claro que el grupo o categoría profesional que haya sufrido una infravaloración deber ser equiparado, desde el punto de vista retributivo, al grupo o categoría objeto de comparación, sin que el empresario pueda realizar una reclasificación profesional o modificar las cuantías retributivas de forma unilateral puesto que la materia se regula en convenio colectivo[253].

---

sal Laboral, op. cit., p. 338. Como señalan estos autores, las sentencias dictadas en procesos de conflictos colectivos son, normalmente, declarativas, si bien los pronunciamientos que contienen constituyen la base para que los beneficiarios, si no se cumplen voluntariamente las consecuencias que se derivan de dichas decisiones, insten en un proceso ordinario un pronunciamiento condenatorio.

252 Al respecto adquiere interés la STSJ de Islas Canarias, Las Palmas (Sala de lo Social), de 27 de julio de 2021 *(Tol 8540592)*, según la cual respecto "a la indemnización de daños y perjuicios paralela solicitada, también, en la demanda, de 2.000 euros por vulneración de derechos fundamentales (daño moral), para cada una de las personas adscritas a la categoría de "peón", no se considera procesalmente viable por carencia de legitimación de la parte actora en la reclamación de un "daño moral" generalizado para todas las personas (mayoritariamente mujeres) afectadas por este conflicto, pues pudiera ser tal daño diferente dependiendo de cada persona, y un enjuiciamiento generalizado sobre el fondo impediría, por el instituto de la cosa juzgada, la viabilidad de reclamaciones individuales".

253 Al respecto, puede verse a GARCÍA LOMBARDÍA, S., "El papel de la Inspección de Trabajo y Seguridad Social ante la discriminación retributiva por razón de sexo...", op. cit. p. 948. Tal y como analiza en detalle esta autora, cuando las diferencias retributivas derivan de complementos voluntarios, que puedan ser reducidos, alterados o suprimidos de forma unilateral por la empresa, cabe la utilización de la modificación unilateral vía art. 41 del ET. Asimismo, en este estudio se deja constancia de las dificultades económicas que podría acarrear

Finalmente, en el procedimiento de tutela de los derechos fundamentales y libertades públicas el juez o la Sala dictará la sentencia en el plazo de tres días desde la celebración del acto del juicio (art. 181.3 de la LRJS, *(Tol 2245714)*. La sentencia que se dicta en este procedimiento es compleja puesto que es declarativa y de condena [STS (Sala de lo Social), de 14 de julio de 1993 (*Tol 5160423)*].

En efecto, dicha sentencia declarará haber lugar o no al amparo judicial solicitado y, en caso de estimación de la demanda, atendiendo a las pretensiones concretamente ejercitadas, declarará la existencia o no de vulneración de derechos fundamentales, así como el derecho infringido (tutela declarativa); a los efectos que interesan, el derecho de igualdad y no discriminación por razón de sexo y/o de género en materia retributiva, según su contenido constitucional y dentro de los límites del debate procesal, haya sido o no invocado de forma acertada por los litigantes (art. 182.1 a) de la LRJS, *(Tol 2245714)*. Asimismo, declarará la nulidad radical de la actuación discriminatoria (tutela anulatoria) llevada a cabo por el empresario, en cuanto sujeto obligado a pagar igual retribución por trabajo de igual valor [art. 182.1 b) de la LRJS *(Tol 2245714)*].

Además de las referidas declaraciones (tutela declarativa y tutela anulatoria), la sentencia es de condena en el sentido de que ordenará el cese inmediato (tutela cesatoria) de la actuación contraria al derecho de igualdad y no discriminación por razón de sexo y/o género en materia retributiva o, en su caso, la obligación de realizar la actividad omitida cual sería, con carácter general, abonar igual retribución por trabajo de igual valor y, con carácter específico, abonar una concreta partida retributiva [art. 182.1 c) de la LRJS *(Tol 2245714)*].

---

para la empresa la equiparación salarial, sobre todo cuando se trata de colectivos amplios, muy feminizados, y cuando las diferencias retributivas son muy elevadas. Sobre la sentencia en este proceso puede verse también a SEMPERE NAVARRO, A.V., "El procedimiento de oficio en la Ley Reguladora de la Jurisdicción Social", op. cit., p. 43. Según señala este autor, "la resolución judicial no se limitará, por tanto, a constatar que se han causado perjuicios económicos a los trabajadores, sino que fijará cuáles han sido éstos y ordenará al empresario que los haga efectivos. El órgano jurisdiccional no sólo puede fiscalizar la regularidad formal de la decisión, sino también su contenido...".

También dispondrá el restablecimiento de la trabajadora demandante en la integridad de su derecho y la reposición (tutela repositoria) de la situación al momento anterior a producirse la lesión del derecho fundamental (esto es, el derecho a recibir el mismo tratamiento jurídico que otras personas trabajadoras en la misma situación y, en concreto, el abono de la remuneración que hubiera debido percibir si no hubiera habido discriminación), así como la reparación de las consecuencias derivadas de la acción u omisión del sujeto responsable, incluida la indemnización [art. 182.1 d) de la LRJS *(Tol 2245714)*].

4.5.1. La reparación de las consecuencias derivadas de la discriminación retributiva por razón de sexo y de género: tipología y cuantificación de la indemnización

Se puede partir de la previsión general de la Directiva (UE) 2023/970, del Parlamento europeo y del Consejo, de 10 de mayo, por la que se refuerza la aplicación del principio de igualdad de retribución entre hombres y mujeres por un mismo trabajo o un trabajo de igual valor a través de medidas de transparencia retributiva y de mecanismos para su cumplimiento (*Tol 9555489)*, la cual dispone, en su art. 16.1, que "los Estados miembros se asegurarán de que todo trabajador que haya sufrido un perjuicio como consecuencia de la infracción de cualquiera de los derechos u obligaciones relativos al principio de igualdad de retribución tenga el derecho de reclamar y obtener una indemnización o reparación íntegra, según determine el Estado miembro, por dicho perjuicio".

De manera que cuando se declare la vulneración de un derecho fundamental deben no sólo adoptarse las medidas tendentes a reparar inmediatamente tal vulneración, como se ha expuesto, sino que debe fijarse también una indemnización, debiendo solicitarse de forma expresa en la demanda pues, como se analizó, forma parte del contenido de la misma[254].

---

254 Se trata de la triple tutela de la jurisdicción social, de manera que se declara la nulidad del acto lesivo y se ordena: (i) el cese inmediato del comportamiento contrario a derechos fundamentales o a libertades públicas (tutela inhibitoria);

Al respecto, la referida Directiva (UE) 2023/970, del Parlamento europeo y del Consejo, de 10 de mayo, por la que se refuerza la aplicación del principio de igualdad de retribución entre hombres y mujeres por un mismo trabajo o un trabajo de igual valor a través de medidas de transparencia retributiva y de mecanismos para su cumplimiento (*Tol 9555489*), en su art. 16.3, señala que la indemnización o reparación restituirá a la parte que haya sufrido un perjuicio a la situación en la que se habría encontrado si no hubiera sido discriminada o si no se hubiera producido ninguna infracción en materia de igualdad retributiva.

En concreto, la indemnización o reparación incluirá "la recuperación integral de los atrasos y las primas o los pagos en especie correspondientes, el resarcimiento por la pérdida de oportunidades, los daños morales, o cualquier perjuicio causado por otros factores pertinentes, entre los que se puede incluir la discriminación intersectorial, así como los intereses de demora"[255]. Finalmente, se indica también en dicha directiva que la indemnización o reparación no podrá estar sujeta a ningún límite máximo fijado previamente.

(ii) la reposición de la situación al momento anterior a producirse la lesión (tutela restitutoria). En este caso, condenando a abonar las diferencias salariales respecto a sus compañeros varones; y (iii) la reparación de las consecuencias del acto, incluida la indemnización por los daños sufridos (tutela reparadora). Así se pronuncia VIDAL, P., "Sentencia ¿pionera? contra la brecha salarial", *Actualidad Jurídica Aranzadi* num. 940/2018, p. 2, versión on-line (BIB 2018\9029).

255 En cuanto a la discriminación intersectorial el considerando 25 de la Directiva (UE) 2023/970, del Parlamento europeo y del Consejo, de 10 de mayo (*Tol 9555489*), detalla que "las mujeres con discapacidad, las mujeres de origen racial y étnico diverso, incluidas las mujeres gitanas, y las mujeres jóvenes o mayores se encuentran entre los grupos que pueden verse afectados por la discriminación interseccional. Por consiguiente, la Directiva debe aclarar que, en el contexto de la discriminación retributiva por razón de género, se debe poder tener presente tal combinación, disipando así cualquier duda que pueda existir a ese respecto en el marco jurídico vigente, de modo que los órganos jurisdiccionales nacionales, los organismos de fomento de la igualdad y otras autoridades competentes puedan tener debidamente en cuenta cualquier situación de desventaja derivada de la discriminación interseccional, en particular a efectos sustantivos y procesales y, más concretamente, a los efectos de reconocer la existencia de discriminación, adoptar una decisión sobre el referente de comparación adecuado, evaluar la proporcionalidad y determinar, cuando así proceda, el nivel de la indemnización concedida o de las sanciones impuestas".

Sobre este asunto, nuestro ordenamiento jurídico interno dispone que, tal y como indica el art. 183.1 de la LRJS *(Tol 2245714)*, en el supuesto en que la sentencia declare la existencia de vulneración, el juez debe pronunciarse sobre la cuantía de la indemnización que, en su caso, le corresponda a la trabajadora demandante por haber sufrido discriminación retributiva por razón de sexo y/o de género, en función tanto del daño moral unido a la vulneración del derecho fundamental, como de los daños y perjuicios adicionales derivados.

Así, el tribunal se ha de pronunciar sobre la cuantía del daño, concretando el art. 183.2 de la LRJS *(Tol 2245714)* tanto el modo de fijar dicha cuantía (prudencialmente si la prueba de su importe exacto resulta demasiado difícil o costosa)[256] como la finalidad de la misma (resarcimiento suficiente de la víctima y restablecimiento a ésta, en la medida de lo posible, en la integridad de su situación anterior a la lesión y contribución a la finalidad de prevención del daño). Es la doble perspectiva, reparadora y preventiva, del importe de la reparación del daño[257].

---

256 Este precepto otorga al tribunal un amplio margen de discrecionalidad a la hora de valorar el daño moral. Así se pronuncia SÁNCHEZ PÉREZ, J., "El proceso especial de tutela de los derechos fundamentales en la jurisdicción laboral y su vertiente reparadora", *Derecho de las Relaciones Laborales*, n.º 9, octubre, 2016, pp. 873 a 884.

257 Al respecto, puede verse a SÁNCHEZ PÉREZ, J., "La reparación del daño en la jurisdicción social", *Revista Española de Derecho del Trabajo*, número 216/2019, p. 20, versión on-line (BIB 2019/1437). En este sentido, la Directiva (UE) 2023/970, del Parlamento europeo y del Consejo, de 10 de mayo, por la que se refuerza la aplicación del principio de igualdad de retribución entre hombres y mujeres por un mismo trabajo o un trabajo de igual valor a través de medidas de transparencia retributiva y de mecanismos para su cumplimiento (*Tol 9555489)*, dispone, en su art. 16.2, que "la indemnización o reparación constituirá una indemnización o una reparación, según determinen los Estados miembros, real y efectiva por los daños y perjuicios sufridos, y será disuasoria y proporcionada". Véase también, entre otras, la STS (Sala de lo Social), de 13 de julio de 2015 *(Tol 5536879)* y la STS (Sala de lo Social), de 19 de diciembre de 2017 *(Tol 6484731)*, que señalan que el art. 183.3 de la LRJS "viene a atribuir a la indemnización —por atentar contra derechos fundamentales— no sólo una función resarcitoria [la utópica restitutio in integrum], sino también la de prevención general". Subraya también la doble finalidad de la indemnización (resarcitoria y disuasoria), además de atender a todas las circunstancias del caso, la STS (Sala de lo Social), de 12 de abril de 2023 (*Tol 9517392*) y la STS (Sala de lo Social), de 8 de noviembre de 2023 (*Tol 9780325)*.

Este precepto distingue, pues, entre los daños morales, los cuales se generan automáticamente siempre que se haya producido la vulneración del derecho fundamental, y que serán fijados prudencialmente por el tribunal siempre y cuando hayan sido reclamados por la trabajadora en su demanda[258], y otros daños y perjuicios adicionales derivados de la vulneración del derecho fundamental, los cuales sí exigirán la cumplida acreditación y prueba por parte de la demandante[259].

Y es que, pese a que la posición al respecto no ha sido uniforme[260], como ya indicara el TS, una vez que se constate la vulnera-

---

258 Al respecto, el art. 27.1 de la Ley 15/2022, de 12 de julio, integral para la igualdad de trato y la no discriminación (*Tol 9113969*) dispone que "acreditada la discriminación se presumirá la existencia de daño moral, que se valorará atendiendo a las circunstancias del caso, a la concurrencia o interacción de varias causas de discriminación previstas en la ley y a la gravedad de la lesión efectivamente producida...".

259 Así se pronuncia la STSJ de Andalucía, Málaga (Sala de lo Social), de 14 de febrero de 2018 *(Tol 6550710)*, según la cual la sentencia que declare la vulneración de un derecho fundamental, "necesariamente deberá fijar la indemnización correspondiente al demandante que ha sufrido la vulneración del derecho fundamental, independientemente de que se hayan acreditado o no la existencia de concretos y determinados perjuicios económicos para el demandante como consecuencia de la vulneración del derecho, pues se parte de la base de que dicha vulneración ha tenido que producir necesariamente unos daños morales para el demandante, los cuales serán determinados prudencialmente por el tribunal cuando la prueba de su importe exacto resulte demasiado difícil o costosa". En este caso concreto considera que debe fijarse necesariamente una indemnización por los daños morales que dicha vulneración ha ocasionado a la actora, indemnización que la sentencia de instancia fija en la cuantía de 35.000 €, teniendo en cuenta las diferencias entre los salarios percibidos por la actora y los que le hubiera correspondido percibir en el caso de que no hubiese existido la referida discriminación por razón de sexo, criterio que la Sala considera lógico y razonable, ya que viene a compensar a la actora por los perjuicios económicos que se le han derivado como consecuencia de la vulneración del derecho fundamental.

260 Al respecto, puede verse la STS (Sala de lo Social) 2 de febrero de 2015 *(Tol 4769086)* que señala que la doctrina de la Sala en relación con la indemnización por vulneración de derechos fundamentales no ha tenido la uniformidad que sería deseable, pasando de una inicial fase de concesión automática en la que se entendió procedente la condena al pago de la indemnización por los daños morales causados, sin necesidad de que se acredite un específico perjuicio, dado que éste se presume [así, STS de 9 de junio de 1993 *(Tol 5159021)* y STS de 8 de mayo de 1995 *(Tol 5160653)*], a una posterior exigencia de bases y elementos

ción resulta automático el reconocimiento del derecho a obtener un resarcimiento derivado del comportamiento trasgresor del derecho, sin que concurra necesariamente la obligación de constatar un perjuicio económico[261]. De manera que, teniendo en cuenta la doctrina actual, en atención a la regulación que se ha producido en la materia tras la LRJS *(Tol 2245714)*, se considera que "la exigible identificación de "circunstancias relevantes para la determinación de la indemnización solicitada" ha de excepcionarse en el caso de los daños morales unidos a la vulneración del derecho fundamental cuando resulte difícil su estimación detallada"[262].

De manera que los daños morales resultan indisolublemente unidos a la vulneración del derecho fundamental, y al ser especialmente difícil su estimación detallada, deben flexibilizarse las exigencias normales para la determinación de la indemnización.

Asimismo, como ha aclarado el TS, "la indemnización de daños morales abre la vía a la posibilidad de que sea el órgano judicial el que establezca prudencialmente su cuantía, sin que pueda exigirse al reclamante la aportación de bases más exactas y precisas para su determinación, en tanto que en esta materia se produce la "inexistencia de parámetros que permitan con precisión traducir en términos económicos el sufrimiento en que tal daño [moral] esencialmente consiste… [lo que] lleva, por una parte, a un mayor margen de discrecionalidad en la valoración… y, por otra parte, "diluye en

---

clave de la indemnización reclamada que justifiquen suficientemente la misma y que estén acreditados indicios o puntos de apoyo suficientes en los que se pueda asentar la condena [STS 11 de junio de 2012 *(Tol 2651713)* y STS de 15 de abril de 2013 *(Tol 3707386)*]. Doctrina que posteriormente ha sido modificada de nuevo, atendiendo al criterio aperturista que actualmente informa el resarcimiento del daño moral. La referida STS (Sala de lo Social), de 2 de febrero de 2015 *(Tol 4769086)*, pone de relieve el diferente modo en que ha de abordarse la fijación por los daños sufridos (necesitados de su acreditación) y por los daños y perjuicios morales (donde la determinación posee elevadas dosis de discrecionalidad). Sobre la evolución de la doctrina del TS en orden a esta cuestión pueden verse también la STS (Sala de lo Social), de 5 de octubre de 2017 (*Tol 6427727)* y STS (Sala de lo Social), de 8 de noviembre de 2023 (*Tol 9780325).*

261 STS (Sala de lo Social), de 19 de diciembre de 2017 *(Tol 6484731).*

262 STS (Sala de lo Social), de 5 de octubre de 2017 *(Tol 6427727)*, seguida, entre otras, por la STS (Sala de lo Social), de 20 de abril de 2022 *(Tol 8920334)* y por la STS (Sala de lo Social), de 8 de noviembre de 2023 (*Tol 9780325).*

cierta medida la relevancia para el cálculo del quantum indemnizatorio" de la aplicación de parámetros objetivos, pues "los sufrimientos, padecimientos o menoscabos experimentados "no tienen directa o secuencialmente una traducción económica"[SSTS/Iª 27/07/06 Ar. 6548; y SSTS/4ª 28/02/08 —rec. 110/01-]" (SSTS 21/09/09 —rcud 2738/08-; y 11/06/12 —rcud 3336/11)"[263].

La fórmula de cálculo utilizada como referencia en la reclamación atiende al criterio orientativo previsto en la LISOS (*Tol 176110)* identificando la cuantía del daño indemnizable con la cuantía que cabría aplicar a la infracción cometida por el comportamiento infractor. Así, la utilización del criterio orientador de las sanciones pecuniarias previstas por la LISOS (*Tol 176110)* para las infracciones producidas en según qué caso ha sido admitido por la jurisprudencia constitucional, a la par que considerado idóneo y razonable por el TS[264].

---

263 STS (Sala de lo Social), de 20 de abril de 2022 *(Tol 8920334)*, STS (Sala de lo Social), de 13 de abril de 2023 *(Tol 9514273)*, STS (Sala de lo Social), de 8 de noviembre de 2023 (*Tol 9780325)* y STS (Sala de lo Social), de 8 de enero de 2024 (*Tol 9841739)*.

264 STC 247/2006, de 24 de julio *(Tol 971432)*, STS (Sala de lo Social), de 2 de febrero de 2015 *(Tol 4769086)*, STS (Sala de lo Social), de 5 de octubre 2017 *(Tol 6427727)*, STS (Sala de lo Social), de 20 de abril de 2022 *(Tol 8920334)* y STS (Sala de lo Social), de 13 de abril de 2023 *(Tol 9514273)*, entre otras muchas. A modo de ejemplo, puede verse la STSJ de Andalucía, Granada (Sala de lo Social), de 11 de octubre de 2018 *(Tol 7016803)*, en la que se establece como criterio de reparación de los daños y perjuicios —incluidos los de índole moral—, aparte de la reserva de acciones para percibir las diferencias retributivas que se ventilarán en el proceso ordinario, la aplicación del sistema establecido en la LISOS (*Tol 176110)*, por la evidente finalidad no sólo resarcitoria sino también preventiva. Entiende la Sala que ante una única conducta infractora, aunque afecte a todo un colectivo, constituyen una única infracción muy grave, si bien con repercusión respecto de cada uno de los trabajadoras, y dado que el criterio es orientador, el importe indemnizatorio debe quedar reducido al importe máxime del grado mínimo, para las multas por infracciones muy graves, del art. 40,1° c) de la LISOS (*Tol 176110)*. También la STSJ de Andalucía, Granada (Sala de lo Social), de 14 de noviembre 2019 *(Tol 7778337)*, según la cual "dadas las circunstancias concurrentes y los precedentes litigiosos sería aplicable la sanción del art. 40,1° c, en conexión con el art. 8, 12 de aquel cuerpo legal de la LISOS, sin que sea óbice que la discriminación derive de unas tablas salariales del convenio, porque no se cuestiona en sí la regulación convencional, sino la desviada aplicación en detrimento del colectivo de mujeres trabajadoras discri-

Ahora bien, como igualmente matiza el TS, con el empleo de los elementos que ofrece la cuantificación de las sanciones de la LISOS *(Tol 176110)* no se está haciendo una aplicación sistemática y directa de la misma, sino que se limita a la razonabilidad que algunas de esas cifras ofrecen para solucionar el caso, atendida a la gravedad de la vulneración del derecho fundamental. De manera que la más reciente doctrina del TS se ha alejado más del objetivo propiamente resarcitorio, para situarse en un plano que no descuida el aspecto preventivo que ha de corresponder a la indemnización[265].

Ahora bien, en muchas ocasiones la utilización de los elementos que ofrece la cuantificación de las sanciones de la LISOS *(Tol 176110)* no es suficiente para cumplir tanto la función resarcitoria del daño como la función disuasoria para prevenir futuras vulneraciones de derechos fundamentales. Lo que se debe a la amplia horquilla de la cuantificación de las sanciones de la LISOS *(Tol 176110)* para un mismo tipo de falta, sea leve, grave o muy grave.

Por lo que el recurso a este criterio debe ir acompañado de una valoración de las circunstancias concurrentes en cada caso, de manera que, para la cuantificación de la indemnización, se deben tener en cuenta elementos varios, tales como la antigüedad del trabajador (trabajadora, en la materia que nos ocupa) en la empresa, la persis-

---

minadas de aquel servicio y en relación al resto de su personal que efectúa la corporación demandada, lo que permite encajar la conducta en una decisión unilateral empresarial". Y, finalmente, la STSJ de Asturias (Sala de lo Social), de 20 de noviembre de 2018 *(Tol 6989919)*, según la cual en ausencia de otros elementos acreditativos de conceptos adicionales, se estima la pretensión de reparación del daño moral sufrido por la actora "fijando la indemnización como lo hace la Juzgadora a quo atendiendo al importe medio de las sanciones para infracciones muy graves que se contempla en el artículo 40.1.b) del Real Decreto Legislativo 5/2000, de 4 de agosto, por el que se aprueba el Texto Refundido de la Ley de Infracciones y Sanciones en el orden laboral, y ponderando para su cuantificación la gravedad y reiteración de los hechos que se han declarado probados y su incidencia en los derechos fundamentales que se reputan vulnerados se considera plenamente ajustada en aplicación de la anterior doctrina y el motivo de censura jurídica solo puede ser rechazado".

265 STS (Sala de lo Social), de 20 de abril de 2022 *(Tol 8920334)*, que es destacada en el apartado de Crónicas de jurisprudencia por GARCÍA RUBIO, M. A., GOERLICH PESET, J. M. y TORMOS PÉREZ, J. A., *Administración laboral*, op. cit, p. 241; y STS (Sala de lo Social), de 13 de abril de 2023 *(Tol 9514273)*.

tencia temporal de la vulneración del derecho fundamental, la intensidad del quebrantamiento del derecho, las consecuencias que se provoquen en la situación personal o social del trabajador o del sujeto titular del derecho infringido, la posible reincidencia en conductas vulneradoras, el carácter pluriofensivo de la lesión, el contexto en el que se haya podido producir la conducta o una actitud tendente a impedir la defensa y protección del derecho transgredido[266].

El art. 27.1 de la Ley 15/2022, de 12 de julio, integral para la igualdad de trato y la no discriminación *(Tol 9113969)*, tras hacer referencia a que, una vez acreditada la discriminación se presumirá la existencia de daño moral, especifica que se valorará "atendiendo a las circunstancias del caso, a la concurrencia o interacción de varias causas de discriminación previstas en la ley y a la gravedad de la lesión efectivamente producida…". Lo que permite entender que dicha ley confirma y normativiza la vigencia de algunos de los factores que ya se venían empleando por los tribunales de justicia. Asimismo, el art. 48 de la referida Ley 15/2022, de 12 de julio, contempla otras cuantías diferentes y más elevadas cuando se trate de discriminación lo que, como ha señalado la doctrina, obligará a los tribunales a decidir cuáles deber ser las aplicables[267].

Especial interés adquiere en la materia objeto de estudio la interacción de varias causas de discriminación en materia retributiva (en cuanto elemento o factor a tener en cuenta para valorar el daño

---

266 STS (Sala de lo Social), de 20 de abril de 2022 (*Tol 8920334*) y STS (Sala de lo Social), de 23 de febrero de 2022 (*Tol 8832986)*.

267 Al respecto, pueden verse a LOUSADA AROCHENA, F.J., RON LATAS, R.P., BELLIDO ASPAS, M. y RODRÍGUEZ MARTÍN-RETORTILLO, R.A., *Sistema de Derecho Procesal Laboral*, op. cit., p. 373. En esta obra se hace una recopilación de los criterios que ha venido utilizando la doctrina judicial a los efectos de cuantificar los daños morales, tales como la gravedad de la lesión, la reiteración de la misma, la culpabilidad del agente, la mayor o menor efectividad de otras tutelas, las circunstancias concurrentes, … Especial mención merecen los gastos del proceso, que se suelen considerar como partidas indemnizables, si bien la jurisprudencia ha rechazado la inclusión de los honorarios de los profesionales puesto que ello puede desvirtuar el principio de gratuidad del proceso laboral. Sin embargo, como señalan estos autores, esta jurisprudencia debería ser revisada a tenor de la doctrina del TJUE de 14 de septiembre de 2023 (C-113/22) *(Tol 9884159)*, que considera que la inclusión de los honorarios viene exigida por la reparación íntegra de la vulneración de la igualdad.

moral), como puede ser la discriminación por razón de sexo y por razón de género, en cuyo caso puede que se lesionen estas dos causas discriminatorias. Si bien es cierto que la previsión expresa a las causas de discriminación "previstas en la ley", unido a las varias veces denunciada ausencia de previsión expresa del género, como causa de discriminación diferente del sexo (aunque con cierta conexión o relación), puede actuar como argumento jurídico para contrarrestar los efectos de la interacción de varias causas de discriminación como criterio a tener presente para valorar el daño moral. Argumento que, en nuestra opinión, además de desacertado, sería desaconsejable si efectivamente se quiere avanzar en la real equiparación salarial entre hombres y mujeres.

En cuanto a la cuantificación de los daños y perjuicios, son susceptibles de ser indemnizados los daños materiales que, según dispone el art. 1106 del Código Civil *(Tol 220310)*, alcanzan, por un lado, el valor de la pérdida que haya sufrido (esto es, cuánto ha dejado de percibir la trabajadora por haber sufrido una discriminación retributiva por razón de sexo y/o de género o, en otras palabras, cuánto de más tendría que haber percibido la trabajadora víctima de discriminación en materia retributiva). Y, por el otro, el valor de la ganancia que se haya dejado de obtener, que en la materia objeto de estudio, en nuestra opinión, se equipara a lo que ha dejado de percibir como consecuencia del tratamiento discriminatorio.

Debiendo incluirse también el resarcimiento por la pérdida de oportunidades, como podría ser el haber accedido a determinadas prestaciones económicas de carácter contributivo del sistema de Seguridad Social de menor cuantía (en comparación a la que le hubiera correspondido), en aplicación de las correspondientes reglas de cálculo que, como es sabido, en el nivel contributivo están en relación directa con contribución al sistema, en función, a su vez, de la retribución percibida. Lo que no sino una consecuencia de la situación de discriminación retributiva por razón de sexo y de género.

Asimismo, en algunos supuestos en los que la discriminación retributiva por razón de sexo y/o de género deriva, no de una incorrecta valoración del puesto de trabajo, sino de otro tipo de situaciones o decisiones (aplicación de reglas de promoción profesional, ejercicio de derechos de conciliación de la vida personal y laboral, inadecuada clasificación profesional, ciertas vicisitudes de la relación laboral,...), la trabajadora ha podido dejar de percibir cierta retribución, esto es, ha dejado de obtener cierta ganancia; pero que, en cualquier caso, se traduce en cuantificar la pérdida retributiva que ha sufrido o la ganancia que ha dejado de obtener. Son, pues, indemnizables los daños materiales, que comprenden tanto el daño emergente (daños derivados de la lesión) como el lucro cesante (ganancias dejadas de obtener)[268].

Respecto de la función preventiva que, como se anticipó, debe cumplir la indemnización, tal y como dispone el art. 183.2 de la LRJS *(Tol 2245714)*, ofreciendo un carácter disuasorio con la finalidad de prevenir el daño, se podría pensar que, debido a la gravedad de la actuación empresarial consistente en discriminar a una trabajadora en materia retributiva por razón de sexo y/o de género, cabría entender como razonable la posibilidad de que la referida función preventiva implique o conlleve una función sancionadora ejemplarizante, con la que disuadir no sólo al autor de la discriminación retributiva, sino a otros posibles autores de actuar de esa forma; lo que permitiría cuantificar los conocidos como daños punitivos[269].

Sin embargo, sabido es que se trata de una cuestión discutida, en tanto en cuanto se puede entender que la función punitiva se cumple en virtud de la aplicación de las sanciones impuestas por la comisión de infracciones administrativas (ya analizadas cuando se abordó la tutela administrativa de la igualdad retributiva por razón del sexo y género). Pero, además, porque podría también entenderse que los daños punitivos supondrían el menoscabo del principio de prohibición de enriquecimiento sin causa.

Atendiendo a la normativa de aplicación, ni la LRJS *(Tol 2245714)* ni la Ley 15/2022, de 12 de julio, integral para la igualdad de trato

---

268 Una relación de los conceptos indemnizables en el procedimiento de tutela de los derechos fundamentales y libertades públicas pueden verse a LOUSADA AROCHENA, F.J., RON LATAS, R.P., BELLIDO ASPAS, M. y RODRÍGUEZ MARTÍN-RETORTILLO, R.A., *Sistema de Derecho Procesal Laboral*, op. cit., p. 373.

269 Al respecto, puede verse el tratamiento detallado e interesante, atendiendo a los aspectos relevantes de su regulación en EEUU, que realiza GÓMEZ-MILLÁN HERENCIA, M.J., *Tutela procesal de la no discriminación laboral...*, op. cit., pp. 289 y ss.

y la no discriminación *(Tol 9113969)*, contemplan la indemnización punitiva, puesto que el art. 25.2 de esta última disposición normativa se refiere a "la reparación plena y efectiva para las víctimas", pudiendo entenderse que el carácter punitivo de la indemnización va allá de tal reparación plena y efectiva[270].

Al respecto y de forma específica para la garantía de la igualdad retributiva, como ya se indicó, el art. 16.3 de la Directiva (UE) 2023/970, del Parlamento europeo y del Consejo, de 10 de mayo, por la que se refuerza la aplicación del principio de igualdad de retribución entre hombres y mujeres por un mismo trabajo o un trabajo de igual valor a través de medidas de transparencia retributiva y de mecanismos para su cumplimiento *(Tol 9555489)*, señala que la indemnización o reparación restituirá a la parte que haya sufrido un perjuicio a la situación en la que se habría encontrado si no hubiera sido discriminada o si no se hubiera producido ninguna infracción en materia de igualdad retributiva. Asimismo, como también se expuso con anterioridad, dicho precepto incluso enumera conceptos o elementos que se pueden incluir en la indemnización o reparación, sin que puedan estar sujetos a límite máximo fijado previamente. Pero tampoco se hace mención expresa a la indemnización punitiva.

Lo que, en cualquier caso, no impide que, a los efectos de valorar y cuantificar la indemnización que corresponda a la trabajadora víctima de una discriminación retributiva por razón de sexo y/o de género, se haya de tener presente, tal y como dispone el art. 183.2 de la LRJS *(Tol 2245714)*, que la cuantía del daño tiene que resarcir suficientemente a la víctima y restablecer a ésta, en la medida de lo posible, en la integridad de su situación anterior a la lesión, así como "contribuir a su finalidad de prevenir el daño".

Por lo que, en nuestra opinión, lo relevante es que al cuantificar la indemnización se apliquen de forma adecuada y ajustada los criterios a tener en cuenta: para los daños morales, de forma orientativa sobre la base de la LISOS *(Tol 176110)*, aunque también otros criterios, como ya se dijo; y para atender a la finalidad preventiva

---

270 Esta es la opinión de CABEZA PEREIRO, J. y VIQUEIRA PÉREZ, C., *Igualdad y no discriminación laborales…*, op. cit. p. 221.

del daño (como podrían ser los daños punitivos), igualmente de forma orientativa en atención a la LISOS (*Tol 176110*), aunque también otros como, por ejemplo, reiteración, intensidad del comportamiento, número de trabajadores afectados, tamaño de la empresa, etc. Lo relevante, en definitiva, es que se tenga presente también la referida finalidad preventiva, se diferencie o no de forma más o menos nítida en el monto total de la cuantía de la indemnización y al margen de la denominación como indemnización punitiva.

4.5.2. Sobre las medidas cautelares adoptadas

Además del mencionado contenido de la sentencia, ésta también ha de disponer, por indicación del art. 182.2 de la LRJS *(Tol 2245714)*, lo que proceda sobre las medidas cautelares que se hubieran adoptado previamente, las cuales han debido solicitarse en el mismo escrito de interposición de la demanda.

Incide también en la tutela preventiva el art. 28 de la Ley 15/2022, de 12 de julio, de integral para la igualdad de trato y no discriminación *(Tol 9113969)*, al indicar que la tutela judicial frente a vulneraciones del derecho a la igualdad de trato y no discriminación (incluida, la no discriminación retributiva) comprenderá la adopción de las medidas necesarias para poner fin a la discriminación y, en particular, las dirigidas al cese inmediato de la discriminación, pudiendo acordar la adopción de medidas cautelares dirigidas a la "prevención de violaciones inminentes o ulteriores". Lo que, también en este tema, se ha de desarrollar en los términos de las leyes procesales pero que, en cualquier caso, permite mantener una interpretación extensiva de la aplicación de las medidas cautelares[271].

En este sentido, el art. 180.1 de la LRJS *(Tol 2245714)* dispone que el actor puede solicitar, además de la suspensión de los efectos del acto impugnado (si fuera el caso), las demás medidas necesarias para asegurar la efectividad de la tutela judicial que pudiera acordarse en sentencia, sin que se concreten medidas específicas en materia

[271] En estos términos se pronuncian CABEZA PEREIRO, J. y VIQUEIRA PÉREZ, C., *Igualdad y no discriminación laborales...*, op. cit. p. 211.

de discriminación retributiva por razón de sexo y género, aunque sí cuando se alega la protección de otros derechos fundamentales (como la protección frente al acoso o en procesos seguidos a instancias de víctimas de violencia de género).

Tampoco presenta mayor concreción de estas medidas cautelares la Directiva (UE) 2023/970, del Parlamento europeo y del Consejo, de 10 de mayo, por la que se refuerza la aplicación del principio de igualdad de retribución entre hombres y mujeres por un mismo trabajo o un trabajo de igual valor a través de medidas de transparencia retributiva y de mecanismos para su cumplimiento *(Tol 9555489)*. Dichas medidas, que podrán decidir los órganos jurisdiccionales en los casos de infracción de los derechos y obligaciones relativos al principio de igualdad de retribución (por lo tanto, no sólo en el procedimiento de tutela de los derechos fundamentales), son: por un lado, medida por la que se ordene el cese de la infracción; y, por el otro, medida por la que se ordene la adopción de medidas, sin concreción de qué tipo, a diferencia de lo que hacía la propuesta de dicha directiva (que se refería a medidas estructurales y organizativas para que el empresario cumpla con sus obligaciones en materia de igualdad de retribución), para garantizar que se apliquen los derechos u obligaciones relativos al principio de igualdad de retribución.

Sí es cierto que en el considerando 51 de la Directiva (UE) 2023/970, del Parlamento europeo y del Consejo, de 10 de mayo (*Tol 9555489*), se especifican, al hacer referencia a otras vías de reparación (además de la indemnización), algunas medidas estructurales y organizativas para que el empleador cumpla con sus obligaciones en materia de igualdad de retribución. Dichas medidas pueden incluir, a modo de empleo, “la obligación de revisar el mecanismo de fijación de la retribución con arreglo a una evaluación y una clasificación neutras con respecto al género; el establecimiento de un plan de acción para eliminar las discrepancias constatadas y reducir toda diferencia retributiva que no esté fundamentada; el suministro de información a los trabajadores para que sean más conscientes de su derecho a la igualdad de retribución; y la impartición de formación obligatoria para el personal de recursos humanos sobre igualdad retributiva y sobre técnicas de evaluación y clasificación profesional neutras con respecto al género”.

Son, pues, medidas con las que se procura poner fin, cuanto antes, a la conducta que se denuncia como discriminatoria por razón de sexo y/o de género, permitiendo que los jueces o tribunales puedan ordenar no sólo el cese de la misma sino incluso la adopción de medidas (como medidas estructurales u organizativas) que permitan el cumplimiento efectivo y real del principio de igualdad y no discriminación por razón de sexo y de género en materia retributiva.

Procurando, con ello, no sólo poner fin a la infracción denunciada, sino también previniendo futuras situaciones discriminatorias, si bien es cierto que la identificación y aplicación de tales medidas no es tarea fácil, ni en su exigencia, ni en su comprobación. Salvo que a partir de los hechos descritos en la demanda se puedan identificar dichas medidas, incluidas las organizativas o estructurales. Lo que será más fácil a partir de los indicios de discriminación y de la aportación empresarial para justificar su conducta, si bien es cierto que esto se hace en el acto del juicio.

Sin embargo, como es sabido, tal y como dispone en el apartado 5 del art. 180 de la LRJS *(Tol 2245714)*, en el supuesto en que se hubiesen solicitado medidas cautelares, el letrado de la Administración de Justicia citará (dentro del día siguiente a la admisión de la demanda o a la solicitud de tales medidas) a las partes y al Ministerio Fiscal para que comparezcan a una audiencia preliminar En dicha audiencia sólo se admiten alegaciones y pruebas sobre la justificación y proporcionalidad de las medidas cautelares, en relación, a los efectos que interesan, con el derecho a la igualdad de trato y no discriminación por razón de sexo y de género en materia retributiva, y el riesgo para la efectividad de la resolución que deba recaer.

Es entonces cuando la parte solicitante ha de aportar el necesario principio de prueba al respecto, pudiendo contribuir a facilitar tal aportación la información extraída de los instrumentos de transparencia retributiva (registro retributivo, auditoría retributiva, sistema de valoración de los puestos de trabajo de la clasificación profesional e información obtenida por la propia trabajadora demandante), los cuales, por tanto, también a estos efectos, cumplen una relevante función preventiva.

4.6. Las costas procesales

No cabe duda de que las costas procesales pueden suponer un importante desincentivo para que las víctimas de discriminación retributiva por razón de sexo y de género interpongan demandas y, sobre todo, recursos por la presunta infracción de su derecho a la igualdad de retribución, lo que contribuye a que la protección de las trabajadoras y el cumplimiento del derecho a la igualdad de retribución no sean suficientes. Y, en parte –puesto que existen otros motivos que ya se han puesto de manifiesto con anterioridad—, ello puede incidir en que, como se ha dicho en más de una ocasión, sean escasas las demandas por discriminación retributiva por razón de sexo y género que se presentan. No tanto por la condena en costas pues, como se indica más adelante, no existe, al menos en la instancia en el orden social, sino por el coste económico que puede implicar para la trabajadora, en los términos que igualmente se exponen en este apartado.

Con la finalidad de eliminar este importante obstáculo procesal a la justicia, la Directiva (UE) 2023/970, del Parlamento europeo y del Consejo, de 10 de mayo, por la que se refuerza la aplicación del principio de igualdad de retribución entre hombres y mujeres por un mismo trabajo o un trabajo de igual valor a través de medidas de transparencia retributiva y de mecanismos para su cumplimiento *(Tol 9555489)*, apuesta por que los Estados Miembros garanticen que los órganos jurisdiccionales nacionales puedan evaluar si la parte demandante cuya demanda no ha prosperado tenía motivos razonables para interponerla y, en caso afirmativo, si debe eximirse a dicho demandante del pago de las costas procesales. Es más, de forma específica, ello se debe aplicar, en particular, cuando la parte demandada contra quien no haya prosperado una demanda haya incumplido las obligaciones de transparencia retributiva establecidas en la referida Directiva.

En este sentido, el art. 22 de la Directiva (UE) 2023/970, del Parlamento europeo y del Consejo, de 10 de mayo *(Tol 9555489)*, dispone que “los Estados miembros garantizarán que en los asuntos en los que la demanda por discriminación retributiva no prospere, los órganos jurisdiccionales nacionales puedan evaluar, de conformidad con el Derecho nacional, si la parte demandante cuya demanda no ha prosperado tenía motivos fundados para interponerla y, en caso afirmativo, si procede eximir a la parte demandante del pago de las costas procesales".

Sobre esta cuestión, en nuestro ordenamiento jurídico interno se ha de tener presente que ni las normas reguladoras del derecho fundamental a la no discriminación por razón de sexo y de género (ni la LOI, *(Tol 1042650)*, ni la Ley 15/2022, de 15 de julio, integral para la igualdad de trato y no discriminación, *(Tol 9113969)*, ni la LRJS *(Tol 2245714)* establecen reglas o pautas especiales de aplicación a las costas procesales en la materia objeto de estudio. En concreto, esta última disposición normativa no prevé ninguna especialidad, no sólo en el proceso de tutela de los derechos fundamentales y libertades públicas, sino tampoco en las otras modalidades procesales de tutela de la garantía de igualdad retributiva por razón de sexo o de género[272].

Como es sabido, en el orden social el carácter compensador e igualitario de la legislación laboral se manifiesta en el régimen jurídico del beneficio de justicia gratuita, en las diferentes cargas económicas exigidas para una y otra parte del contrato para la interposición de los recursos previstos legalmente o en las sanciones por mala fe o por notoria temeridad, en los términos que se detallan más adelante[273]. En concreto, se establece con carácter general la gratuidad del proceso, de manera que en la instancia ninguna de las partes debe abonar tasa alguna por la interposición de la demanda, pues dicha imposición se ha considerado inconstitucional por su carácter disuasorio, afectando al derecho constitucional a la tutela judicial efectiva[274].

---

272 STS (Sala de lo Social), de 11 de mayo de 2012 (*Tol 2584247*), según la cual no se contienen "en la LRJS (arts. 177 a 184) reglas específicas sobre costas ni honorarios en la modalidad procesal de la tutela de los derechos fundamentales y libertades públicas; pero regulándose en la LRJS con carácter general al proceso social, en todas sus fases o instancias, las consecuencias (rechazo de oficio de pretensiones, multas de hasta 180.000 € o indemnizaciones, en su caso) de las actuaciones dilatorias o que entrañen abuso de derecho o fraude procesal o que vulneren las reglas de la buena fe, así como del incumplimiento de las obligaciones de colaborar con el proceso y de cumplir las resoluciones que en el mismo se dicten (art. 75 LRJS)".

273 Al respecto, puede verse a CRUZ VILLAÓN, J.: *Compendio de Derecho del Trabajo...* op. cit., p. 721.

274 STC 140/2016, de 21 de julio (*Tol 5783526*).

Así, la imposición de costas en el orden social se rige e inspira por el principio general de gratuidad, de manera que en primera instancia no hay condena en costas. Ello está en relación con lo dispuesto, con carácter general, en el art. 21 de la LRJS *(Tol 2245714)*, según el cual en la instancia la defensa por abogado y la representación técnica por graduado social colegiado tiene carácter facultativo. A diferencia de lo que sucede en el recurso de suplicación, en el que los litigantes habrán de estar defendidos por abogado o representados técnicamente por graduado social colegiado, así como en el recurso de casación y en las actuaciones procesales ante el Tribunal Supremo, en que será preceptiva la defensa de abogado. Sin que en el orden jurisdiccional social sea preceptiva la intervención de procurador, de ahí que, en los casos de imposición de costas en este orden, dicha imposición se limite a los honorarios de los abogados o peritos que pudieran intervenir en el proceso.

El carácter facultativo de la defensa en la instancia no impide, obviamente, que cualquiera de los litigantes, a los efectos que interesan, la trabajadora que se considere víctima de discriminación por razón de sexo y/o de género en materia retributiva o, en cada caso, quien sea sujeto legitimado pueda —e, incluso, en nuestra opinión, deba, sobre todo teniendo en cuenta la complejidad de la materia por la frecuencia con que las discriminaciones retributiva por razón de sexo y de género permanecen ocultas o encubiertas bajo criterios aparentemente neutros que no son fáciles de destapar, en estrecha conexión con la frecuente falta de transparencia retributiva— utilizar la defensa por abogado o la representación técnica por graduado social colegiado, en cuyo caso, será de su cuenta el pago de los honorarios o derechos respectivos con las excepciones contempladas en la legislación sobre asistencia jurídica gratuita.

De ahí que sería conveniente, como medida para incentivar el aumento de las demandas presentadas en materia de discriminación retributiva por razón de sexo y de género, plantear la aplicación de normas específicas de asistencia jurídica gratuita o de aplicar otras vías para sufragar los gastos procesales, con el fin de ampliar el colectivo beneficiario de la misma. Y, sobre todo, que en el recurso de suplicación y de casación, en los que sí se puede condenar en costas a la parte vencida, que el órgano judicial pueda evaluar, si la parte demandante (sea quien sea el sujeto legitimado para interponer la demanda, en según cuál sea la modalidad procesal empleada), cuya demanda no ha prosperado tenía motivos fundados para interponerla, en cuyo caso podría eximirla del pago de las costas procesales. Y ello, en cumplimiento del referido art. art. 22 de la Directiva (UE) 2023/970, del Parlamento europeo y del Consejo, de 10 de mayo *(Tol 9555489).*

Lo que también podría suceder si el empresario ha incumplido sus obligaciones de transparencia retributiva impuestas por la normativa, lo que, aunque no necesariamente, podría implicar la existencia de una discriminación retributiva por razón de sexo y/o de género (y, en consecuencia, podría obtenerse una sentencia favorable a la parte recurrente) y, casi con toda seguridad, la ausencia de instrumentos a partir de los cuales obtener información relevante a los efectos de demostrar si dicha falta de transparencia va unidad también a la producción de una situación de discriminación por razón de sexo y/o de género en materia retributiva.

En todo caso, con carácter general y sin especialidad en el proceso especial de tutela de los derechos fundamentales y libertades públicas (ni ninguna otra modalidad procesal de tutela de la garantía de igualdad retributiva), igualmente se ha de tener presente que la previsión legal de que en la instancia las partes asuman los gastos de representación y de asistencia jurídica, requiere ser objeto de matización cuando concurran determinadas circunstancias, en cuyo caso cabe incluso la imposición de una multa o sanción pecuniaria, que no tiene naturaleza indemnizatoria[275].

En efecto, según dispone el art. 66.3 de la LRJS *(Tol 2245714)*, si al acto de conciliación no compareciera la otra parte debidamente citada (a los efectos que interesan, el empresario demandado por presunta lesión de la garantía de igualdad retributiva por razón de sexo y/o de género) el juez o tribunal impondrán las costas del proceso a la parte que no hubiere comparecido sin causa justificada, inclui-

---

275 VALLE MUÑOZ, F.A., *La multa por temeridad y mala fe en el proceso laboral*, Bomarzo, 2004, p. 13. En esta línea, pueden verse, entre otras, la STSJ de Madrid, de 21 de diciembre de 2017 *(Tol 6546669)* y STSJ de Extremadura, de 3 de enero de 2018 (*Tol 6497).30*).

dos honorarios, hasta el límite de 600 euros, del letrado o graduado social colegiado de la parte contraria que hubieren intervenido, si la sentencia que en su día dicte coincidiera esencialmente con la pretensión contenida en la papeleta de conciliación o en la solicitud de mediación. No se imponen las costas, pues, de forma automática, siendo igualmente necesario apreciarla cuando se tuviera la certeza de que la empresa conociera la citación al acto de conciliación[276].

Además, el art. 97.3 de la LRJS *(Tol 2245714)* dispone que la sentencia de forma motivada podrá imponer una sanción pecuniaria al litigante que no acudió injustificadamente al acto de conciliación, así como al litigante que obró de mala fe o con temeridad[277]. También motivadamente podrá imponer una sanción pecuniaria cuando la sentencia condenatoria coincidiera esencialmente con la pretensión contenida en la papeleta de conciliación[278]. En estos casos, cuando fuese el empresario el condenado, deberá abonar también los ho-

---

276 STS (Sala de lo Social), de 7 de mayo de 2010 (*Tol 1886915*), según la cual es necesario valorar las circunstancias que concurran, por lo que no se impone de manera automática. En esta línea, puede verse también la STSJ de Andalucía (Sala de lo Social), de 21 de septiembre de 2015 (*Tol 5574739*), que igualmente señala que se han de valorar la conducta, sin que opere la multa de forma automática.

277 Véase la STSJ de Galicia (Sala de lo Social), de 29 de septiembre de 2015 *(Tol 5511400)* que consideró que había existido una discriminación indirecta por razón de sexo en un supuesto en el que una trabajadora había sido despedida tras el empleo tras el uso de diversas medidas de conciliación de su vida laboral y familiar, incluida una reducción de jornada. En esta sentencia, pese a considerar la existencia de discriminación indirecta por razón de sexo, se revisa una multa por mala fe o temeridad impuesta en primera instancia, que quedó anulada pues entendió que el empresario no había actuado con mala fe o con temeridad. La cuantía de la multa por mala fe o temeridad, según dispone el art. 75.4 de la LRJS (*Tol 2245714*), se gradúa por el juez "de forma motivada y respetando el principio de proporcionalidad, ponderando las circunstancias del hecho, la capacidad económica y los perjuicios causados al proceso y a otros intervinientes o a terceros". La multa podrá oscilar de ciento ochenta a seis mil euros, sin que en ningún caso pueda superar la cuantía de la tercera parte del litigio.

278 Sobre la coincidencia esencial con la pretensión, puede verse la STSJ de Andalucía (Sala de lo Social), de 21 de septiembre de 2015 (*Tol 5574739*), que, en relación con el derecho a la no discriminación por razón de sexo, anula la multa por temeridad impuesta en la instancia puesto que no se había producido la estimación esencial de la pretensión.

norarios de los abogados y graduados sociales de la parte contraria que hubieran intervenido (también con el límite de 600 euros)[279]. La diferencia entre el trabajador y el empresario que actúan de mala fe en el proceso y, en consecuencia, la mayor cuantía a abonar por el empresario, al incluirse también los honorarios de los abogados y graduados sociales de la parte contraria, se debe a la diferencia que existe entre ambas partes de la relación jurídico laboral y, de forma especial, al beneficio de justicia gratuita para el trabajador que inspira la jurisdicción del orden social[280].

La sanción pecuniaria o multa que se puede imponer en estos supuestos indicados[281], además del abono de los honorarios de los abogados y graduados sociales de la parte contraria cuando el condenado sea el empresario, mitigan, sin duda, el gasto procesal que acarrea para la trabajadora demandante cuando concurran las circunstancias descritas y, con especial relevancia, cuando la sentencia sea condenatoria para el empresario (y coincida esencialmente con la pretensión contenida en la papeleta de conciliación) por haber vulnerado el derecho a la igualdad y no discriminación retributiva por razón de sexo y/o de género.

---

279 Al respecto, puede verse, a modo de ejemplo la STS (Sala de lo Social) de 26 de noviembre, de 2019 (*Tol 7737432)*. En esta sentencia se señala que "el motivo debe ser desestimado, procediendo a confirmar la condena en costas que se realizó en la instancia, por cuanto que, tal y como dispone el art. 66.3 y 97.3 de la LRJS, las costas del proceso en la instancia solo procederán cuando concurra el supuesto allí contemplado y en este caso, esos requisitos concurren (…) Este apartado recoge la imposición de costas en la instancia cuando concurran dos circunstancias: 1) incomparecencia al acto de conciliación sin causa justificada; y 2) que la sentencia que se dicte coincida esencialmente con la pretensión contenida en la papeleta de conciliación". También puede verse, en relación con la condena al abono de los honorarios del abogado de la contraparte que sólo se impone al empresario, la STS (Sala de lo Social), de 28 de febrero de 2018 (*Tol 6548104)*.

280 Al respecto, puede verse VALLE MUÑOZ, F.A., *La multa por temeridad y mala fe en el proceso laboral*, op, cit, pp. 78 y a GÓMEZ-MILLÁN HERENCIA, M.J., *Tutela procesal de la no discriminación laboral…*, op. cit., p. 301.

281 La cuantía de la multa oscila entre 180 euros y 6.000 euros, con el límite de la tercera parte de la cuantía del litigio. Para su fijación, tal y como dispone el art. 75.4 de la LRJS (*Tol 2245714)* el juez a de atender al "principio de proporcionalidad, ponderando las circunstancias del hecho, la capacidad económica y los perjuicios causados al proceso y a otros intervinientes o a terceros".

Por su parte, a la parte vencida en el recurso la sentencia, como se ha anticipado, le impondrá las costas, salvo cuando goce del beneficio de justicia gratuita o cuando se trate de sindicatos. Además de en primera instancia, la multa por mala fe o temeridad también se puede imponer en la fase de recursos, en cuyo caso la condena en costas es accesoria a la multa. Las costas comprenden los honorarios del abogado o del graduado social colegiado de la parte contraria que hubiera actuado en el recurso en defensa o en representación técnica de la parte, sin que la atribución en las costas de dichos honorarios pueda superar la cantidad de 1.200 euros en recurso de suplicación y de 1.800 euros en recurso de casación (art. 235.1 de la LRJS, *(Tol 2245714)*

El silencio o la falta de mención expresa de los honorarios del procurador, unido a que, como se ha dicho, en el orden jurisdiccional social no es preceptiva la intervención del mismo, hace que surja la duda sobre si tales honorarios se incluyen o no entre los conceptos que se integran en la condena en costas. Al respecto, se destaca cómo algunos pronunciamientos del TS han incluidos los gastos del procurador, fijándose conforme a los aranceles de los derechos de los procuradores, e incluso han añadido la parte del Impuesto del Valor Añadido que ha generado el abogado y el procurador[282].

Sin embargo, esta regla general del vencimiento en el recurso no se aplica cuando se trate del proceso sobre conflicto colectivo, el cual, como se ha analizado, es una modalidad procesal adecuada para la tutela de la igualdad de trato y no discriminación retributiva por razón de sexo y de género. En este caso, cada parte se hace cargo de las costas causadas a su instancia (art. 235.2 de la LRJS, *(Tol 2245714)*.

Al respecto, se insiste, se ha de tener presente la previsión antes referida contenida en el art. 22 de la Directiva (UE) 2023/970, del Parlamento europeo y del Consejo, de 10 de mayo *(Tol 9555489)*, en aras de evitar que las costas procesales puedan desincentivar la interposición de recursos ante conflictos colectivos por la presunta infracción del derecho a la igualdad y no discriminación retributiva. Se aboga, pues, por la aplicación de alguna regla especial no sólo para

282 Auto del TS de 26 de noviembre de 2002 (*Tol 3503114*).

la condena en costas procesales en caso de vencimiento (que no se aplica en recurso en el proceso de conflicto colectivo), sino incluso para sufragar los gastos procesales que todo proceso conlleva; esto es, algo parecido a lo que se ha defendido para aplicar en la instancia. Lo que se justificaría en la eliminación o, al menos, la reducción de los gastos procesales, en cuanto obstáculo procesal al que se tiene que hacer frente para recabar la tutela de discriminación por razón de sexo y de género en materia retributiva.

Lo que no impide, pues así lo prevé el 235.2 de la LRJS (*Tol 2245714*), que igualmente en la modalidad de conflicto colectivo la Sala pueda imponer el pago de las costas a cualquiera de las partes que en dicho proceso o en el recurso hubiera actuado con temeridad o mala fe[283]. Siendo, en nuestra opinión, igualmente conveniente que se imponga el pago de las costas al empresario que haya incumplido sus obligaciones de transparencia retributiva, incluso en el supuesto en que no hubiese prosperado la demanda, siempre que tuviera motivos razonables para interponerla. Y es que el incumplimiento de las obligaciones empresariales en materia de transparencia retributiva, pese a que, como ya se analizó, conforma un indicio razonable que activa la traslación de la carga de la prueba, puede incidir en el nivel de dificultad a los efectos de obtener información de relevancia para determinar la concurrencia de una situación discriminatoria en materia retributiva por razón de sexo o de género.

Finalmente, se destaca cómo la fijación de las costas podrá hacerse en la sentencia condenatoria y, en su caso, en el auto por el que se

---

283 Puede verse, a modo de ejemplo práctico de esta cuestión, la STS (Sala de lo Social), de 8 de noviembre de 2023 (*Tol 9780325*), cuyo fundamento jurídico sexto, tras desestimar el recurso de casación interpuesto por una empresa (en un supuesto de huelga) dispone que "el fracaso del recurso comporta que debamos imponer las costas causadas a la contraparte (art. 235.1 LRJS, *(Tol 2245714)*. No es necesario, pese a lo que sugiere la impugnación al recurso, que concurra mala fe o temeridad procesal para que apliquemos el criterio del vencimiento puesto que tampoco estamos ahora en un proceso sobre conflicto colectivo (art. 235.2 LRJS, *(Tol 2245714)*. Desde luego, la defensa de los propios intereses, aunque se haga sobre bases erróneas o a partir de argumentos inatendibles no comporta que concurra esa circunstancia subjetiva, que podría abrir las puertas a una multa (arts. 235.3, 75.4 y 97.3 LRJS). En el presente caso, desde luego, no concurren esas conductas indeseables".

desestima el recurso, debiendo solicitarse la ejecución de la condena en costas para que tenga efecto[284]. Esta condena en costas, sea en el pleito planteado en la instancia, sea en los distintos recursos, es diferente de la condena que se pueda imponer en la ejecución de la sentencia. Para que tenga efecto la condena en costas, se ha de solicitar la ejecución, mediante solicitud expresa de la tasación en el caso de que no se hubiese abonado previamente, si bien es necesario esperar a que la sentencia sea firme para que pueda procederse a la ejecución de esta parte de la sentencia [art. 242.2 de la Ley 1/2000, de 7 de enero, de Enjuiciamiento Civil *(Tol 172336)*[285]].

---

284 Auto del TS de 26 de noviembre de 2002 (*Tol 3503114*).

285 BOE de 8 de enero de 2000.

V. Consideraciones finales

El análisis de las vías de protección y reparación que el ordenamiento jurídico ofrece ante situaciones de discriminación retributiva por razón de sexo y de género requiere, como sea hecho en esta obra, partir de una aproximación al principio de transparencia retributiva y a los instrumentos que contribuyen a hacer efectivo dicho principio, por la relevancia que ello adquiere a los efectos de detectar e identificar situaciones de discriminación retributiva por las referidas causas.

A partir de ahí, procede analizar, en primer lugar, las funciones de la Inspección de Trabajo y Seguridad Social en materia de igualdad retributiva, abarcando no sólo la labor de vigilancia y exigencia de la normativa pertinente al respecto, sino también su labor de asistencia técnica e información mediante la emisión de dictámenes que pueda requerirle un juez o tribunal. De ahí que se hayan analizado las vías que originan la actuación inspectora, las medidas que la Inspección de Trabajo y Seguridad Social puede adoptar en según qué casos, la forma de actuar a los efectos de detectar situaciones de discriminación retributiva por razón de sexo y de género, así como el procedimiento sancionador, las infracciones administrativas y las sanciones en materia igualdad retributiva.

Este análisis permite concluir que la tutela administrativa de la igualdad retributiva, vía actuaciones de la Inspección de Trabajo y Seguridad Social, requiere de una más intensa y específica labor de refuerzo de la misma, que contribuya a avanzar hacia la igualdad efectiva entre mujeres y hombres. Es evidente la conexión de la labor esencial de la Inspección de Trabajo y Seguridad Social, cual es la vigilancia y garantía del cumplimiento de las normas jurídicas en materia laboral, con la efectividad real de los derechos laborales y sociales; de ahí que el papel de la Inspección, como instrumento de garantía, sea esencial a los efectos de que estos derechos no se vean menoscabados.

Y es que, como ha quedado expuesto, pese al completo entramado normativo de la garantía de la igualdad retributiva; pese que la igualdad y no discriminación por razón de género se incorpora al ámbito de las relaciones laborales, siendo una de las misiones más relevantes de la Inspección de Trabajo y Seguridad Social; pese a las funciones y actuaciones de la misma dirigidas a la compleja labor de detección de discriminaciones retributivas por razón de sexo y de género; pese a todo ello, aún existe una preocupante brecha retributiva entre mujeres y hombres con un inaceptable e inconstitucional componente discriminatorio por razón de ambas causas.

En este sentido, los instrumentos de transparencia retributiva han de contribuir de forma esencial al efectivo cumplimento de la obligación de igual retribución por trabajo de igual valor; y, a los efectos que interesan, la información retributiva (o la ausencia de la misma) derivada de la aplicación de estos instrumentos, va a facilitar la labor de la Inspección de Trabajo y Seguridad Social en su función de vigilancia y, en su caso, exigencia del cumplimiento de dicha obligación.

E igualmente en este sentido, el objetivo 5 del Plan Estratégico de la Inspección de Trabajo y Seguridad Social 2021-2023, que lleva por título "Garantizar la Igualdad y no discriminación por razón de sexo", contiene una serie de actuaciones tales como: intensificar la utilización de la Herramienta de Lucha contra el Fraude en la planificación de actuaciones, especialmente en materia retributiva; intensificación de la campaña sobre control de planes y medidas de igualdad, así como la de discriminación retributiva, prestando especial atención a las nuevas obligaciones sobre esta materia, incluido el registro retributivo; intensificar la colaboración, principalmente, con el Instituto de las Mujeres, y también con los órganos competentes en materia de igualdad de género a través de las autoridades laborales correspondientes; y formación y sensibilización del personal de la Inspección de Trabajo y Seguridad Social con funciones inspectoras. Todas ellas analizadas en esta obra.

Y, en segundo lugar, el análisis de las vías de protección y reparación que el ordenamiento jurídico ofrece ante situaciones de discriminación retributiva por razón de sexo y de género requiere analizar los mecanismos procesales que permiten la defensa jurídica de las víctimas de la referida discriminación, de forma especial, pero no exclusiva, el proceso de tutela de los derechos fundamentales y libertades públicas. Como se ha expuesto, existe una diversidad de mecanismos procesales de tutela contra la discriminación retributiva por razón de sexo y de género, lo que se relaciona con el origen y causas de la posible situación discriminatoria, que pueden ser muy variados.

Puesto que, además de los supuestos en los que se cuestione una posible discriminación indirecta por incorrecta valoración de los puestos de trabajo, el origen de la discriminación puede hallarse, entre otros, en una incorrecta clasificación profesional (en muchos casos, pero no necesariamente, derivada de una incorrecta valoración de los puestos de trabajo), en una aplicación indebida de las reglas de promoción profesional o en una incorrecta aplicación e interpretación de un convenio o acuerdo colectivo. Supuestos, todos ellos, con evidente repercusión en la retribución de la trabajadora.

Asimismo, determinadas medidas adoptadas por el empresario, como, por ejemplo, modificaciones sustanciales de las condiciones de trabajo, movilidad geográfica de la trabajadora o incluso decisiones extintivas de la relación laboral pueden tener cierta conexión con la materia retributiva o repercusión en la misma, siendo el sexo y/o el género la causa por la que se adoptan dichas decisiones empresariales.

De la misma forma que, igualmente en muchas ocasiones, es la modalidad contractual, sobre todo la contratación a tiempo parcial, la que sirve de excusa, aunque no en todo caso sea justificada, para establecer una diferencia en cuanto a las pautas a aplicar para calcular determinados conceptos retributivos.

Por ello, en este trabajo se han analizado las modalidades procesales que se suelen utilizar en la práctica para recabar la tutela de la no discriminación retributiva por razón de sexo y de género, centrándose en conocer cuáles son algunas de dichas modalidades, sus especialidades en cuanto a la legitimación, demanda, tramitación, sentencia y costas procesales, así como las conexiones o relaciones existentes entre las mismas. Dedicando una especial atención la inversión de la carga de la prueba como rasgo común a las modalidades de tutela discriminatoria. Y, en concreto, entrando a conocer, sobre todo desde una perspectiva práctica, qué se consideran indicios de discriminación por razón de sexo y de género en materia retributiva, así como qué puede constituir una justificación objetiva, razonable y proporcionada de la diferencia retributiva.

A estos efectos, igualmente adquieren gran relevancia los instrumentos de transparencia retributivas, sobre todo el registro retributivo y la auditoría retributiva. No sólo para justificar la medida o actuación empresarial, sino incluso, en sentido contrario, para poder extraer de tales instrumentos información de relevancia e interés a los efectos de determinar la existencia de un comportamiento discriminatorio

En definitiva, el avance en la transparencia retributiva que se persigue con las reformas normativas de los años 2019 y 2020, en nuestra opinión, ha de contribuir a incrementar las acciones administrativas y judiciales, así como a facilitar la labor de la Inspección de Trabajo y Seguridad Social y de los Tribunales de Justicia en la lucha contra la discriminación retributiva por razón de sexo y de género. Y, con ello, en cuanto poderes públicos que son, cumplir con el mandato constitucional de remover los obstáculos, que aún persisten, que impiden o dificultan la plenitud de la igualdad de la mujer trabajadora en materia retributiva.

Y es que la transversalidad del principio de igualdad de trato entre mujeres y hombres, en el sentido de que dicho principio ha de informar, con carácter transversal, la actuación de todos los poderes públicos, exige, tal y como dispone el art. 15 de la LOI *(Tol 1042650)*, que las Administraciones públicas lo integren, "de forma activa, en la adopción y ejecución de sus disposiciones normativas, en la definición y presupuestación de políticas públicas en todos los ámbitos y en el desarrollo del conjunto de todas sus actividades".

De manera que el acervo normativo sobre la garantía de la igualdad retributiva, aprobado por el poder legislativo y/o, en su caso, el poder ejecutivo, requiere de la actuación de la Inspección de Trabajo y de Seguridad Social, en cuanto vigilante y garante del cumplimiento de dicha normativa y, por tanto, como elemento imprescindible en materia de igualdad retributiva para que ésta sea efectiva y real. Así como de la labor del poder judicial, que ha de integrar y observar el principio de igualdad de trato en la interpretación y aplicación de las normas, enjuiciando con perspectiva de género.

Referencias bibliográficas

ALBIOL ORTUÑO, M., "Modalidad procesal de la tutela de los derechos fundamentales", en VV.AA., *Derecho Procesal Laboral,* Tirant lo Blanch, 2015.

ALCOBEA GIL, J. M., ARNÁIZ SERRANO, A., LÓPEZ JIMÉNEZ, R. y MARTÍNEZ SOTO, T., *Esquemas de Derecho Procesal Laboral,* Tirant lo Blanch, Tomo IV, 2018.

ALONSO ARANA, M., "Tutela de derechos fundamentales por acoso ¿qué orden es competente? STS 544/2028, de 17 de mayo, *Revista Aranzadi Doctrinal,* núm. 10 de 2018.

ALONSO BARRERA, P., CERRUTTI BUENDÍA, D., DOMÍNGUEZ ROYO, M., RODRÍGUEZ FERNÁNDEZ, R., SÁIZ TRILLO, L. y VELASCO PARDO, B., El proceso laboral, *Revista Española de Derecho del Trabajo,* núm. 274, Sección Crónica de jurisprudencia, Abril 2024, Aranzadi.

ARAGÓN GÓMEZ, C., "El imparto de la maternidad en la retribución no consolidable, a propósito de los recientes pronunciamientos del Tribunal Supremo", *Revista de Información Laboral,* número 6/2017, parte Artículos Doctrinales, Aranzadi, versión digital (BIB 2017/12418).

ARENAS VIRUEZ, M., "Otro avance en la igualdad retributiva entre mujeres y hombres: análisis del Real Decreto 902/2020, de 13 de octubre", *Temas Laborales,* número 156/2021.

BALLESTER PASTOR, I., "La discriminación retributiva", en VV. AA, *Retos y perspectivas de la discriminación laboral por razón de sexo,* Tirant lo Blanch, 2017.

- "La Directiva 2023/970 sobre igualdad de retribución entre hombres y mujeres; un poco más cerca de la igualdad real y efectiva". *Briefs de la Asociación Española de Derecho del Trabajo y de la Seguridad Social,* publicado el 22 de mayo de 2023.

BLASCO PELLICER, A. y GARCÍA RUBIO, M.A., *Curso de Derecho Administrativo Laboral,* Tirant lo Blanch, 2004.

CABEZA PEREIRO, J. y VIQUEIRA PÉREZ, C., *Igualdad y no discriminación laborales tras la Ley 15/2022,* Aranzadi, 2023.

CAIRÓS BARRETO, D.M., "El papel del convenio colectivo como instrumento de transparencia retributiva", *Femeris,* Vol. 9. Núm. 2, 2024.

CAVAS MARTÍNEZ, F., "Retribución inferior de trabajos de igual valor constitutiva de discriminación salarial indirecta por razón de sexo: juzgando con perspectiva de género", *Revista de Jurisprudencia Laboral,* número 9/2021.

CHOCRÓN GIRÁLDEZ, A.M., *Lecciones de Derecho Procesal Laboral*, Laborum, 2001.

– "El proceso laboral de tutela de derechos fundamentales y libertades públicas en la Ley reguladora de la jurisdicción social", *Boletín del Ministerio de Justicia*, número 2142/2012.

COLMENERO GUERRA, J.A., "Proceso de conflictos colectivos", en VV.AA., *Derecho Procesal Laboral. Parte general y parte especial*, Tirant lo Blanch, 2024.

– "Proceso de tutela de derechos fundamentales y libertades públicas", en VV.AA., *Derecho Procesal Laboral. Parte general y parte especial*, Tirant lo Blanch, 2024.

CRISTOBAL RONCERO, R., "La conciliación de la vida laboral y familiar en la Unión Europea: especial referencia a la propuesta de Directiva sobre igualdad retributiva", *Revista de Derecho Social y Empresa*, núm. 16, 2022.

CRUZ VILLALÓN, J., *Compendio de Derecho del Trabajo*, Tecnos, Decima Séptima Edición, 2024.

DÍEZ-PICAZO GIMÉNEZ, I., "¿Tiene sentido el incidente de nulidad de actuaciones?", en VV.AA., *La nueva perspectiva de la tutela procesal de los derechos fundamentales: XXII Jornadas de la Asociación de Letrados del Tribunal Constitucional, Tribunal Constitucional*, Ministerio de la Presidencia, Justicia y Relaciones con las Cortes. Centro de Estudios Políticos y Constitucionales, 2018.

FABREGAT MONFORT, G., Criterios y sistemas de promoción profesional y ascensos y no discriminación por razón de género", *Femeris*, Vol. 6, núm. 2, 2021.

FERNÁNDEZ GARCÍA, A.: "La transparencia retributiva previa al empleo de la Directiva 2023/970", *Lan Harremanak*, núm. 51, 2024.

FERNÁNDEZ LÓPEZ, M.F., *La tutela laboral frente a la discriminación por razón de género*, La Ley, 2008.

– *Los procesos especiales en la Jurisdicción Social*, Editorial Bomarzo, 2012.

FERNÁNDEZ LUPIÁÑEZ, J.D., "La Inspección de Trabajo y Seguridad Social y las políticas de igualdad", *Revista del Ministerio de Empleo y Seguridad Social. Derecho del Trabajo*, núm. 128, 2017.

FUENTES RODRÍGUEZ, F., "La Directiva 2023/970, por la que se refuerza el principio de igualdad de retribución a través de medidas de transparencia en materia retributiva y de mecanismos para su cumplimiento", *Temas Laborales*, núm. 168/2023.

GARCÍA LOMBARDÍA, S., "El papel de la Inspección de Trabajo y Seguridad Social ante la discriminación retributiva por razón de sexo: un análisis a la luz del principio de transparencia", *Revista de Derecho UNED*, núm. 15, 2015.

GARCÍA RUBIO, M.A., *La inspección de trabajo y Seguridad Social (Doctrina y Jurisprudencia)*, Tirant lo Blanch, 1999.

GARCÍA RUBIO, M. A., GOERLICH PESET, J. M. y TORMOS PÉREZ, J. A., *Administración laboral*, Revista Española de Derecho del Trabajo, núm. 259, Sección Crónica, Diciembre, 2022, Aranzadi.

GOERLICH PESET, J.M., NORES TORRES, L.E. y ESTEVE-SEGARRA, A., *Curso de Derecho Procesal Laboral*, Tirant lo Blanch, 2024.

GÓMEZ FERNÁNDEZ, I. y MONTESINO PADILLA, C., "Una década de incidente de nulidad de actuaciones: ¿aclaración, reforma o supresión?, Revista *Española de Derecho Constitucional*, número 113, 2018.

GÓMEZ-MILLÁN HERENCIA, M.J., *Tutela procesal de la no discriminación laboral por razón de sexo y de género*, Aranzadi, 2019.

GONZÁLEZ GONZÁLEZ, C., "Jurisprudencia reciente sobre discriminación por razón de sexo, maternidad, riesgo durante el embarazo y lactancia", *Revista Aranzadi Doctrinal*, número 2/2018 parte Jurisprudencia, Aranzadi, versión digital (BIB 2018/5849).

LIMÓN LUQUE, M.A., "CON LA VENIA. Sobre el incidente de nulidad de actuaciones y el acceso al recurso de amparo ante el Tribunal Constitucional: un análisis de jurisprudencia, *Derecho de las Relaciones Laborales*, número 8, 2019.

LIÑÁN RUIZ, P., "Actuaciones de la ITSS en materia de igualdad de oportunidades y no discriminación: planes de igualdad", Inspección de Trabajo y Seguridad Social, Palma, 28 de noviembre de 2019. https://www.csedano.com/documentos/itss-en-materia-de-igualdad-sedano.pdf

LÓPEZ BALAGUER, M.: "Nuevas obligaciones para la igualdad retributiva en las empresas", *Revista de Trabajo y Seguridad Social*, CEF, núm. 466, 2022.

LOUSADA AROCHENA, J.F., *La prueba de la discriminación y la lesión de los derechos fundamentales*, Bomarzo, 2021.

– "Jurisprudencia española sobre igualdad retributiva entre mujeres y hombres", *Revista Española de Derecho del Trabajo*, núm. 181/2015, parte Estudios, Aranzadi, versión online (BIB 2015/167286).

LOUSADA AROCHENA, F.J., RON LATAS, R.P., BELLIDO ASPAS, M. y RODRÍGUEZ MARTÍN-RETORTILLO, R.A., *Sistema de Derecho Procesal Laboral*, Laborum Ediciones, 2024.

MARTÍN RODRÍGUEZ, M.O. y MEGINO FERNÁNDEZ, D. *Derecho Procesal Laboral*. Centro de Estudios Financieros, 2019.

MIGUEL NIÑO, M.A., GUADIÁN DELGADO, R. y ALONSO GÓMEZ, R., "La brecha salarial. Prohibición de discriminación por razón de sexo en materia salarial". *Revista de Información Laboral*, número 5, 2018, Parte Artículos Doctrinales, Aranzadi, versión digital (BIB 2018/10116).

MONTOYA MELGAR, A., "Convenio Colectivo y tablas salariales de trabajos de hombres y mujeres; con una digresión económica sobre la determinación del valor del trabajo", *Revista Española de Derecho del Trabajo,* número 108/2001, parte Jurisprudencia. Editorial Civitas, versión online (2001/1744).

MONTOYA MELGAR, A., GALIANA MORENO, J. Mª., SEMPERE NAVARRO, A. V., RÍOS SALMERÓN, B., CAVAS MARTÍNEZ, F. y LUJÁN ALCARAZ, J., *Curso de Procedimiento Laboral,* Tecnos, Madrid, 2012.

MOYA AMADOR, R., "La tutela de los derechos fundamentales y libertades públicas en la ley reguladora de la jurisdicción social", *Revista Doctrinal Aranzadi Social,* número 10/2013.

NIETO ROJAS, P., "La reducción de la brecha salarial de género a través de la transparencia en la política retributiva y la valoración neutra de puestos de trabajo", *Revista del Ministerio de Trabajo y Economía Social,* núm. 155. 2023.

NOGUEIRA GUASTAVINO, M., "El principio de igualdad y no discriminación en las relaciones laborales: perspectiva constitucional reciente", *Lan Harremanak,* 25, 2012.

PRECIADO DOMÈNECH, C.H., Planes de igualdad. Elaboración unilateral por la empresa ante la ausencia de representación legal y la prolongada incomparecencia sindical, *Revista de Jurisprudencia Laboral,* núm. 5/2024.

ROQUETA BUJ, R.: "La Directiva (UE) 2023/970 por la que se refuerza la aplicación del principio de igualdad de retribución entre hombres y mujeres y su transposición en España", *Labos, Revista de Derecho del Trabajo y Protección Social,* Vol. 4, núm. 3, 2023.

ROMERO PRADAS, M.I., "Procedimiento de oficio", en VV.AA., *Derecho Procesal Laboral. Parte general y parte especial,* Tirant lo Blanch, 2024.

SÁEZ LARA, C., "¿Es posible eliminar la brecha salarial de género?, en VV.AA., *Igualdad de género en el trabajo: estrategias y propuestas,* Ediciones Laborum, 2016.

SÁNCHEZ PÉREZ, J., "El proceso especial de tutela de los derechos fundamentales en la jurisdicción laboral y su vertiente reparadora", *Derecho de las Relaciones Laborales,* n.º 9, octubre, 2016.

- "La reparación del daño en la jurisdicción social", *Revista Española de Derecho del Trabajo,* número 216/2019, versión on-line (BIB 2019/1437).

SEMPERE NAVARRO, A.V., "El procedimiento de oficio en la Ley Reguladora de la Jurisdicción Social", *Revista del Ministerio de Empleo y Seguridad Social. Derecho del Trabajo,* núm. 128, 2017.

– "Sobre transparencia salarial y no discriminación", *Revista Aranzadi Doctrinal*, núm. 11, 2023.

SEGOVIANO ASTABURUAGA, M.L., "Hacia la igualdad real", *Actualidad Jurídica Aranzadi*, núm. 974/2021, versión on-line (BIB2021/3879).

SOLA BARLEYCORN, I., La autoridad independiente para la igualdad de trato: su encaje en la legislación de la Unión Europea. Riesgos y oportunidades de su puesta en marcha, *IgualdadES*, 9, 2023.

TASCÓN LÓPEZ, R., "Las vías para remediar la nulidad de actuaciones procesarles en el orden social de la jurisdicción", *Temas Laborales*, número 86, 2006.

VALLE MUÑOZ, F.A., *La multa por temeridad y mala fe en el proceso laboral*, Bomarzo, 2004.

VIDAL, P., "Sentencia ¿pionera? contra la brecha salarial", *Actualidad Jurídica Aranzadi* num. 940/2018, versión on-line (BIB 2018\9029).

Inteligencia jurídica
en expansión

Trabajamos para
mejorar el día a día
del **operador jurídico**

Adéntrese en el universo
de **soluciones jurídicas**

 96 369 17 28

 atencionalcliente@tirantonline.com

prime.tirant.com/es/